个人信息保护纠纷

理论释解与裁判实务

第二版

丁宇翔　著

中国法制出版社
CHINA LEGAL PUBLISHING HOUSE

第二版序言

《个人信息保护法》的颁行，无疑是我国个人信息权益保护发展的里程碑，更是我国个人信息保护实践继续向前的催化剂。作为一名多年从事民商事审判工作并持续关注个人信息保护实践的司法工作者，从当年判决庞理鹏与去哪儿网、东航隐私权纠纷案时所感受到的压力，到现在各地法院频频通过个案推动个人信息保护的积极作为；从几年前人们对个人信息保护的普遍性无视，到现在全社会积极关注个人信息保护的权利自觉，我真切地感受到了我国社会个人信息保护生态的深刻变化。这是一种非常积极的变化，令人欣慰，让我鼓舞。

在此背景之下，大约从2018年开始，我就想从理论研究的视角出发，全面梳理自己近年来发表过的涉及个人信息保护的所有文献，认真分析自己从事审判工作以来承办、参与办理和研讨，乃至感兴趣的个人信息保护案例，形成一部兼具理论视角与实务面相的文字。后来机缘巧合，偶逢中国法制出版社程思编辑盛情约稿，于是在程思编辑的好意鞭策和精心帮助下，经过一年多的写作，就有了本书。

本书出版之后，市场反应和读者反馈均属不错，因之有了修订的想法。同时，因为个人信息保护立法的可喜进展，我也一边关注立法动向，一边进行查漏补缺式的修订。修订本书时，我也一直在参与最高人民法院组织的《个人信息保护法理解与适用》的撰写工作，对《个人信息保护法》有很多新的认识和体会。于是，经过四个月的努力，到2021年11月底，本书内容的修订工作全部告峻。修订部分散见于全书各个章节，全书大约二分之一的地方都进行了调整、补充和更新。

修订内容择要胪陈如下：第一，凡涉及个人信息基本原理的内容，都根据《个人信息保护法》的规范进行了更新和补充。本书非常注重理论探讨，第一版中关于个人信息内涵、外延、特征、分类、个人信息的保护原则等内容，都是遵从学界通说及《民法典》《网络安全法》等法律予以展开，占有很大篇幅，几乎在全书每个章节都有涉及。此次修订，逐一根据《个人信息保护法》的相关条文进行了调整。比如，修订版中关于个人信息的界定就依据《个人信息保护法》第4条第1款进行了重新的阐释，并对《个人信息保护法》第4条第1款与《民法典》第1034条第2款及《网络安全法》第76条第5项关于个人信息界定的不同进行了分析。第二，案例分析中的法律依据，只要在《个人信息保护法》中有条文，都进行了增加和补充。本书中的案例分析绝大部分来源于过去的真实案例。案件判决的当时，还没有《个人信息保护法》，但其中的保护规则，都有基本的法理支撑，有很多都是相通的。基于此，在修订过程中，很多案例的评析部分都加入了《个人信息保护法》相关条文的分析，因而本书的修订版将明显地有助于《个人信息保护法》理解和适用。第三，增加了部分最新的理论研究成果。近年来，个人信息保护是法学各部门领域的大热点，研究成果不断更新和丰富。本书修订过程中，也吸收了不少有益的最新研究成果。比如，在讨论个人信息权益侵害的部分，对基于区分未来损害基础上提出的"预期侵权"学说进行了介绍和分析，并指出该理论有望成为解决个人信息侵权损害确定问题的一种重要思路。第四，增加补充了部分案例。根据读者的反馈并结合《个人信息保护法》的规定，此次修订也增加了一些新的案例。比如，根据《个人信息保护法》第20条的规定，增加了共同处理他人个人信息构成侵权时的连带赔偿责任的相关案例分析，这就使得修订版中的案例体系更为丰富，且与《个人信息保护法》规范体系的联系更为紧密。第五，增加补充了人脸信息权益侵害的相关内容。本书第一版出版后，最高人民法院发布了《关于审理使用人脸识别技术处理个人信息相关民事案件适用法律若干问题的规定》，这是个人信息保护领域的重要司法文件。修订过程中，本书在案例分析中对上述司法解释的重点条文及其适用进行了较为详细的分析阐述，这对于丰富和充实个人信息保护的法理及法律实践，无疑是有积极作用的。除了上述内容外，修订过程中也做了很多文字上的调整，这将有助于读者更好地理解和适用《个人信息保护法》。

我本人近几年专门从事金融审判工作，对于个人金融信息的保护也总结了一些经验，积累了一些思考。本书修订时原本计划增加“个人金融信息保护”一章，并为此做了一些准备。但因身体健康原因，不得不于2021年12月初停止修订。故此，现在呈现给读者的修订版并未包含“个人金融信息保护”的内容。这一缺憾，希望将来能够有机会弥补。

2021年12月初，一场突如其来的大病让我从未如此深刻地体会人生百味。无论如何，还是看喜欢的风景，读喜欢的书，做喜欢的事吧。你永远不知道疾病、意外和明天哪一个先到。所以，珍惜当下，珍惜生活，珍惜每一个爱你的和你爱的人。

丁宇翔

2022年3月

自序

Preface

此前多年的民事审判工作生涯中，个人信息保护一直是笔者最感兴趣并关注的领域。直到2019年因工作岗位调整，转而从事金融商事审判工作之后，笔者还一直保持着对个人信息保护的强烈关注。本书正是对此前多年关注、学习和思考个人信息保护的一个阶段性总结。

或许30年前，抑或20年前，当时电子计算机技术已经逐渐深入国人的日常工作和生活中，但人们似乎并没有很清晰地意识到个人信息保护对于具体的个人而言意味着什么。尽管那个时候，大约是1995年10月，欧盟已经通过了《关于个人数据处理保护与自由流动的指令》，为成员国立法保护个人信息设置了最低标准。对中国人而言，真正让我们日益感受到个人信息保护迫切性的，是2010年以来，我们真正迎来了网络覆盖生活的时代。在这一时代背景下，亿万普通人通过电脑、手机等终端设备时时刻刻访问着互联网以完成具体的工作和生活事项。于是，亿万普通人主动地成为数据和信息的生产者。亿万普通人每时每刻汇聚而成的海量信息和数据，集合成了真正的大数据，为数据的进一步挖掘和深度分析运用提供了坚实的基础。在此过程中，个人虽然是信息的生产者，但其生产的个人信息却被掌握信息、数据通道和操作技术的各类社会组织所控制，反过来逐渐形成对个人信息权益的潜在威胁。具体的表现诸如：从事商业零售的电子商务平台，掌握了亿万消费者的收货地址信息（甚至住址迁移信息）、购物偏好信息；从事出行服务的企业，掌握了亿万普通人的行踪轨迹信息；从事互联网医疗的公司，掌握了亿万患者的健康信息甚至基因信息。上述各类个人信息一旦被泄露或被恶意利用，亿万人将彻底生活在惶恐、焦虑中。也正是到了这个时候，人们才真正意识到个人信息保护的极端重要性。

现有法律体系为个人信息保护提供了若干种机制，既有主动的行政执法机制，也有被动的司法保护机制。司法保护机制中，既有最为严厉且更侧重保护社会管理秩序的刑事司法机制，也有较为和缓但更侧重恢复受害人权益状态的民事司法机制。比较而言，民事司法机制在上述保护机制中并非最有力的，却是最贴切的。因为个人信息民事司法保护机制的主要目的就是维护私人受害者的受损权益，这与行政执法机制和刑事司法机制更侧重维护社会利益的目的迥然有异。因此，民事司法机制之于个人信息保护，或许不是最好的，但永远是最不可或缺的。基于此，围绕个人信息的民事司法保护机制，结合个人信息民法保护的前沿理论，进行深入细致梳理，不仅是必要的，并且必定是大有裨益的。

就笔者的写作初衷而言，本书并非专门为了探讨个人信息保护的前沿理论而作，但书中实际上大量讨论了当前个人信息保护领域最为前沿的问题。诸如共享经济领域的个人信息保护问题，区块链之下的个人信息保护问题，被遗忘权的问题，数据可携权的问题等，不一而足。就此而言，本书或可为个人信息保护理论的进一步拓展提供些许微末的学理积累。但也需要强调，本书的视角是实践导向的。不论多么前沿的理论问题，笔者都通过具体的案例最终从权利如何救济的角度进行了分析，力求让本书呈现给读者的是既有理论分析，又有实践操作思路的融合作品。这样写作的好处在于，一方面让理论分析有所依托，从而更接地气；另一方面让实践思路有所升华，从而更具有一般借鉴意义。最后的结果或许就是，本书既可能会被理论研究者纳入法眼，也多半会被实践从业者收入书橱。若果真如此，则笔者窃喜也。

司法职业给了裁判者将各种学理见解融入具体案件判决的机会，同时也在一定程度上检验着学理见解的“市场有效性”。本书所选取的实际案例，其判决书很多都是具有深厚学理基础的佳作。笔者在书中对案例的评析，其实也是试图与判决书的作者形成一种错时和“错空”的专业对话。因为，这种以案例为基础的专业对话，显然更具有针对性和实用性，或许也更有利于启发读者思考。如果越来越多的读者，进而越来越多的人开始关注、思考、研究个人信息保护，尤其是越来越多的普通人拿起法律武器身体力行地去为个人信息保护挺身而战，则个人信息保护的实践将越来越丰富，裁判者处理个人信息保护案件的思路也会越来越有条理，经验会越来越丰富，最终将在实质上改善和提升中国个人信息的整体保护水平，这就是司法的力量。我们坚信，用司法审判推动法治中国建设，也是中国特色社会主义法治建设的重要组成部分。

本书中的理论分析，部分来自于笔者近年来在《清华法学》《法治研究》《法律适用》《人民日报》《人民法院报》等刊物报纸发表的理论文章。本书用以分析的案例，也有部分来自于笔者亲身办理或参与办理的案件。因为是对自己此前部分理论和实践成果的“回炉”，因而特别注重修正和及时更新。所以，即使本书讨论的个别内容与此前发表的理论成果和裁判文书网公布的承办案件的判决有关联，但在写作本书过程中都经过了二次加工和淬炼，一些认识和分析已经有所调整。这或许会被视作笔者的“善变”，但其实却是笔者认识的深化，这也是本书带给笔者的附带价值。因为，写作的过程，也是自己再次思考和提升的过程。

本书的写作过程中，适逢我国《个人信息保护法》的立法步伐加快。因而，笔者也曾几次拖延交稿，期能等到《个人信息保护法》出台后再出版，从而确保本书所有内容都是崭新的。但是，《个人信息保护法》关系民生福祉，立法机关以非常谨慎的态度推动该项工作，避免仓促立法可能产生的消极后果，其计日程功、夙兴夜寐之努力，亦值得赞赏。于是，笔者最终还是决定按照出版合同约定的最后期限交稿，等到《个人信息保护法》通过后再行修订。在此期间，笔者先后参加了中国人民大学法学院杨东教授、清华大学法学院程啸教授、上海交通大学法学院孔祥俊教授、北京师范大学法学院汪庆华教授、对外经贸大学许可教授等学界师友组织的20多场个人信息保护研讨会，因而有机会就个人信息保护的若干重要问题同各位学界同道进行广泛而深入的交流。本书的写作，在很多方面都得益于同各位师友的思想碰撞火花。不过，本书最终呈现的内容都是笔者反复思考的结果，如果产生文责，理应由笔者自负，与诸位师友无干。

本书的出版得益于中国法制出版社程思编辑不断的善意督促。在写作过程中，程思编辑亦不断提供各种极具价值的参考资料。其认真严谨的态度，令人钦佩。在司法工作岗位上一路走来，得益于家人、领导、同事、朋友的无私帮助和支持；在专业上的成长进步，得益于老师的不倦教诲。唯有心怀感恩、不忘初心、砥砺前行，方能不辜负诸君美意。当然，法治实践也是法学研究和发展的富矿。无论如何，作为职业法律人，我们其实更不能辜负伟大的中国法治实践。

是为序。

丁宇翔

2021年6月

目录

Contents

第一章　个人信息保护序说

第七章 个人信息侵权的责任抗辩

第十一章　全球视野下个人信息保护前沿领域的实践

第一章

个人信息保护序说

第一节　个人信息的范围

基本原理

一、个人信息的界定

根据《个人信息保护法》第4条规定，个人信息是以电子或者其他方式记录的与已识别或者可识别的自然人有关的各种信息，不包括匿名化处理后的信息。这一界定与此前来自《网络安全法》关于个人信息的界定略有不同。《网络安全法》第76条第5项规定，个人信息是指以电子或者其他方式记录的能够单独或者与其他信息结合识别自然人个人身份的各种信息，包括但不限于自然人的姓名、出生日期、身份证件号码、个人生物识别信息、住址、电话号码等。[①]我国台湾地区于2016年修正之后的“个人资料保护法”第2条第1款规定：个人资料是指自然人之姓名、出生年月日、国民身份证统一编号、护照号码、特征、指纹、婚姻、家庭、教育、职业、病例、医疗、基因、性生活、健康检查、犯罪前科、联络方式、财务情况、社会活动及其他得以直接或间接方式识别该个人之资料。以上关于个人信息的界定，有的仅仅是对个人信息进行定义，有的则是对于各种具体的个人信息进行了不完全的列举。但实际上，个人信息的具体类别远不止上述内容。最新修订并于2020年10月1日实施的国家标准《信息安全技术·个人信息安全规范》（GB/T 35273–2020）将个人信息区分为13大类、90多种具体的个人信息。[②]值得注意的是，随着信息科学技术的发展和人类社会活动的深入拓展，个人

① 此外，《最高人民法院、最高人民检察院关于办理侵犯公民个人信息刑事案件适用法律若干问题的解释》第1条也对“个人信息”进行了类似的定义。

② 参见《信息安全技术·个人信息安全规范》（GB/T 35273–2020）附表A。

信息的种类还会不断丰富。就此而言，任何有关个人信息范围的列举，都可能是不完全的，我们应该对个人信息保持一种开放的态度，随时准备接纳新的个人信息种类。

二、个人信息的法律属性

（一）关于个人信息法律属性的论争

第一种观点认为，个人信息属于隐私权的客体，即个人信息属于所谓的“数据隐私”（Data Privacy）。该种观点强调对个人数据的控制与利用，对其以隐私权进行保护较为恰当。

第二种观点认为，个人信息属于人格权的客体。在个人信息之下，对其的收集、处理和利用，都直接关系到信息主体个人的人格尊严。因此，对于个人信息应该按照人格权进行保护。这一主张主要是德国、法国等欧州部分国家的观点。

第三种观点认为，个人信息属于财产权的客体，即个人信息体现的是一种财产权益。既然是一种财产权益，则其权利内容可以比照所有权，因而权利主体对个人信息享有占有、使用、收益、处分的权能。[①]

第四种观点认为，个人信息就是一种独立的权利客体，个人信息所负载的是个人信息权益，个人信息就是个人信息权益的客体。《民法典》第111条规定的个人信息，就是规定的个人信息权益，是一种具体人格权。[②]

（二）个人信息法律属性的述评

以上关于个人信息法律属性的认识各有所据，值得研究。个人信息的具体类型中，有很多都与自然人的隐私利益密切相关。比如，个人生物识别信息中的基因，个人健康生理信息中的既往病史等，都属于个人的隐私。可

---

① 以上各种观点可参见张平：《大数据时代个人信息保护的立法选择》，载《北京大学学报》（哲学社会科学版）2017年第3期。

② 参见杨立新：《个人信息：法益抑或民事权利——对〈民法总则〉第111条规定的“个人信息”之解读》，载《法学论坛》2018年第1期。

见，个人信息的确与隐私有很多交叉。但如果因此将个人信息确定为隐私权的客体，则又人为地限缩了个人信息的范围。因为，个人信息中也有很多信息并不属于隐私，比如，个人姓名、性别、电话号码等。因此，单纯地将个人信息确定为隐私权的客体是以偏概全了。将个人信息视为财产权的客体同样限缩了个人信息的种类和范围。虽然根据黑格尔的学说，个人信息本身并非主体的内在物，主体可以将自有的意志体现在个人信息中，且可根据自由意志对个人信息进行商业利用。① 但如果据此认定个人信息属于财产权客体，也未尽妥当。传统民法中的肖像权，也是可以进行商业利用的权利，但是否可以据此认为肖像权属于财产权呢？所以，将个人信息作为财产权的客体，也不可取。《民法典》第111条虽然规定了个人信息受法律保护，但并没有明确将其称为"个人信息权益"，而在其他条款中，对于姓名权、身体权、健康权、物权、债权等明确将其称为"某某权"。按照体系解释的方法，应当认为立法上并没有完全承认"个人信息权益"这样的概念。在《民法典》中，第四编第六章的题目也是"隐私权和个人信息保护"，仍然没有用"个人信息权益"的表述。这表明，《民法典》并没有将个人信息利益明确承认为一种独立的权利类型。不过，随着世界范围内个人信息保护运动的兴起和发展，个人信息利益中的权利内涵已经相当丰富，而各国对个人信息利益的保护强度虽然在一定程度上不及"权利"，但也在较大程度上提供了较为完全的保护。在此情况下，不妨顺应时代发展潮流，给个人信息冠以"权利"之名，使其成为有名有实的权利。当然，作为保护个人信息的一部重要的综合性法律，《个人信息保护法》也没有用"个人信息权"而是"个人信息利益"（第1条）的表述，基于此，本书在问题探讨的层面，主要使用"个人信息权益"的表述。

根据以上分析，排除个人信息的隐私权客体说、财产权客体说，同时考虑到个人信息利益还没有被《民法典》和《个人信息保护法》确认为有名有实的"权利"的情况，本书认为，在现阶段，个人信息应当认为属于人格权益的客体，在具体的权利表述上，一般可以将个人信息利益归入一般人格权

---

① 参见刘德良：《个人信息的财产权保护》，载《法学研究》2007年第3期。

的范畴，但个人信息权益仍然不是权利，还不能将其视为与人格权完全相同的权利类型，在保护方法上也不能完全类推适用人格权作为绝对权和支配权的方法，而只能部分地类推适用，比如排除妨碍等。需要指出的是，本书将个人信息定位为人格权的客体，是在把企业数据和个人信息相区分的基础上所得出的判断。一方面，《民法典》第127条已经明确对数据进行赋权，作为数据主体的数据生成者、数据控制者、数据处理者显然不同于作为个人信息主体的自然人。数据已经成为要素市场资源的重要组成部分，中共中央、国务院也于2020年3月30日发布《关于构建更加完善的要素市场化配置体制机制的意见》，要加快推进包括数据要素在内的要素市场化配置改革，推动数据的开放共享、提升数据资源价值、加强数据资源整合与安全保护。在此背景下，数据有必要与个人信息相分离而成为独立的权利客体。另一方面，数据虽然来源于人们日常工作、生活中的言谈、举止、情绪等信息，但数据本身也与信息存在差别，数据的外延小于信息，它只是信息的媒介和载体，[①]这就决定了它们之间存在相互分离而成为独立的权利客体的可能性。也正因如此，十三届全国人大常委会才将个人信息保护和数据安全（利用）分别立法，即《个人信息保护法》和《数据安全法》，以实现自然人人格利益、企业经济利益和国家公共利益的协调与平衡。[②]

三、个人信息的分类

个人信息基于不同的标准可以划分为不同的种类，实务界和理论界对于个人信息分类的认识有所不同，不同分类项下的个人信息在归责原则、证明标准等方面亦有所差别。我们综合各种分类方式，认为可以将个人信息从以下三个方面进行分类。

（一）政府掌控的个人信息、自然人掌控的个人信息和其他组织掌控的个人信息

---

① 参见梅夏英：《数据的法律属性及其民法定位》，载《中国社会科学》2016年第9期。

② 参见许可：《大数据产业发展的法律双轮驱动》，载https://www.sohu.com/a/233125513_362042，2020年7月5日最后访问。

按照个人信息掌控主体的不同可以将个人信息划分为政府掌控的个人信息、自然人掌控的个人信息、其他组织掌控的个人信息。该分类标准虽然比较周延，但三种类别下的个人信息存在交叉，比如身份证号码由政府提供，自然人自身也控制着身份证号码。对于其他组织掌控的个人信息，主要是从消费者隐私保护的角度进行言说，体现为金融机构、医疗机构、企业经营者等主体对消费者个人信息的保护义务，在《个人信息保护法》颁行之前，对于其他不能通过隐私权保护的个人信息则缺乏体系化的保护手段。[①]不过，这一状况在《个人信息保护法》颁行之后已经得到解决。

上述分类的意义在于，学者认为，在确定侵犯个人信息的侵权责任时，对于政府掌控的个人信息应当确立无过错责任原则，而对于其他组织掌控的个人信息，应当确立过错推定责任，对于自然人掌控的个人信息，则应当确立一般的过错责任原则。[②]政府以及其他组织相较于自然人而言，获取以及通过数据自动处理（大数据）技术处理个人信息的能力更强，更有可能侵犯个人合法权益。并且，由于信息处理的复杂性，一旦发生个人信息的侵害事件，个人对于过错的举证能力相对较弱，因此，上述证明责任的分配标准是有合理性的。但是，《个人信息保护法》第69条第1款对于个人信息的侵权损害赔偿，已经统一确定为过错推定责任。在此情况下，前述基于侵权损害赔偿归责原则基础上的分类，就只有理论意义了。也就是说，在《个人信息保护法》颁行后的司法实践中，不论掌握个人信息的是谁，都统一适用过错推定原则。

（二）原生的个人信息与衍生的个人信息

按照产生来源的不同可以将个人信息划分为原生的个人信息与衍生的个人信息。原生的个人信息，是指通过合法的记录、储存而产生的个人信息，并不依赖现有数据。原生个人信息的产生是一个从无到有的过程，被

---

① 参见阳雪雅：《论个人信息的界定、分类及流通体系——兼评〈民法总则〉第111条》，载《东方法学》2019年第4期，第37页。

② 参见叶名怡：《个人信息的侵权法保护》，载《法学研究》2018年第4期。

记录和储存是其重要技术特征。原生的个人信息并不能被直接使用，也不是大数据交易中所要研究的对象，其可以直接被获取的价值极为有限。衍生的个人信息，是指系统的、通过计算机数据处理系统可读取的、有使用价值的个人信息，其建立在原生的个人信息被合法记录、存储后，并经过特定的算法计算、加工和聚合之后。相较于原生的个人信息，加工、计算、聚合等处理是其重要特征。①

上述分类的意义在于，一方面，实践中针对原生个人信息，一般不会发生大规模侵权，而针对衍生个人信息，则可能发生针对某一群体的大规模侵权，从而存在提起公益诉讼的必要性。另一方面，针对原生个人信息，司法审判中应强调保护优先。而针对衍生个人信息，因涉及国家的信息产业战略，在强调对衍生个人信息进行保护的同时，需要兼顾衍生个人信息的流通。不宜仅仅强调对信息主体的保护，而不合理地限制个人信息（数据）的流通。

（三）敏感个人信息与非敏感个人信息

按照信息内容是否直接涉及个人人格尊严和人身、财产安全，可以将个人信息划分为敏感个人信息与非敏感个人信息。根据《个人信息保护法》第28条第1款，敏感个人信息是指一旦泄露或者非法使用，容易导致自然人的人格尊严受到侵害或者人身、财产安全受到危害的个人信息，包括生物识别、宗教信仰、特定身份、医疗健康、金融账户、行踪轨迹等信息，以及不满14周岁未成年人的个人信息。此外，有关性生活、遗传信息等个人信息也属于敏感个人信息。②《信息安全技术·公共及商用服务信息系统个人信息保护指南》（GB/Z 28288-2012）第3条、第7条将个人敏感信息界定为，一旦遭到泄露或修改，会对标识的个人信息主体造成不良影响的个人信息，包括身份证号码、手机号码、种族、政治观点、宗教信仰、基因、指纹等。

---

① 参见李雅男：《数据保护行为规制路径的实现》，载《学术交流》2018年第7期。

② 参见张新宝：《从隐私到个人信息：利益再衡量的理论与制度安排》，载《中国法学》2015年第3期。

《信息安全技术·个人信息安全规范》（GB/Z 35273-2020）附录B将敏感个人信息界定为：一旦泄露、非法提供或滥用可能危害人身和财产安全，极易导致个人名誉、身心健康受到损害或歧视性待遇等的个人信息。从效力层级看，以上关于敏感个人信息的界定当然应以《个人信息保护法》第28条第1款为准，但由于《个人信息保护法》第28条第1款关于敏感个人信息的列举是不完全列举，在实践中具体认定敏感个人信息时完全可以参照上述国家标准。与敏感个人信息相对，非敏感个人信息则是指敏感个人信息以外的个人信息。

上述分类的意义在于，敏感个人信息与个人的人身和财产权益联系得更为紧密，一旦遭到泄露或修改将直接侵犯个人的人身和财产权益，因此，对于敏感个人信息的保护应高于非敏感个人信息的保护。正如《个人信息保护法》第28条第2款规定的那样，只有在存在具体特定的目的和充分的必要性，并采取严格保护措施的情形下，个人信息处理者方可处理敏感个人信息。在具体的司法审判中，对于敏感个人信息被侵犯的信息主体，应提供更为便捷和低成本的保护，在证明责任分配上，《个人信息保护法》第69条已经确定了对所有个人信息权益造成损害时的举证责任倒置规则，即由侵权人证明其对个人信息的处理没有过错，这对于敏感个人信息的保护无疑更具有重要意义。同时，可以考虑降低被侵权人对于侵权行为、因果关系的证明标准，从而更有效地保护敏感个人信息。

四、个人信息与非个人信息

欧盟《非个人数据自由流动条例》（Regulation on the Free Flow of Non-personal Data）第3条规定，非个人数据是指个人数据之外的数据。本书认为，个人数据之外的数据主要包括三种情况：其一，由自然人产生的单纯的无识别性的信息。例如，早高峰期间使用摩拜单车的次数、某微信公众号文章的点赞次数等。其二，由民事主体经过加工梳理产生的无识别性的信息。例如，每年11月12日淘宝统计的“双十一”交易金额、交易单数等。其三，对原始数据进行匿名化处理之后获得的增值数据。例如，高德地图对过去迁徙数据整理、分析后对下一年黄金周出行的提示等。

个人信息与非个人信息的区分，对司法实践的最大意义在于，从个人信息与非个人信息的关系上看，非个人信息可以向个人信息转化。一旦发生转化，则原本是对非个人信息的侵犯（可能并不构成侵权），嗣后可能转变成对个人信息的侵犯（构成侵权）。一般而言，非个人信息转化为个人信息的途径主要有二：一是匿名化之后的再识别；二是对若干分散的非个人信息进行分析综合，如人肉搜索。就此而言，个人信息是绝对的，非个人信息是相对的，司法实践中，只要某些信息综合到一起时可以定位到某一具体人，不论其单个的信息是个人信息还是非个人信息，对这一信息集群都应提供保护。

专题1 通讯录中的联系方式是否属于个人信息而受法律保护

◎ 案例简介

高某某于2012年年底参加某大学招聘。2013年10月19日到20日，该高校政管学院举办第二届“中国与东亚”国际学术研讨会（以下简称研讨会）。研讨会的会议手册的最后一部分通讯录中列有参会学者的个人信息，其中包含高某某的姓名、单位/职称、联系电话及电子邮箱。该大学主张高某某在研讨会中主动提出负责联系及接待俄罗斯学者方面的工作，也可以提交论文，是研讨会的参与者，因此把高某某的电话及电子邮箱载入了会议手册。高某某主张其并无主观意向参加该会议，而是执行该大学安排的工作，是研讨会工作人员。研讨会为学术性的学者论坛，会议手册仅分发给参会的专家学者，该大学主张会议手册共印70份左右，发出去50份左右。高某某认为该高校侵犯了其个人隐私权。故诉至法院，请求该高校：1.立即停止侵权，删除中英文手册上高某某的名字及私人信息；2.承担公证费1520元；3.向高某某正式道歉；4.赔偿精神损失20000元。[①]

法院裁判认为，法律意义上的隐私是指自然人拥有的与其社会生活无关的个人信息和个人生活资料，其核心属性为被自然人隐藏或不欲为外人所

---

① 参见北京市第一中级人民法院（2015）一中民终字第06880号民事判决书。

知晓。本案中，该大学举办的研讨会是学术性的论坛，制作的会议手册的发放对象也是特定的专家学者，并非在社会范围内无目的地随意投放。无论高某某是作为研讨会的参会人员还是工作人员，该大学将其电话号码和电子邮箱信息登载于会议手册上也是出于学者之间沟通交流的便利，并无泄露高某某个人隐私的主观恶意。高某某亦未能举证证明因为会议手册登载了其电话号码和电子邮箱而对其造成了损害。此外，电话号码和电子邮箱信息仅是现代人为与他人进行交流的通信手段，随时可以更换，并非附着于人身人格的一种权利。因此高某某的主张没有依据，法院不予支持。综上所述，法院依照《民事诉讼法》第64条之规定，判决：驳回高某某的诉讼请求。高某某不服该判决，提起上诉，二审法院驳回上诉，维持原判。

◎ 法官评析

1. 高某某的姓名、单位、联系方式等不属于其隐私

本案中，法院一审判决显然认为，高某某的姓名、单位、联系方式等均与其社会生活有关，这些信息也不属于被高某某自己隐藏或不欲为外人所知晓的情况。并且，现代社会个人的联系方式可以随时更换，因而不存在与高某某人格附着的情况。而所谓的隐私权，自1890年由美国人沃伦和布兰代斯发表《论隐私权》以来，[①]其概念都在不断发展和完善。一般认为，隐私权是公民享有的私生活安宁与私人信息依法受到保护，不被他人非法侵扰、知悉、收集、利用和公开的一种人格权。[②]而本案中，高某某的姓名、单位、联系方式等既不属于其私生活的范畴，也不属于其私人信息（用于社会交往，不可能是私人信息），因而不宜归入隐私权范畴。法院的认定是比较符合隐私权的一般理解的。

---

① See Warren & Brandeis, "The Right to Privacy", *Harvard Law Review*, Vol. 4, No. 5 (Dec. 15, 1890), pp. 193–220.

② 参见王利明：《人格权法研究》，中国人民大学出版社2005年版，第567页。

2. 高某某的姓名、单位、联系方式等属于其个人信息

然而，虽然高某某的姓名、单位、联系方式等不属于其个人隐私，但无疑应该属于其个人信息。因为，根据《个人信息保护法》第4条对于个人信息的法律定义，高某某的姓名、单位、联系方式，应当属于以电子或者其他方式记录的与已识别或者可识别的自然人有关的各种信息。但是，在本案中，高某某是以其隐私权受到侵害为由起诉的，而姓名、联系方式等个人信息并不属于隐私，故法院判决驳回高某某的诉讼请求是妥当的。

3. 高某某的姓名、联系方式等作为个人信息受法律保护

《民法典》第111条规定，自然人的个人信息受法律保护。任何组织或者个人需要获取他人个人信息的，应当依法取得并确保信息安全，不得非法收集、使用、加工、传输他人个人信息，不得非法买卖、提供或者公开他人个人信息。据此，虽然高某某的姓名、联系方式等不能作为隐私请求法律救济，但可以作为个人信息请求法律救济。需要注意的是，在具体的案件中，个人信息被侵害之后原告诉讼请求能否获得支持，还取决于具体诉讼请求的内容。而具体的诉讼请求内容能否获得支持，还需要在具体个案中考察。比如，在本案中，高某某以个人信息受侵害为由起诉主张损害赔偿，亦未必能获得支持。因为，根据《民法典》第1165条第1款规定，行为人因过错侵害他人民事权益造成损害的，应当承担侵权责任。也就是说，承担损害赔偿责任要符合以下四个构成要件：其一，实施了侵害行为；其二，产生了损害结果；其三，侵害行为和损害结果之间有因果关系；其四，行为人存在主观过错。据此，即使本案中的高校未经允许将高某某的姓名和联系方式放入会议手册，但如果对高某某并未造成任何损害，则高某某主张损害赔偿的请求也不能获得支持。正如该案的二审判决所指出的，高某某确实参加了该次会议，并实际完成了与俄罗斯专家相关的工作，故不存在该大学在高某某不知情的情况下，擅自公布其隐私的事实。该大学也并未将该会议手册公开发行，向社会公布。同时，高某某亦未能举证证明该大学的上述行为给其造成了相应的损害后果。因此，上诉人高某某的上诉请求和理由缺乏事实和法律依据，法院不予支持。

因此，作为个人信息主体的自然人，必须明确的一点是，在个人信息受

法律保护的前提之下，每一项具体的诉讼请求能否获得法院的支持，还必须考察该诉讼请求所依据的请求权基础（法律依据）的全部要件是否具备。只有诉讼请求的请求权基础的构成要件在本案中全部具备的情况下，其请求才能获得法院的支持。

◎ 规范指引

《民法典》

第111条　自然人的个人信息受法律保护。任何组织或者个人需要获取他人个人信息的，应当依法取得并确保信息安全，不得非法收集、使用、加工、传输他人个人信息，不得非法买卖、提供或者公开他人个人信息。

第1165条第1款　行为人因过错侵害他人民事权益造成损害的，应当承担侵权责任。

《个人信息保护法》

第4条第1款　个人信息是以电子或者其他方式记录的与已识别或者可识别的自然人有关的各种信息，不包括匿名化处理后的信息。

专题2　住宿信息是否属于个人信息而受法律保护

◎ 案例简介

2017年7月21日晚上，原告到被告处住宿，于当天离店。嗣后，案外人楼某某以公安机关办案需要为由向被告调取原告的开房记录，被告向楼某某提供了《双盈酒店客人账单》，账单记载：姓名：吴某某；入住日期：2017年7月21日18：49；离店日期：2017年7月21日20：46；房间号：1012；消费合计168元。楼某某收到上述账单后，于2017年7月31日向原告妻子发送短信，主要内容："吴某某同银行员工青某，7月5日、8日、21日二人到柯桥滨海酒店保（包）房间，你老公有外遇，你还不知道，人家已经闹离昏（婚）了。""但是事情闹大了对你老公没什么好处，是不是？你等几天再说，如果我侄子他们和好的话，那什么也不说了，行吗？证据我今晚已拿到了，视频也有的，过两天再说，你把你的老公尽量挽回，谢谢。"并将从被告处得到的上述账单影印件发送给原告妻子。后原告于2018年6月1日诉至法院，请求：1.判令被告法定代表人当面向原告赔礼道歉；2.判令被告赔偿原告精神损失费10000元；3.诉讼费用由被告承担。

法院裁判认为，隐私是一种与公共利益、群体利益无关的，当事人不愿让他人知道或他人不便知道的信息，当事人不愿他人干涉或他人不便干涉的个人私事和当事人不愿他人侵入或不便侵入的个人领域。隐私权是指自然人享有的对自己的个人秘密和个人私生活进行支配并排除他人干涉的一种人格权，不允许他人非法获悉、收集、利用和侵扰。本案中，原告因私人生活需要到被告处开房，属于当事人不愿他人干涉或他人不便干涉的个人私事，其住宿信息属于具有隐私性质的人格权益，受法律保护，被告作为从事旅馆服务业的单位，更负有对客户隐私保护的义务。然被告在案外人楼某某因其个人原因索要原告的住宿信息时，在未查清其真实身份之前，即将原告的住宿信息提供给被告，致使原告的隐私被他人知道，本案事实也表明，楼某某得到原告的住宿信息后，当即发信息给原告妻子，造成一定范围内的扩散，被告之行为侵犯了原告的隐私权，且主观上有过错，依法应向原告承担侵权责任，现原告要求被告当面赔礼道歉，理由正当，法院应予支持。[①]

◎ 法官评析

1.吴某某的住宿信息属于其隐私

本案中，法院认为吴某某的住宿信息属于具有隐私性质的人格权益，实际上肯定了涉案的住宿信息属于隐私。根据当时施行的《最高人民法院关于审理利用信息网络侵害人身权益民事纠纷案件适用法律若干问题的规定》（法释〔2014〕11号）第12条第1款规定，网络用户或者网络服务提供者利用网络公开自然人基因信息、病历资料、健康检查资料、犯罪记录、家庭住址、私人活动等个人隐私和其他个人信息，造成他人损害，被侵权人请求其承担侵权责任的，人民法院应予支持。对该条进行文义解释可以发现，自然人基因信息、病历资料、健康检查资料、犯罪记录、家庭住址、私人活动等

① 参见浙江省绍兴市柯桥区人民法院（2018）浙0603民初5539号民事判决书。

都属于个人隐私。本案中吴某某在宾馆的开房住宿信息，无疑属于其私人活动，应当属于其个人隐私。因此，法院将吴某某的住宿信息认定为个人隐私是妥当的。

2. 吴某某的住宿信息同时也属于个人信息

尽管理论界与实务界关于隐私与个人信息的界分问题并未完全取得一致，但至少存在以下共识。一方面，隐私与个人信息的确存在差别。隐私常常强调私密性，一旦被公开，就不再是隐私。个人信息并不强调私密性，尽管有的个人信息也属于私密信息，但这仅仅是个人信息的一个类型，而不是其质的规定性。个人信息常常强调可识别性，能够单独或组合之后与特定自然人的人格和身份相联系。隐私则并不注重识别性，凡属私人领域不愿公开且不涉及公共利益的信息或活动都可成为隐私。以隐私为客体的隐私权主要是一种防御性、被动性的权利，只有在权利被侵害时，才能显示其权利的效力。而以个人信息为客体的个人信息权益则是一种进取性、主动性的权利，即使在其没有被侵犯时，权利主体也可以积极主动地进行利用。[①]当然，在权利被侵害时，也可以请求更正、删除或赔偿损失。就此而言，个人信息权益的效力更为丰富、饱满。另一方面，隐私与个人信息存在很多共同点。不论是隐私，还是个人信息，都只是针对自然人而言的，所谓的隐私权和个人信息权益，都只是自然人才能享有的合法权益。同时，隐私和个人信息在范围上有很多交叉。很多个人信息在没有被公开之前都属于隐私。而很多隐私，本身也属于个人信息中的私密信息。比如，个人的银行账号信息，既属于个人信息，也属于个人隐私中的财产性隐私。随着以大数据分析为基础的算法技术的发展，很多隐私可以通过技术手段予以数据化，并单独或与其他信息结合起来匹配到某一个具体的自然人。也就是说，在计算机信息技术的加持下，隐私越来越多地被通过计算机可读的数据形式予以信息化，从而成为个人信息。基于以上分析，某一类具体的个人信息，完全可能具有隐私和个人信息的双重属性。本案中的住宿信息显然就属于这种情况，虽然法院判决将吴某某的住宿信息认定为个人隐私，但这丝毫不妨碍其住宿信息本身也属于

---

① 参见王利明：《人格权重大疑难问题研究》，法律出版社2019年版，第687—690页。

个人信息的认定。

3.自然人的住宿信息应作为个人信息给予积极的保护

本案中，吴某某的住宿信息被作为隐私权客体提供了司法保护。但需要指出的是，住宿信息作为吴某某的个人信息也可受到《个人信息保护法》的保护。并且，从隐私权和个人信息权益的不同点来考察，个人信息权益作为一种更具积极性和进取性的权利类型，可以为自然人提供更为周全、更为主动的保护。比如，根据《个人信息保护法》第13条，除特别情形外，在个人信息的收集环节，收集行为就首先需要征得信息主体的同意。信息主体还可以主动地提出要求，限定信息收集者的收集范围和目的。当收集的信息发生错误的时候，信息主体可以主动要求信息收集者予以更正和删除。信息收集者超越收集目的使用个人信息的，信息主体还可以撤回同意，并要求其删除。由此可见，个人信息权益表现出了非常积极的控制性和自主决定性。也正是因为个人信息权益具有如此积极主动的性格，德国学者将其称为"个人信息自决权"（Das Recht auf Informationelle Selbstbestimmung），并将其归为一般人格权的下位概念。[①]所以，从纯粹的权利保护效果上看，为住宿信息提供个人信息权益层面的保护，应该是更为积极、更为周全的。对于自然人而言，这样的权利保护效果更为积极有效，应该予以确认。

◎ 规范指引

《民法典》

第1165条第1款 行为人因过错侵害他人民事权益造成损害的，应当承担侵权责任。

第111条 自然人的个人信息受法律保护。任何组织或者个人需要获取他人个人信息的，应当依法取得并确保信息安全，不得非法收集、使用、加工、传输他人个人信息，不得非法买卖、提供或者公开他人个人信息。

《个人信息保护法》

第13条 符合下列情形之一的，个人信息处理者方可处理个人信息：

---

① Vgl. Taeger / Gabel, *Kommemtar zum BDSG*, Frankfurt am Main, 2010, S.8.

（一）取得个人的同意；

（二）为订立、履行个人作为一方当事人的合同所必需，或者按照依法制定的劳动规章制度和依法签订的集体合同实施人力资源管理所必需；

（三）为履行法定职责或者法定义务所必需；

（四）为应对突发公共卫生事件，或者紧急情况下为保护自然人的生命健康和财产安全所必需；

（五）为公共利益实施新闻报道、舆论监督等行为，在合理的范围内处理个人信息；

（六）依照本法规定在合理的范围内处理个人自行公开或者其他已经合法公开的个人信息；

（七）法律、行政法规规定的其他情形。

依照本法其他有关规定，处理个人信息应当取得个人同意，但是有前款第二项至第七项规定情形的，不需取得个人同意。

专题3　个人信息还包括哪些内容

◎ 案例简介

朱某在利用家中和单位的网络上网浏览相关网站过程中，发现利用“百度搜索引擎”搜索相关关键词后，会在特定的网站上出现与关键词有关的广告。为了证明该过程的真实性，2013年4月17日，朱某再次重复上述操作过程时，邀请了南京市钟山公证处对该过程进行了公证。百度网讯公司基于Cookie向用户推送个性化的信息，可以通过个性化配置限制百度对Cookie的使用。百度网讯公司在上述“个性化配置”字样下插入了超链接。点击此超链接进入“个性化配置工具设置”页面，页面内容是“为了在您访问百度联盟网站时，向您推送与您更相关或您更感兴趣的推广信息，百度联盟网站通过cookie记录您的偏好信息（不涉及任何指向您个人的信息）；如果您不希望百度联盟网站利用记录到的偏好信息向您推送推广信息，可以通过下方按钮选择停用，停用后百度的联盟网站将不会再根据您的偏好信息向您推广信息。网盟隐私保护设置只适用于您当前使用的计算机上的当前浏览器，当您删除当前浏览器的cookie后，系统会自动重置您浏览器的隐私保护设置”。在上述文字下方，百度网讯公司提供了“选择停用”按钮。2013年5月6日，朱某认为，百度网讯公司利用网络技术，未经朱某的知情和选择，记录和跟踪了朱某所搜索的关键词，将朱某的兴趣爱好、生活学习工作特点等显露在相关网站上，并利用记录的关键词，对朱某浏览的网页进行广告投放，侵害了朱某的隐私权，故诉至法院，请求判令百度网讯公司：1.立即停止侵害朱某隐私权的行为；2.赔偿朱某精神损害抚慰金10000元；3.承担公证费1000元。

一审法院认为，百度网讯公司侵犯朱某隐私权的行为使朱某困扰于自己不愿为他人所知的私人活动已经被他人知晓，给其精神安宁和生活安宁带来了一定的影响，因此，朱某要求百度网讯公司停止侵权的诉讼请求，应予支持，但考虑到朱某在诉讼中已经明知“选择停用”的方法，可以实现要求百度网讯公司停止侵权的目的，故对该诉讼请求不再进行处理。最终判决百度网讯公司向朱某赔礼道歉，并赔偿朱某公证费1000元。百度网讯公司提出上诉。

二审法院认为，百度网讯公司个性化推荐服务收集和推送信息的终端是浏览器，没有定向识别使用该浏览器的网络用户身份。虽然朱某因长期固定使用同一浏览器，感觉自己的网络活动轨迹和上网偏好被百度网讯公司收集利用，但事实上百度网讯公司在提供个性化推荐服务中没有且无必要将搜索关键词记录和朱某的个人身份信息联系起来。因此，原审法院认定百度网讯公司收集和利用朱某的个人隐私进行商业活动侵犯了朱某的隐私权，与事实不符。百度网讯公司的个性化推荐利用大数据分析提高了推荐服务的精准性，推荐服务只发生在服务器与特定浏览器之间，没有对外公开宣扬特定网络用户的网络活动轨迹及上网偏好，也没有强制网络用户必须接受个性化推荐服务，而是提供了相应的退出机制，没有对网络用户的生活安宁产生实质性损害。并且，百度网讯公司在对匿名信息进行收集、利用时采取明示告知和默示同意相结合的方式亦不违反国家对信息行业个人信息保护的公共政策导向，未侵犯网络用户的选择权和知情权。最终二审法院撤销一审判决，改判驳回朱某的诉讼请求。[①]

---

① 参见江苏省南京市中级人民法院（2014）宁民终字第5028号民事判决书。

◎ 法官评析

1. 网络浏览信息可能属于隐私

本案被称为“中国Cookie隐私权纠纷第一案”，[①]一直是个人信息和隐私保护领域被人所津津乐道的案例。本案涉及的一个重要问题是，自然人在电脑终端的上网浏览记录是否属于其个人隐私，从而受到隐私权的保护。对此问题，本案的一审和二审法院持有不同意见。根据《民法典》第1032条第2款，隐私是指自然人的私人生活安宁和不愿为他人知晓的私密空间、私密活动、私密信息。本案中朱某的上网浏览记录，是其私人活动的一部分。有的浏览记录甚至可能与其健康状况（比如经常性搜索某一慢性病的治疗文献）等核心私密信息相关联。因此，一审法院将涉案网络浏览信息认定为隐私，具有正当性。当然，二审法院否定将涉案网络浏览信息作为隐私也阐述了其理由。在本案判决的2014年，《民法典》尚未出台，人们虽然对于隐私的内涵有了大体一致的看法，但在具体案件中就某些活动或信息是否属于隐私，则不一定会形成完全一致的意见。因此，在当时，二审法院将涉案的网络浏览信息排除在隐私之外，没有按照隐私权给予保护，有其客观的社会环境。不过，从后来理论界与实务界对该案的评判来看，还是有观点认为，本案中朱某的网络浏览信息，应该构成隐私。[②]

2. 网络浏览信息应属于个人信息

虽然涉案网络浏览信息是否属于隐私存在争议，但就该信息是否属于个人信息，则似乎应该有更明确的答案。不论是《民法典》第1034条第2款，还是《个人信息保护法》第4条第1款，抑或是《网络安全法》第76条第5项，都明确规定个人信息是以电子或者其他方式记录的与已识别的或者可识别的自然人有关的各种信息，不包括匿名化处理后的信息。也就是说，有的信息能够单独识别特定的自然人，固然应当认定为个人信息。有的信息即使不能

---

① 参见李谦：《人格、隐私与数据：商业实践及其限度——兼评中国cookie隐私权纠纷第一案》，载《中国案例评论》2017年第2期。

② 参见张晓阳：《基于Cookie的精准广告投放技术及其法律边界刍议》，载《电子知识产权》2015年第9期。

单独识别特定的自然人，但只要该信息与可识别的自然人有关，仍然应认定为个人信息。本案中，百度网讯公司通过Cookie技术收集用户网络浏览信息，虽然经过了匿名化处理（《个人信息保护法》第4条第1款所界定的个人信息，不包括匿名化处理后的信息），并且其是从电脑浏览器上收集，不针对具体的人，然而，众所周知，随着大数据抓取和分析技术的发展以及人工智能技术的进步，数据的匿名化并非不可逆。在信息系统后台抓取的数据越来越丰富的情况下，由于机器学习能力的不断提升，通过对海量匿名数据进行深入的梳理分析，从而对信息主体进行溯源，是存在高度可能的。更主要的是，即使朱某的网络浏览信息是匿名化处理且不可逆的，但是，朱某是其个人电脑的固定且规律性用户。在一段时期内，朱某电脑Cookie中保存的信息与朱某个人电脑中的其他信息如用户名、个人文件信息相结合，完全可能识别到朱某本人，属于《个人信息保护法》第4条第1款规定的与已识别或者可识别的自然人有关的各种信息。在此情况下，如果将Cookie记录的网络浏览信息排除在个人信息之外，将与当前信息化技术的发展实践和人们对个人信息保护的权利要求相背离。从域外关于个人信息保护的实践来看，欧盟《一般数据保护条例》第4条中的“网络在线信息”应当认为包括Cookie记录的网络浏览信息。2012年，美国联邦贸易委员会（FTC）在一份报告中，也将Cookie用户编号和处理器编号作为与电子邮箱地址等并列的个人信息。[①]而我国2017年的国家标准《信息安全技术·个人信息安全规范》（GB/Z 35273-2017）在附录A的个人信息示例中已经将包括网站浏览记录、点击记录在内的个人上网记录纳入个人信息的范围。2020年新修订的《信息安全技术·个人信息安全规范》（GB/Z 35273-2020）对此予以保留，甚至还进一步将收藏列表也列入个人信息的范围。根据以上分析，本案所涉及的利用Cookie技术记录的个人网络浏览记录，应属于个人信息。

---

① See Federal Trade Commission，Order to File Special Report，File No. P125404（2012），转引自朱芸阳：《定向广告中个人信息的法律保护研究——兼评“Cookie隐私第一案”两审判决》，载《社会科学》2016年第1期。

3. 个人信息还应包括哪些内容

个人信息是一个开放性、包容性很强的概念，其外延非常广泛。日常生活中常见的姓名、住址、电话号码、电子邮箱、健康信息、行踪信息等都属于个人信息。当然，前面案例中所提到的住宿信息、网页浏览信息等也都属于个人信息。根据我国国家标准化委员会发布的最新《信息安全技术·个人信息安全规范》（GB/Z 35273–2020）附录A对个人信息的列举，个人信息至少可以分为个人基本资料（姓名、生日、性别、住址等）、个人身份信息（身份证、军官证、驾驶证、护照等）、个人生物识别信息（DNA、指纹、声纹、虹膜等）、网络身份标识信息（账号、IP地址、个人数字证书等）、个人健康生理信息（病历、体检报告、家族病史、传染病史等）、个人教育工作信息（职业、职位、工作经历、学历等）、个人财产信息（银行账户、存款信息、房产信息、虚拟货币信息等）、个人通信信息（短信、彩信、电子邮件等）、联系人信息（通讯录、好友列表、电子邮件地址列表等）、个人上网记录（网站浏览记录、软件使用记录、点击记录等）、个人常用设备信息（硬件序列号、设备MAC地址、软件列表等）、个人位置信息（行踪轨迹、精准定位信息、经纬度等）、其他信息（婚史、宗教信仰等）等13类具体个人信息。需要指出的是，即使以上所列举的个人信息，也不是穷尽的。随着人类与机器交互技术的进一步发展和人类活动空间的进一步拓展，记录或呈现个人活动的数据种类也将进一步扩展，个人信息的具体项目和种类也将进一步扩展。

◎ 规范指引

《民法典》

第1034条第2款　个人信息是以电子或者其他方式记录的能够单独或者与其他信息结合识别特定自然人的各种信息，包括自然人的姓名、出生日期、身份证件号码、生物识别信息、住址、电话号码、电子邮箱、健康信息、行踪信息等。

《个人信息保护法》

第4条第1款　个人信息是以电子或者其他方式记录的与已识别或者可识别的自然人有关的各种信息，不包括匿名化处理后的信息。

第二节　个人信息权益受损的民事司法保护方法

基本原理

一、个人信息的保护路径

个人信息的保护，是近年来整个法律界都在考虑的问题。各个部门法领域的专家都从各自的角度出发，提出了个人信息保护的具体方案。整体来看，个人信息的保护路径有三，即从立法供给、行政执法和司法保护等三个层面分别发力，从整体上推动我国个人信息保护力度的提升。

个人信息的立法保护，主要是从个人信息立法的角度，制定个人信息保护的法律规范，推动个人信息的保护。个人信息的立法保护在个人信息保护体系中处于基础性地位。个人信息的行政执法保护和司法保护，从根本上都有赖于立法为个人信息保护提供的法律供给。

个人信息的行政执法保护，则主要是行政管理机关在执行个人信息保护法律中基于其行政管理职责，主动执法而对个人信息主体所提供的积极保护。在个人信息保护体系中，行政执法的保护是最普遍、最广泛、最积极的保护类型。日常生活中所见到的个人信息权益受损问题，绝大部分都是通过行政执法而得到保护的。

个人信息的司法保护，则主要是人民法院根据当事人的请求，通过使用严格的民事诉讼、行政诉讼或刑事诉讼程序，对当事人提供的一种事后救济。在个人信息的保护体系中，司法保护是最消极、最保守的一种保护类型，但也是个人信息保护中的最后一道关口，因而最具有权威性。实践中，很多个人信息受损的案件如果未能通过行政执法的路径解决，则可能通过个人信息的司法保护路径得到最终的解决。

二、个人信息的立法保护

从1973年瑞典颁布世界上第一部国家层面的个人数据保护立法《个人数

据保护法案》（Personal Data Act）以来，全球范围内的个人信息保护立法以惊人的速度向前发展。目前，全球已经有120多个国家制定了专门的个人信息保护立法。[①]早期个人信息保护立法的典型代表有，1974年美国的《隐私法案》、1977年德国的《联邦数据保护法案》以及1983年加拿大的《个人信息保护和电子档案法案》等。进入21世纪，个人信息保护立法日益受到更多重视，涌现了一批充分反映全球个人信息发展实践的个人信息保护立法，比较典型的有2003年日本的《个人信息保护法》（该法于2017年被大幅度修改）、2016年欧盟的《一般数据保护条例》以及最近2019年印度的《个人数据保护法案》。在以上立法中，尤以欧盟《一般数据保护条例》的保护力度最大而广受关注。

我国就个人信息的保护立法起步较晚，全国人大常委会于2021年8月通过了《个人信息保护法》，并于2021年11月1日实施，我国较早的个人信息保护法律可以追溯到全国人大常委会于2000年发布的《关于维护互联网安全的决定》和2012年发布的《关于加强网络信息保护的决定》。之后2016年颁布的《网络安全法》对个人信息保护有所涉及，但仍然不是个人信息保护的专门立法。当然，此前的刑法修正案对部分涉及个人信息的犯罪有所规定。2009年2月28日颁布的《刑法修正案（七）》增设“出售、非法提供公民个人信息罪”和“非法获取公民个人信息罪”，2015年8月29日颁布的《刑法修正案（九）》迎应互联网时代公民个人信息被严重侵害的社会现实，扩张《刑法》第253条的犯罪主体和犯罪客体，并将“出售、非法提供公民个人信息罪”和“非法获取公民个人信息罪”二罪取消，改设“侵犯公民个人信息罪”。此外，在原《侵权责任法》中虽然没有直接规定个人信息保护的内容，但其关于隐私权保护的内容，实质上也是个人信息保护的立法组成部分。《民法典》人格权编第六章专门规定隐私权和个人信息保护，从民事基本法的高度对个人信息权益保护亮明了态度。

我国《个人信息保护法》的颁布，从根本上改变了我国没有个人信息保护专门立法的状况，为一般性的个人信息保护提供了最为重要的规范基础，

---

① 参见张新宝：《我国个人信息保护立法主要矛盾研讨》，载《吉林大学社会科学学报》2018年第5期。

成为个人信息保护的基本遵循。

三、个人信息的行政执法保护

虽然在《个人信息保护法》颁布之前，我国没有专门的个人信息保护法律，但个人信息行政执法保护的实践却是存在的。早在2000年9月，国务院就发布《互联网信息服务管理办法》(2011年予以修订)，对从事新闻、出版以及电子公告等服务项目的互联网信息服务提供者，提出信息记录的相关要求。其后，国务院所属的工业和信息化部（以下简称工信部），先后于2000年10月颁布《互联网电子公告服务管理规定》，2006年2月颁布《互联网电子邮件服务管理办法》，2011年12月颁布《规范互联网信息服务市场秩序若干规定》，2013年7月颁布《电信和互联网用户个人信息保护规定》。上述规定的颁布和执行，构成了我国个人信息行政执法保护的重要部分。尤其是《电信和互联网用户个人信息保护规定》，成为我国通过行政管理手段保护个人信息的重要规范性文件。依据该规定，工信部及相应的地方各级工信管理部门对违反该规定第9条至第11条、第13条至第16条、第17条第2款规定的各类有违个人信息保护精神的行为进行行政管理执法，对于加强我国个人信息保护，起到了非常积极的作用。

2011年5月，国务院设立国家互联网信息办公室（以下简称网信办），落实互联网信息传播方针政策和推动互联网信息传播法制建设，指导、协调、督促有关部门加强互联网信息内容管理，负责网络新闻业务及其他相关业务的审批和日常监管等。2014年8月，国务院重组网信办，负责全国互联网信息内容管理工作，增加了网信办对互联网信息内容的监督管理执法权。至此，网络信息内容的专门行政执法机构正式产生。重组后的网信办，在加强个人信息保护方面，做了大量的行政执法工作。一方面是制定了务实的互联网内容信息的管理规范。重组后的网信办，分别于2014年8月颁布《即时通信工具公众信息服务发展管理暂行规定》、2015年2月颁布《互联网用户账号名称管理规定》、2015年4月颁布《互联网新闻信息服务单位约谈工作规定》逐步加强对互联网信息内容的规范。其中，《互联网用户账号名称管理规定》旨在落实网络用户实名制，采取了“后台实名、前台自愿”

的模式。此外，国家网信办还于2019年8月颁布《儿童个人信息网络保护规定》，强化了对不满14周岁未成年人的个人信息保护；2019年12月颁布《网络信息内容生态治理规定》，以期进一步加强对网络空间的综合治理。2021年3月，国家网信办秘书局联合工信部办公厅、公安部办公厅和市场监督总局办公厅发布了《常见类型移动互联网应用程序必要个人信息范围规定》，为常见类型APP超范围处理个人信息的认定提供了极具可操作性的标准。另一方面是强化行政执法监督，严格落实上述行政管理规范。比如，在网信办重组后的第二年即2015年，全年依法约谈违法违规网站820多家、1000多次，依法取消违法违规网站许可或备案、依法关闭严重违法违规网站4977家，有关网站依法关闭各类违法违规账号226万多个，[①]在推进个人信息保护方面发挥了较为积极的作用。

不过，由于中国互联网信息产业发展速度惊人，很多发展中的问题还不能马上解决，而需要一定的时间去逐步解决消化。因此，包括个人信息保护在内的一些问题，在现阶段还会面临障碍。比如，《互联网用户账号名称管理规定》第5条第1款有后台实名要求。但是，该规定实施之前的绝大部分用户，并没有登记实名。现在网信部门虽然在逐步开展实名认证，但在没有全覆盖以前，很多用户的实名信息是无法提供的。这会导致一些个人信息被侵犯时，无法确定侵权主体，显然对于个人信息保护是不利的。

四、个人信息的司法保护

（一）个人信息的刑事司法保护

刑事司法保护通过追究侵犯个人信息犯罪行为被告人的刑事责任，对个人信息进行最强有力的保护。随着互联网信息技术的发展，近年来各种电信、网络犯罪活动越来越多，通过刑事司法手段打击各种个人信息犯罪行为，对于加强个人信息保护，具有重要意义。

---

① 《全国网信系统执法“亮剑”820多家违法违规网站被约谈》，载http：//www.cac.gov.cn/2016-02/26/c_1118173992.htm，2020年7月12日最后访问。

刑事司法保护个人信息的重要工作首先是颁布相关的司法解释。2013年9月，最高人民法院和最高人民检察院联合发布《关于办理利用信息网络实施诽谤等刑事案件适用法律若干问题的解释》，对利用信息网络实施诽谤、寻衅滋事、敲诈勒索、非法经营等刑事案件进行了法律适用层面的解释，其中有相当部分内容涉及个人信息的保护。此后，为依法惩治侵犯公民个人信息犯罪活动，保护公民个人信息安全和合法权益，最高人民法院和最高人民检察院又于2017年5月发布《关于办理侵犯公民个人信息刑事案件适用法律若干问题的解释》。该解释对什么是公民个人信息、提供公民个人信息应如何认定、如何认定"以其他方法非法获取公民个人信息"、如何认定"情节严重"和"情节特别严重"等法律适用层面的具体问题，进行了详细的规定。该解释成为刑事司法领域专门保护个人信息免受犯罪行为侵害的重要司法解释文件，也成为个人信息刑事司法保护的重要规范性依据。

刑事司法保护个人信息的另一重要工作是实实在在地惩治个人信息方面的违法犯罪活动。通过检索中国裁判文书网可以发现，自2014年以来，全国法院至少对824起非法获取公民个人信息的涉嫌犯罪行为进行审理并作出判决，至少对5930起侵犯公民个人信息的涉嫌犯罪行为进行审理并作出判决，至少对122起出售、非法提供公民个人信息的涉嫌犯罪行为进行审理并作出判决，至少对910起窃取、收买、非法提供信用卡信息的涉嫌犯罪行为进行审理并作出判决。需要指出的是，尽管刑事司法在个人信息保护方面发挥着强有力的威慑作用，但大量的侵犯个人信息的行为并没有严重到构成刑事犯罪的地步。因此，现实中，并不严重的侵害个人信息的行为，主要通过民事司法进行保护。

（二）个人信息的民事司法保护

个人信息民事司法保护不同于刑事司法保护的显著特点是，前者需要其个人信息受到侵害的信息主体（自然人）主动站出来向侵害者主张权利救济，并由自己（或委托专业法律服务人员）直接参加民事诉讼，提供相关证据证明自己的权利主张；而后者则主要由国家公权力机关（检察院）代表国家对犯罪嫌疑人进行追诉，证据也由公安机关侦查获得，并由检察院代表国家向法庭提供证据以证明犯罪嫌疑人构成犯罪。

实践中，民事司法保护的方法主要有两种，即侵权法的保护方法和合同法的保护方法。侵权法的保护方法是最常用的保护方法。当发生侵犯个人信息权益的侵权行为时，受害人作为原告向人民法院提起侵权之诉，请求人民法院判决被告承担侵权责任。实践中，以“隐私权纠纷”“名誉权纠纷”“一般人格权纠纷”作为案由提起的民事诉讼，大部分都与侵犯个人信息权益有关。从中国裁判文书网检索的数字看，自2014年1月1日以来，全国法院受理的隐私权纠纷案件至少为1739件，受理的名誉权纠纷案件至少为47333件，受理的一般人格权纠纷案件至少为42299件。[①]在司法实践中，个人信息的侵权法保护有时会遇到困难和障碍，比如在不存在有形损害的情况下如何认定侵害是否发生，如何认定因果关系是否成立，如何认定行为人的过错等。[②]但随着个人信息侵权审判经验的逐步积累和侵权行为类型化的总结，尤其是随着《个人信息保护法》的颁布实施，上述问题将逐步得到圆满的解决。

合同法的方法也是个人信息民事司法保护不可忽视的一种方法。一方面，当事人在所有可能涉及个人信息泄露风险的合同中，约定专门的个人信息保护条款。比如，在买卖合同中专门约定，双方在买卖接洽中所获得的对方的个人信息应互相严格保密，如果泄露将向对方赔偿1万元。另一方面，当事人在签订、履行合同过程中因泄露对方当事人个人信息造成损失的，需要承担相应的合同责任。在签订合同过程中，由于当事人的直接接触，相互之间可能知悉对方的个人信息。在未经对方允许的情况下，如果一方当事人故意或过失泄露该个人信息导致对方损害的，需要承担缔约过失责任。[③]在合同签订成立后的履行过程中，当事人如果泄露此前知悉的对方的个人信息，

① 检索日期为2021年10月6日。

② 参见丁宇翔：《个人信息民事司法保护的若干难点及其破解路径》，载《中国审判》2019年第19期。

③ 参见朱广新：《合同法总则研究》（上册），中国人民大学出版社2018年版，第209页以下。

给对方造成损害的，即使这里的保密义务属于合同法中的所谓附随义务，但泄露个人信息的一方仍应向相对人承担损害赔偿责任。[①]

专题4 个人信息权益受损的侵权法保护方法

◎ 案例简介

吴某某、李某某均为湖北省恩施自治州人，两人及吴某某委托的诉讼代理人某黄律师均曾为“广州·恩施老乡”微信群成员。2018年7月24日，微信号“×××”的朋友圈发布一条消息，内容为：“唯一遇到的心机绿茶婊，佩服你从刚开始就确实有计划有心机很会玩套路也很会骗！在中国庄严的法律下你都敢扭曲事实到极点真是无耻，难怪你周围的人都说你骗男人很多已经骗惯了很有经验！打官司根本搞不赢你，但是你骗走我的钱赢了官司会输掉人格！万幸我的商铺、房子、车子等没让你再骗成功！我们去宣恩要你还钱就打我妈是事实、自己早就在广州几年是事实、骗走我那么多钱是事实、拒不归还我公司的号码是事实你赖不掉！请相信人在做天在看，终有人会收拾你的！你宁愿骗走我几十万的钱也要丧失做人最重要的名声和道德，非常后悔遇到你这么低贱的垃圾！”另附有九张图，其中包括吴某某的身份证正反面清晰照片及艺术照，还附有广东省广州市白云区人民法院（2017）粤0111民初14236号民事判决书和广州市中级人民法院（2018）粤01民终7356号民事判决书照片。吴某某认为上述消息侵犯其权利，遂向法院起诉：1.判令李某某赔偿吴某某精神损害抚慰金及经济损失120000元；2.判令李某某立即停止侵害吴某某名誉权的行为，删除“×××”微信号于2018年7月24日发布的侵权朋友圈信息；3.判令李某某使用微信号“×××”在朋友圈发布经吴某某认可的道歉声明。

法院判决认为，公民的身份证照片包括公民的姓名、肖像、住址、公民身份证号码及其对应关系，包含公民的个人信息和隐私信息，他人无合法、正当理由不得将其在公开网络传播，否则应承担相应侵权责任。本案中，李

---

① 参见韩世远：《合同法总论》，法律出版社2004年版，第284页。

某某将吴某某的清晰身份证照片发布于自己的朋友圈，客观上会增加吴某某的个人信息被窃取、被盗用或者被他人滋扰的风险，该行为构成对吴某某个人信息和隐私权的侵害，李某某应承担相应侵权责任。[①]

◎ 法官评析

1.身份证及照片所载信息构成个人信息

自然人的身份证上载有姓名、出生年月日、民族、性别以及肖像等信息，这些信息显然是可以直接识别定位到具体的自然人的，因而确定属于个人信息。本案中，李某某在其微信朋友圈中发布了包含有吴某某身份证的正反面照片，显然包含了吴某某的个人信息。另外，即使没有吴某某的身份证正反面照片，仅仅是吴某某的其他照片，也应构成吴某某的个人信息。因为个人信息的核心属性是其可识别性，[②]即使没有身份证上的信息，但只要有信息主体的其他可识别信息如呈现面部识别特征的生活照片，因其属于个人生物识别信息，则仍然属于个人信息，可以通过这些照片识别到具体的个人，应当引起注意。

2.侵犯个人信息可以通过侵权法获得救济

前面已经述及，虽然《民法典》并没有明确将个人信息规定为权利，但从实质上看，其已经具备权利之实。而在民事权利中，在《民法典》颁布之前，对绝对权的侵害，原则上由原《侵权责任法》提供救济；对相对权的侵害，原则上由原《合同法》提供救济。个人信息权益虽然没有上升为权利，但在本质上可以归结为人格权，[③]而人格权又是典型的绝对权。因此，个人信息权益可以部分地类推适用人格权的保护方法，可以通过原《侵权责任法》获得救济。本案中，吴某某的个人信息权益受到侵害，其正是主张隐私权、名誉权被侵害，从而通过原《侵权责任法》寻求救济。法院最终判决也是依据原《侵权责任法》支持了吴某某的诉讼请求。

---

① 参见广东省广州市中级人民法院（2020）粤01民终8953号民事判决书。

② 参见王利明：《人格权重大疑难问题研究》，法律出版社2019年版，第688—689页。

③ 参见王利明：《人格权重大疑难问题研究》，法律出版社2019年版，第677—681页。

◎ 规范指引

《民法典》

第1165条第1款 行为人因过错侵害他人民事权益造成损害的，应当承担侵权责任。

专题5 个人信息权益受损的合同法保护方法

◎ 案例简介

钉钉是智能移动办公软件，钉钉会员通过软件使用聊天、网络电话、设置企业通讯录、创建群、考勤、签到等功能。用户申请服务管理账号并注册企业钉钉，通过点击已同意、阅读《钉钉服务协议》《钉钉隐私权政策》，并填写企业名称、行业类型、人员规模、管理密码、联系人姓名等信息，即可完成注册。用户注册企业钉钉后，可以通过输入姓名及手机号码添加他人为企业全员群成员。用户注册钉钉会员，通过输入手机号码及短信验证码，同意《钉钉服务协议》《钉钉隐私权政策》，并设置登录密码，即可完成注册。乔某通过手机号码“170××××8831”注册成为钉钉会员。乔某称“自己于2017年8月30日加入深圳市德宏厨卫有限公司钉钉企业群，上下班钉钉打卡考勤。2018年4月30日离职”。2018年10月29日，乔某向深圳市龙华区劳动人事争议仲裁委员会提起劳动仲裁，要求深圳市德宏厨卫有限公司支付其工资、加班工资等。后乔某不服劳动仲裁结果，向深圳市龙华区人民法院提起诉讼。深圳市龙华区人民法院经审理，于2019年6月28日作出（2019）粤0309民初2088号民事判决。乔某不服，向广东省深圳市中级人民法院提起上诉。同时，乔某向一审法院起诉，要求钉钉公司：1.提供深圳市德宏厨卫有限公司邀请乔某加入公司钉钉的信息；2.提供从2017年8月30日起至2018年4月30日止乔某在深圳市德宏厨卫有限公司的钉钉考勤打卡信息；3.提供深圳市德宏厨卫有限公司的工商登记信息。

一审法院判决认为，乔某起诉要求钉钉公司向其提供在深圳市德宏厨卫有限公司工作期间的钉钉打卡考勤信息，其前提是在钉钉公司处有相对应的考勤信息存在。但从本案现在的证据来看，乔某提供的证据尚不足以证明乔某加入深圳市德宏厨卫有限公司钉钉企业群进行打卡考勤。退一步来讲，即使有钉钉打卡考勤信息存在，根据《钉钉隐私权政策》的约定，乔某在公司的考勤信息属企业控制数据，信息处理者为企业，钉钉公司没有义务向乔某提供。同时，乔某的主张也不属于《钉钉隐私权政策》中约定的共享、披露信息的例外情形，故乔某要求钉钉公司向其提供在深圳市德宏厨卫有限公司工作期间的钉钉考勤信息等请求依据不足，一审法院不予支持。[①]在二审中，因已查明广东省深圳市中级人民法院已要求钉钉公司提供乔某加入深圳市德宏厨卫有限公司钉钉群的起止时间、其在该公司钉钉群的考勤信息、该公司的注册信息，故乔某在本案中的诉求在其与深圳市德宏厨卫有限公司劳动争议一案中已得到支持，故二审不另行支持。最终，二审判决维持原判。

◎ 法官评析

1.考勤信息是否属于个人信息

考勤信息是记录员工在工作时间到岗情况的信息，其本身虽然不能直接识别出员工本人，但与员工本人的其他信息相结合，可以识别出特定的员工，因而属于其个人信息。根据《信息安全技术・个人信息安全规范》（GB/T 35273-2020）附录A对个人信息的列举，考勤信息与培训记录类似，属于个人教育工作信息。因此，个人的考勤信息，属于个人信息，应受个人信息相关法律规范的保护。

2.考勤信息的处理者是谁

所谓个人信息处理者，根据《个人信息保护法》第73条第1项，就是指在个人信息处理活动中自主决定处理目的、处理方式的组织、个人。此前，个人信息控制者是个人信息保护研究领域使用较广的一个概念。《民法典》和《个人信息保护法》中没有使用“信息控制者”的概念而使用“信息处理者”的概念。但从外延来看，“控制”和“处理”应都包括个人信息的收集、存储、使用、加工、传输、提供、公开等各个环节。因此，信息控制者和信息处理者的范围应是相当的。只是，从内涵来看，信息控制者的概念侧重于

① 参见浙江省杭州市中级人民法院（2020）浙01民终1040号民事判决书。

强调“控制力”这一核心要素，[①]而信息处理者则侧重于从客观上描述其存储、使用信息的样态。本书认为，从个人信息保护的视角分析，信息控制者的概念与其承担的法律义务更为契合。正是因为其对个人信息具有法律或事实上的控制力，所以才科以其对个人信息较为广泛的保护义务。[②]不过，由于《民法典》和《个人信息保护法》均采用了个人信息处理者的概念，本书也与其保持一致，多采个人信息处理者的概念。

根据上述关于个人信息处理者的分析，考勤信息一方面被乔某所在的公司存储并使用（作为考察其工作是否尽职尽责的重要依据，也可作为发放薪酬奖金的重要依据），因而其所在公司应是其考勤信息的个人信息处理者（前提是乔某确实在该公司入职，且打考勤卡）；另一方面考勤信息也被钉钉公司的后台服务器所记录和存储，钉钉公司对该数据显然是有控制力的，因而钉钉公司也应成为这里的信息控制者。《钉钉隐私权政策》（2019年11月27日更新）第一部分“定义”第12条“个人信息处理者”中也认可：“本协议钉钉服务中的部分个人信息处理者为钉钉企业/组织用户。”但其在隐私政策后面的部分又指出：“您理解并同意，企业组织用户为上述企业所控制数据的控制者”，将自己排除在部分个人信息处理者之外。实际上，在此情况下，乔某所在公司与钉钉公司构成共同信息处理者。[③]

3.一审不支持原告诉讼请求的原因

本案被告钉钉公司主要以其隐私政策作为抗辩理由，一审法院在很大程度上采纳了钉钉公司的抗辩。对一审判决书的内容进行深入分析可以发现，钉钉公司拒绝乔某的请求，主要基于以下几点原因：第一，在钉钉公司的隐私政策中已经将自己排除在个人信息处理者之外。不过，如上所述，这一点似乎不大成立，因为是否为个人信息处理者，是一个事实问题，不取决于合同的约定或隐私政策的规定。第二，尚无任何证据能够证明存在乔某所称的

① 参见程啸：《论侵害个人信息的民事责任》，载《暨南学报》（哲学社会科学版）2020年第2期。

② 参见程啸：《论侵害个人信息的民事责任》，载《暨南学报》（哲学社会科学版）2020年第2期。

③ 参见《信息安全技术·个人信息安全规范》（GB/T 35273-2020）第9.6条。

相关考勤打卡信息。这一点也容易解决，只要钉钉公司查一下就可以知道。在所有的考勤都是通过钉钉软件进行的情况下，乔某其实无法提供证据证明存在其所称的相关考勤打卡信息，而只能由钉钉公司说明有或无。第三，根据隐私政策，钉钉公司仅能根据该企业用户管理员的选择进行处理，未经权利人授权，钉钉公司无权查询或披露。其实，这一点抗辩意见也不成立。根据《民法典》第1037条，自然人当然有权向个人信息处理者查阅和复制其个人信息。只是，这一权利在具体的场景中，需要有相关的程序性控制。所以，钉钉公司的抗辩理由，并不充分，亦不有效。

但是，一审判决的结果是可以接受的，其背后的法理不在于钉钉公司所主张的那些抗辩理由，而主要在于合同当事人的利益衡平问题。目前，钉钉软件的基础功能是免费的，而考勤打卡是其重要的基础功能。在该功能免费的情况下，如果没有任何程序控制而要求钉钉公司向任何人随时提供考勤信息，一方面客观上不大可能做到，另一方面该功能本就是无偿提供的，要求钉钉公司自已花费人力物力提供该信息，无疑违背比例原则，会造成钉钉公司的不合理负担。所以，比较可行的处理思路是，涉及考勤等免费功能的个人信息，应首先由乔某所在企业提供，因为其企业也是乔某个人信息的控制者，并且是乔某的用人单位，负有为乔某提供实现和维护其劳动权利所必需的相关信息的义务。在用人单位不能提供的情况下，才可以由司法机关以调查取证的方式，要求钉钉公司提供（如同本案二审判决指出的那样，由深圳市中级人民法院调查取证而取得）。或者，乔某也可以通过付费的方式，私下协商由钉钉公司提供。

4.考勤信息的提供可以通过合同法的路径进行救济

本案的案由是网络服务合同纠纷，乔某是基于其与钉钉公司之间的合同关系而提起诉讼。之所以认为二者之间存在合同关系，是因为乔某是自愿注册为钉钉用户，并且同意接受《钉钉服务协议》《钉钉隐私权政策》的内容。因此，乔某与钉钉公司之间已就上述协议形成了合意，二者之间成立网络服务合同关系。作为合同一方当事人，当乔某认为其个人信息权益受到来自合同对方当事人的违约行为的影响时，可以依照二者之间的合同约定提起合同之诉。

◎ **规范指引**

《民法典》

第501条 当事人在订立合同过程中知悉的商业秘密或者其他应当保密的信息，无论合同是否成立，不得泄露或者不正当地使用；泄露、不正当地使用该商业秘密或者信息，造成对方损失的，应当承担赔偿责任。

第1037条第1款 自然人可以依法向信息处理者查阅或者复制其个人信息；发现信息有错误的，有权提出异议并请求及时采取更正等必要措施。

第三节 个人信息权益救济的案由选择

基本原理

一、民事案件案由的功能

在民事诉讼实践中，案由常被作为案件名称的组成部分，是案件所涉民事法律关系性质的反映，也是对争议法律关系的浓缩和概括，更是法院对民事案件实施管理的重要方式。[①] 当自然人的个人信息权益被他人侵犯时，信息主体通过诉讼主张权利时，首先面临以何种民事案件案由提起诉讼的问题。由于案由的确定直接影响权利人起诉时的管辖、举证负担、争议焦点确定、诉讼时效等，不当选择案由可能导致败诉结果。[②] 因此，通过民事诉讼实现个人信息权益的保护，必须认真对待案由选择问题。

二、个人信息权益救济的传统案由

如上所述，个人信息权益救济可以通过侵权法的路径，也可以通过合同法的路径。相应地，在民事案件案由的选择上，也存在侵权类案由与合同类

---

① 参见《最高人民法院关于印发修改后的〈民事案件案由规定〉的通知》（法〔2011〕42号）。

② 参见宋旺兴：《民事案由制度研究》，武汉大学2012年博士学位论文，第39页。

案由。由于个人信息权益本质上属于人格权，因而应当首先从人格权纠纷的案由中寻找适合的案由。从最高人民法院2011年《民事案件案由规定》的规范结构上看，人格权纠纷属于独立的一级案由，与侵权责任纠纷的案由并列。但从逻辑体系上分析，人格权纠纷的案由，本质上是为了对各种人格权侵权行为提供救济，性质上应该属于侵权责任体系中的内容。因此，虽然《民事案件案由规定》将其列为与侵权责任纠纷相并列的一级案由，但从分类上，人格权纠纷仍然属于侵权类的案由。

在传统的侵权类的案由中，实践中涉及个人信息权益救济时，一般选择的案由有“隐私权纠纷”“名誉权纠纷”“肖像权纠纷”“一般人格权纠纷”等。如本书前面讲到的“中国Cookie隐私权纠纷第一案”，就是以“隐私权纠纷”作为案由。在合同类的案由中，实践中当事人选择的案由最可能是“网络服务合同纠纷”。比如，上面讲到的“乔某与钉钉公司网络服务合同纠纷案”。不过，在合同法律实践中，双方在合同磋商过程中可能掌握对方的个人信息。如果在合同履行过程中将该个人信息泄露，导致对方损害的，也应承担基于合同的损害赔偿责任。这种损害赔偿责任有可能属于违约责任，也有可能属于缔约过失责任，而这种情况可能存在于很多合同类型中。因此，实践中，个人信息权益救济的合同类案由，还可能存在除了网络服务合同纠纷之外的其他合同纠纷案由。

三、《民法典》实施后个人信息权益保护的专门案由

在以前的个人信息权益救济的实践中，原告选择较多的案由是“隐私权纠纷”“名誉权纠纷”“一般人格权纠纷”。然而，选择这些案由，可能存在如下的问题。

一方面，“隐私权纠纷”和“名誉权纠纷”案由并不能涵盖所有的个人信息利益范围。个人信息中包括隐私信息和非隐私信息，如个人身份证号码、遗传基因信息、私人日记等都属于隐私信息。而电子邮件、微信号码、手机号、在公共网吧的上网记录等则属于非隐私信息。如果未经本人允许而将其手机号、QQ号等非隐私信息打包传输给他人，或者商家在未经个人允许的情况下，任意收集其在公开场合的各种上网记录并进行偏

好分析，则很难说是对隐私权的侵犯，因而很难以隐私权纠纷作为案由起诉。同理，并非所有的泄露或不当利用个人信息的行为都会使自然人的社会评价降低，从而构成对名誉权的侵犯。因此，也很难都以名誉权纠纷作为案由起诉。

另一方面，“一般人格权纠纷”的案由并不总是贴切的。一般人格权概念来自德国法学理论的创造，并通过“读者来信案”在德国司法实践中逐步得到确认，[①]并影响大陆法系其他国家和地区。理论和实务中大都认为，一般人格权具有解释和产生具体人格权的功能，并可弥补具体人格权列举所遗留的不完整。[②]因此，当出现一种现有的具体人格权难以表征的私法利益类型时，可以用一般人格权予以涵盖。正是在这个意义上，一般人格权纠纷经常被作为兜底案由，来容纳那些不足以用具体人格权纠纷来表征的民事利益纠纷。于是，在一些个人信息保护的民事案件中，一般人格权纠纷的案由，往往成为原告的无奈之选。然而，个人信息的范围非常广，尽管很多人一般都将其归入人格权的范畴，但不可否认的是，诸如银行账号、房产信息、虚拟货币持有情况等个人信息体现的人格因素还是比身份证号码、肖像、指纹等体现的人格因素更弱。因此，将既有人格权无法容纳的其他所有个人信息利益都归入一般人格权纠纷进行保护，并非完全合理。[③]

基于上述分析，2011年的《民事案件案由规定》并不能完全适应个人信息权益保护实际需求。所幸，最高人民法院已经意识到这一问题，在《民法典》实施后，最高人民法院新发布的《民事案件案由规定》也随即实施。2021年《民事案件案由规定》中的“人格权纠纷”案由之下，将原来的三级案由“隐私权纠纷”更改为“隐私权、个人信息保护纠纷”，并在该三级案由之下增加一个四级案由“个人信息保护纠纷”。这就在很大程度上解决了

---

① Vgl. Deutsch / Ahrens，Deliktsrecht：*Unerlaubte Handlungen，Schadensersatz，Schmerzensgeld*，4. Auflage，Carl Heymanns Verlag，2002，S. 75.

② 参见杨立新主编：《民商法理论争议问题——精神损害赔偿》，中国人民大学出版社2004年版，第187页。

③ 参见丁宇翔：《个人信息民事司法保护的若干难点及其破解路径》，载《中国审判》2019年第19期。

2011年版案由确定的不足。当然，由于个人信息与隐私的外延上存在交叉，而侵犯个人信息权益也的确可能侵犯自然人的隐私权、名誉权，甚至可能侵犯肖像权，基于此，在具体的审判实践中，侵犯个人信息权益案件以“个人信息保护纠纷”为主要案由的同时，还可能存在隐私权纠纷、名誉权纠纷、网络侵权责任纠纷等案由。

专题6 个人信息保护纠纷作为个人信息权益救济的案由

◎ 案例简介

2017年11月24日，周某某在“KK馆”APP上购买了迪奥女士Q版香水四件套商品一份，2017年11月29日，周某某收到上述商品，因怀疑是假货，周某某在“KK馆”APP上向在线客服申请退货，在线客服答复周某某称保税直邮商品暂不提供无理由退换货服务。2017年11月30日21:06，周某某收到号码为136××××5370打入的电话，一自称为“KK馆”“售后楚楚”的客服人员联系周某某，并提出与周某某互加微信，21:08，周某某在微信中添加了“售后楚楚”，“售后楚楚”将周某某在“KK馆”APP上的购物详情（包括快递单号、收货人手机号、收货地址、订单创建时间、订单付款时间、订单发货时间、订单完成时间、订单支付方式、订单支付号、用户账号、商品名称、金额）截图发送给周某某，并发送了退款链接给周某某，周某某点击进入“售后楚楚”发送的退款链接，并将姓名、卡号、动态密码发送给了“售后楚楚”，21:29，周某某的银行账户中被转走49990.96元。周某某意识到被骗，于22时拨打110报警。后周某某诉至法院，请求快客公司、易得公司（“KK馆”由快客公司委托易得公司开发，由快客公司经营）赔偿周某某49990.96元及利息（自2017年11月30日起计算至实际清偿之日止，按照中国人民银行同期贷款利率计算）。

法院判决认为，快客公司未能举证证明涉案信息泄露归因于供应商、快递公司等第三方。将购物信息打包给供应商、快递公司等第三方，在信息传送过程中反而存在泄露信息的可能。快客公司作为“KK馆”APP的运营方，一方面因其经营性质掌握了大量的消费者个人信息，另一方面应有相应能力保护好消费者的个人信息免遭泄露，这既是其社会责任，也是其应尽的法律义务。本案信息泄露事件的发生，在排除其他泄露隐私信息可能性的前提下，可以认定是由快客公司疏于防范导致的结果，因而可以认定其具有过错，应承担侵权责任。另外，周某某作为消费者，也应当具有小心谨慎的注意义务，但其在和“售后楚楚”的聊天过程中，不但将户名、银行账号发给“售后楚楚”，还将收到的动态密码发送给“售后楚楚”，以至于账户内的金额被转走，周某某自身也存在过错，应减轻快客公司的责任承担。综合本案的情况，酌情确定周某某自行承担40%的责任，快客公司承担60%的责任。①

◎ 法官评析

从案由确定的角度看，本案的案由并非“个人信息保护纠纷”，而是“网络侵权责任纠纷”。这是因为在2021年施行的《民事案件案由规定》之前，并没有“个人信息保护纠纷”这样的案由。如果根据2021年施行的《民事案件案由规定》确定案由，本案案由确定为“个人信息保护纠纷”亦无不可。本案中，周某某在“KK馆”APP上的购物信息包括快递单号、收货人手机号、收货地址、订单创建时间、订单付款时间、订单发货时间、订单完成时间、订单支付方式、订单支付号、用户账号、商品名称、金额等，该等组合信息是典型的个人信息，周某某之所以受到损失，也是因为该等个人信息的泄露而导致。法院最终判决快客公司承担60%的责任，也正是由于其存在疏于防范个人信息泄露的过错，因此，这是典型的“个人信息保护纠纷”。

◎ 规范指引

《民法典》

第1034条第1款、第2款 自然人的个人信息受法律保护。

个人信息是以电子或者其他方式记录的能够单独或者与其他信息结合识别特定自然人的各种信息，包括自然人的姓名、出生日期、身份证件号码、生物识别信息、住址、电话号码、电子邮箱、健康信息、行踪信息等。

---

① 参见广东省深圳市中级人民法院（2019）粤03民终3954号民事判决书。

《个人信息保护法》

第4条第1款　个人信息是以电子或者其他方式记录的与已识别或者可识别的自然人有关的各种信息，不包括匿名化处理后的信息。

专题7　隐私权纠纷作为个人信息权益救济的案由

◎ 案例简介

刘某某与沈某系邻居关系，双方均住在西城区×××17层，双方房门呈直角相邻。2018年年底，沈某在更换家中的防盗门后，因防盗门没有猫眼，故在自家房门外墙上安装了一款360智能门铃。门铃可以记录门前的影像，有录像功能。刘某某认为沈某安装的门铃记录了刘某某家人员出入家门的信息，并且拍摄到了刘某某家中摆设，侵害了刘某某隐私权，故刘某某以隐私权纠纷为案由诉至法院。

一审法院判决认为，依据现场勘查及庭审中沈某展示的相关的门铃软件，沈某安装的门铃拍摄并短暂存储影像的条件是，相关人员须在门铃前逗留一定时间，刘某某自门铃前经过，并不必然被门铃录制。进一步讲，沈某对于自家门前的行人，亦有一定的知情权及基于房屋产权所享有的附属权利，沈某安装的门铃，即使录制了刘某某及其家人进出家门的信息，也未对此进行传播，并且系统只储存48小时，之后便会自动删除。刘某某称沈某安装的智能门铃侵犯了刘某某的隐私权，证据不足，法院不予支持。

二审判决认为，民事主体的人身权利、财产权利以及其他合法权益受法律保护，任何组织或者个人不得侵犯。根据查明的事实，沈某的门口系刘某某出入家门的必经之地，沈某安装在门外的门铃带有摄像功能，摄像头可对刘某某出入进行照摄，该处虽处于公共楼道，但亦对刘某某及其家人的出行规律、人员流动等进行了记录，对于刘某某及其家人的正常生活产生了一定影响，应予以拆除为宜，二审法院予以改判。关于刘某某要求沈某删除摄像头视频资料的诉讼请求，依据不足，二审法院不予支持。[①]

---

① 参见北京市第二中级人民法院（2020）京02民终1641号民事判决。

◎ 法官评析

本案中，刘某某及其家人的出行规律等情况显然属于刘某某及其家人的个人信息。沈某安装门铃虽然是基于其所有权所为，但亦应以不妨害他人为前提。因沈某安装的门铃具有摄录功能，势必对刘某某及其家人的出行信息进行记录，这就属于收集他人个人信息的行为。在未经刘某某及其家人同意的情况下，沈某的收集刘某某及其家人个人信息的行为显然构成对刘某某及其家人个人信息权益的侵害，应承担相应的民事责任。由于最高人民法院2011年版本的《民事案件案由规定》并未规定“个人信息纠纷”等案由，因此原告沈某以隐私权纠纷作为案由提起诉讼是正确的。当然，即使在2021年《民事案件案由规定》的新案由体系下，以“隐私权纠纷”确定本案案由，也未尝不可。

◎ 规范指引

《民法典》

第1032条第1款 自然人享有隐私权。任何组织或者个人不得以刺探、侵扰、泄露、公开等方式侵害他人的隐私权。

第1034条第3款 个人信息中的私密信息，适用有关隐私权的规定；没有规定的，适用有关个人信息保护的规定。

专题8 名誉权纠纷作为个人信息权益救济的案由

◎ 案例简介

2010年1月19日，周某某向农行人民路支行申请地方财政贴息助学贷款，借款金额6000元，借款日期2010年1月19日，到期日期2017年1月18日，借款学生毕业日2011年7月15日，助学还款期起始月2013年6月，助学还款期还款方式等额本息。当日，农行人民路支行将6000元支付给周某某。2011年5月16日，周某某给农行人民路支行出具《国家助学贷款还款确认书》，该确认书主要内容为，周某某计划从2013年7月15日（起始还款日）起开始还贷款本息，并按等额本息还本付息。2015年6月10日，农行人民路支行申请其总行清除了周某某从2011年9月至2013年4月共计20期贷款逾期记录。2015年7月1日、7月2日、7月23日、8月31日，周某某分别向农行人民路支行还款500元、200元、1000元、200元。此后，周某某正常向农行人民路支行还款。然而，截至2019年9月12日，周某某的个人信用报告上显示2015年6月、7月、8月逾期金额分别为532元、122元、104元。周某某认为上述逾期记录不属实，遂向法院起诉：1.判决农行人民路支行立即消除因农行人民路支行因素导致的中国人民银行征信系统中周某某的不实逾期记录；2.判决农行人民路支行向其书面道歉；3.判决农行人民路支行赔偿其经济及精神损失费合计2000元及律师服务费8000元，以上合计10000元。

一审法院判决认为，中国人民银行的征信系统是一个相对封闭的系统，只有本人或者相关部门、金融机构因法定事由才能对该系统内的记录进行查询，这些记录并未在不特定的人群中进行传播。本案中，农行人民路支行已经删除的2011年9月至2013年4月共计20期贷款逾期记录以及现仍在中国人民银行征信系统中的周某某逾期还款记录，并未在不特定的人群中进行传播，均不会造成周某某的社会评价降低。故判决驳回周某某的诉讼请求。周某某提出上诉。

二审法院判决认为，双方因前期逾期记录产生的纠纷已持续数年，在纠纷未妥善解决之前，周某某无法按照正确金额按期还款。2015年6月10日，农行人民路支行删除前期逾期记录之后，周某某实际应还款金额已发生很大变化，只能根据银行系统复杂、专业的计算方式来确定。在农行人民路支行未及时履行告知义务的情况下，周某某无从知晓自己应当从何时还款以及每个月应还款具体金额，故而在其主动询问银行工作人员得知逾期记录已删除后，周某某从2015年7月1日才开始按照自己推测的金额逐笔还款，最终产生了案涉新的逾期记录。故，对于2015年6、7、8三个月逾期记录的产生，农行人民路支行具有过错。综上，对于周某某要求农行人民路支行消除中国人民银行征信系统中前述三个月逾期记录的上诉请求，二审法院予以支持，最终进行改判。[①]

---

① 参见湖北省十堰市中级人民法院（2020）鄂03民终310号民事判决书。

◎ 法官评析

1.个人信息本身不属于名誉的范畴

个人信息是以电子或者其他方式记录的与它识别或者可识别的自然人有关的各种信息，不包括匿名化处理后的信息。而名誉则是自然人因其自身的品性、德行、名声、信用等所应得到的世人的相应评价，[①]从二者的内涵来看，相互之间并无直接关联。因此，一般而言，个人信息权益救济与名誉权的救济是没有直接联系的。

2.个人信息的记录不当可能导致自然人社会评价降低

虽然个人信息本身与自然人的名誉没有直接关联，但是，如果个人信息的收集环节，因信息收集者的过错，或者因收集手段的局限，导致个人信息的录入发生错误的，则可能对自然人的名誉产生影响。实践中，这种情况并不在少数。比如，自然人的教育经历信息、征信信息等。就教育经历信息而言，如果信息主体本身是名校博士毕业，且其平时也声明是某名校博士毕业，但如果错误记录为硕士毕业，则对于从事某些特别看重学历的职业领域，可能导致信息主体社会评价降低。就征信信息而言，不真实的不良征信记录，更会对自然人的社会评价产生消极影响，并进而在贷款、购房、从事商业等诸多方面产生不利影响。本案中，农行人民路支行对周某某的错误不良征信记录，显然或导致周某某社会评价降低，从而与其名誉发生关联。

3.导致自然人社会评价降低的不当记录可以“名誉权纠纷”提起诉讼

案件的起因虽然系个人信息，但如果个人信息的不当录入导致了信息主体社会评价的降低，则显然会对信息主体的名誉造成不利影响，从而侵害其名誉权。此时，自然人因名誉权受侵害而以“名誉权纠纷”提起侵权之诉，显然是可以的。当然，2021年最新的《民事案件案由规定》已经增加了专门的“个人信息保护纠纷”案由，则可以认为本案中存在案由的竞合，自然人完全可以选择其中一种案由提起民事诉讼。

---

① （日）五十岚清：《人格权法》，铃木贤、葛敏译，北京大学出版社2009年版，第17页。

◎ 规范指引

《民法典》

第1024条第1款　民事主体享有名誉权。任何组织或者个人不得以侮辱、诽谤等方式侵害他人的名誉权。

专题9　肖像权纠纷作为个人信息权益救济的案由

◎ 案例简介

广州恩硕公司成立于2016年8月8日，其营业范围包括预包装食品批发、预包装食品零售等。该公司与吴某凡之间不存在品牌广告代言关系。微信认证的该公司“×××恩茶”品牌的微信号为“×××”，账号说明为“广州市恩硕餐饮管理有限公司旗下×××恩茶”。2017年11月1日，微信公众号“×××恩茶”发布了标题为《11.11剁手节，×××带你解锁脱单新技能！Get√》的文章，该文章第六幅配图为吴某凡的正面半身像广告图，该图为吴某凡左手指向观众的画面，该图片的左上方有“×××恩茶”的商业标志，右边有“约见恩茶，畅饮鲜茶，吴某凡等你来约”的广告语，下方有“限时秒杀凡是14—16点进店消费者均可享用限时秒杀”“鸡尾果饮限时秒杀价8元　水果茶限时秒杀价10元　奶盖茶限时秒杀价10元”“消费送礼品，凡是进店消费满38元均可送精美礼品一个”等广告语，广告语下方为标有“×××恩茶”商业标志的一杯鸡尾果饮、一杯水果茶、一杯奶盖茶图片。文中发布有该公司推广产品的图片介绍、现场活动介绍、公司名称、联系方式、微信二维码等广告推介内容。后吴某凡以肖像权受侵害为由诉至法院，请求判令广州恩硕公司删除侵权内容，向吴某凡公开赔礼道歉，赔偿损失。

法院判决认为，自然人的肖像权受到侵害的，有权要求停止损害、消除影响、赔礼道歉，并可以要求赔偿损失。鉴于在广州恩硕公司主办的微信公众号、微博中使用吴某凡肖像的代言广告图片已经删除，该部分侵权行为已经停止，法院不再就此判定该公司停止侵权。但是广州恩硕公司未提交相应证据证明本案所涉品牌实体店铺中使用吴某凡肖像的行为已经停止，故该公司仍应当继续承担撤销侵权广告物料，停止侵权的法律责任。

关于吴某凡诉请广州恩硕公司公开赔礼道歉的请求，于法有据，故法院予以支持，但广州恩硕公司赔礼道歉的方式应与其侵权的具体方式和所造成的影响范围相当，故法院将综合考虑前述因素，依法确定赔礼道歉的具体方式。[①]

◎ 法官评析

1.面部肖像特征可以落入个人信息的范围

表面上看，自然人的肖像与个人信息并无直接关联。但如果认真分析个人信息的内涵和外延，就会发现二者并非毫不相干。从内涵来看，个人信息重在强调可识别性，[②]而自然人的面部肖像特征是识别特定自然人最重要的元素。从外延来看，根据《民法典》第1034条第2款规定，个人信息的范围包括但不限于自然人的姓名、出生日期、身份证件号码、生物识别信息、住址、电话号码、电子邮箱、健康信息、行踪信息等。其中的生物识别信息就包括：个人基因、指纹、声纹、掌纹、耳廓、虹膜、面部识别特征等。[③]而自然人的肖像，显然属于其面部识别特征。因此，综合个人信息的内涵和外延来看，面部肖像特征都可以认定为自然人的个人信息。

2.未经允许而利用自然人面部识别特征，构成对个人信息权益的侵犯

个人信息的利用原则之一就是明示同意原则，即个人信息处理者在收集个人信息之时，应当对信息主体就有关个人信息被收集、处理和利用的情况进行充分告知，并征得信息主体明确同意的原则，该原则也被《个人信息保护法》第13条第1款第1项规定所确认。[④]收集和利用自然人的面部肖像特征，也应遵守这一原则，否则，将构成对自然人生物识别信息权利的侵犯。本案中，广州恩硕公司未经信息主体吴某凡的同意，擅自在其运营的微信公众号上利用其面部肖像特征，已经构成对吴某凡个人信息权益的侵犯。

---

① 参见北京市第一中级人民法院（2020）京01民终1512号民事判决书。

② 参见王利明:《人格权重大疑难问题研究》，法律出版社2019年版，第689页。

③ 参见《信息安全技术·个人信息安全规范》（GB/T 35273–2020）附录A。

④ 参见齐爱民:《信息法原论》，武汉大学出版社2010年版，第76页。

3.擅自使用他人面部识别特征侵犯其个人信息权益可以肖像权纠纷作为案由

本案中，广州恩硕公司的行为一方面构成对吴某凡个人信息权益的侵犯，另一方面也构成对吴某凡肖像权的侵犯。在本案审理的当时没有提供“个人信息保护纠纷”案由的情况下，吴某凡以肖像权纠纷作为案由起诉，是可以的。当然，在2021年施行的《民事案件案由规定》已经规定了“个人信息保护纠纷”这样的案由的情况下，也应允许信息主体以肖像权纠纷作为案由进行诉讼。

◎ 规范指引

《民法典》

第1018条　自然人享有肖像权，有权依法制作、使用、公开或者许可他人使用自己的肖像。

肖像是通过影像、雕塑、绘画等方式在一定载体上所反映的特定自然人可以被识别的外部形象。

《个人信息保护法》

第13条　符合下列情形之一的，个人信息处理者方可处理个人信息：

（一）取得个人的同意；

……

第14条　基于个人同意处理个人信息的，该同意应当由个人在充分知情的前提下自愿、明确作出。法律、行政法规规定处理个人信息应当取得个人单独同意或者书面同意的，从其规定。

个人信息的处理目的、处理方式和处理的个人信息种类发生变更的，应当重新取得个人同意。

专题10　个人信息权益救济可以选择的其他案由

◎ 案例简介

陈某原系吴川市公安局民警。2008年，陈某与何某某经他人介绍相识、恋爱，于2008年12月15日举行婚礼并同居生活，但没有办理婚姻登记手续。由于性格不合，陈某于2011年12月起离开何某某至今。2014年，陈某从吴川市公安局调到雷州市公安局工作至今。陈某离开何某某后，何某某多次联系陈某，努力挽救与陈某的感情。由于陈某拒绝与何某某重新和好，何某某遂于2013年向相关单位实名举报陈某截留、侵占、挥霍查获的赌资、毒资；以恋爱和婚姻为名，肆意玩弄女性及雷州市公安局偏袒陈某等问题。经有关机关核查，上述举报所涉问题均不属实。此后，何某某还在雷州市公安局门口及附近将标题为《公安干警重婚生女，狠绝抛妻，禽兽不如！》的传单向人群派发多份。上述传单上有陈某的姓名、警号、单位、照片等内容，同时附有陈某的婚姻信息及子女状况的信息。自2016年2月18日起，何某某在天涯论坛的天涯杂谈板块中发布标题为《苦寻四年、终于找到可恶的小三！还发现警察老公捉嫖创收的秘密》的帖子，点击量67384次，回复量544条。此后，何某某还在网络上多次发帖。陈某不堪忍受，遂以一般人格权纠纷作为案由，向法院起诉请求何某某删帖并赔礼道歉。

法院判决认为，根据《民法总则》第111条关于“自然人的个人信息受法律保护。任何组织和个人需要获取他人个人信息的，应当依法取得并确保信息安全，不得非法收集、使用、加工、传输他人信息，不得非法买卖、提供或者公开他人个人信息”的规定，在有关组织尚未作出相关处罚并发布决定的情况下，何某某在陈某的工作单位门口派发带有侮辱陈某及其家庭信息的宣传单，公开泄露陈某的婚姻登记信息及子女状况的信息，以侮辱的方式损害陈某的名誉，在各个网站发布辱骂陈某“抛弃妻子，禽兽不如”等言论，在一定范围内造成不良影响，导致陈某的名誉贬损和社会评价降低。何某某的上述行为，具有主观侵权之故意，该行为与陈某名誉贬损和社会评价的降低的损害后果具有因果关系。因此，陈某起诉何某某停止侵害名誉权的行为，删除损害名誉权的帖子，理由成立，法院予以支持。[①]

---

① 参见广东省湛江市中级人民法院（2019）粤08民终2474号民事判决书。

◎ 法官评析

本案涉及的侵权事实系行为人宣扬被侵权人个人信息，从而导致被侵权人社会评价降低。从侵权性质上分析，既可以认定为侵犯名誉权，也可以认定为侵犯个人信息权益。但是，原告并没有以名誉权纠纷作为案由进行起诉，而是以一般人格权纠纷作为案由起诉。实践中，涉及个人信息权益侵害的，除了以上面讨论的“隐私权纠纷”“肖像权纠纷”“名誉权纠纷”作为案由之外，一般人格权纠纷也是可以选择的案由之一。因为，个人信息权益在本质上属于人格权。如果被侵权人认为行为人侵犯其个人信息权益的行为不好归入侵犯隐私权、名誉权或肖像权时，就可以直接以侵犯一般人格权为由进行起诉。相应地，起诉的案由就应确定为一般人格权纠纷。

另外需要指出，以上关于“隐私权纠纷”“肖像权纠纷”“名誉权纠纷”“一般人格权纠纷”等案由，实际上原告都是通过提起侵权之诉来维护其权利的。而正如上文所指出的那样，个人信息权益救济的途径除了侵权法的途径之外，还有合同法的途径。而在合同法的路径之下，案由的选择就是“合同纠纷”。其中，比较常见的就是“网络服务合同纠纷”。同时，也可能有“网络购物合同纠纷”“租赁合同纠纷”等。具体以哪一种合同纠纷确定案由，需要根据当事人之间具体的合同类型进行确定。

根据以上分析，虽然《民法典》实施后，2021年新版《民事案件案由规定》增加了“个人信息保护纠纷”的案由，但在涉及个人信息权益保护的案件中，也存在以其他案由立案和审理的空间和可能。

◎ 规范指引

《民法典》

第109条　自然人的人身自由、人格尊严受法律保护。

第990条　人格权是民事主体享有的生命权、身体权、健康权、姓名权、名称权、肖像权、名誉权、荣誉权、隐私权等权利。

除前款规定的人格权外，自然人享有基于人身自由、人格尊严产生的其他人格权益。

第二章

个人信息侵权纠纷中的主体

第一节　个人信息侵权纠纷中的原告

基本原理

一、个人信息侵权纠纷原告需要具备的条件

《民事诉讼法》第119条规定，向人民法院提起民事诉讼必须符合以下条件：第一，原告是与本案有直接利害关系的公民、法人和其他组织；第二，有明确的被告；第三，有具体的诉讼请求和事实、理由；第四，属于人民法院受理民事诉讼的范围和受诉人民法院管辖。其中，第一个条件是适格原告的实质条件。此外，根据民事诉讼的一般原理，原告还应具有诉讼权利能力，这样才能保证提起的诉讼不在未进入实体审理之前就被法院裁定驳回起诉。具体而言，在个人信息侵权纠纷中，原告应具备如下条件。

（一）具有诉讼权利能力

所谓诉讼权利能力，又称当事人能力，就是可以作为民事诉讼当事人的能力或资格。[①]诉讼权利能力是法律一般性的规定的一种资格，具有抽象性，只有具备这种资格，当其民事权益受到侵害时才能以自己的名义提起诉讼，维护其合法权益。因此，诉讼权利能力只是一种潜在的资格，具备这种资格并不意味着其就是当事人。要成为当事人，必须提起具体的诉讼或在具体的诉讼中应诉才能实现。在个人信息侵权纠纷中，原告首先必须具备诉讼权利能力，才有资格针对他人对自己个人信息权益的侵害行为提起民事诉讼。

① 参见姚瑞光：《民事诉讼法论》，中国政法大学出版社2011年版，第56页。

（二）具有诉的利益

诉的利益是原告请求司法救济的利益，该利益与双方争议的权利或实体性的利益不同，也不是原告胜诉的利益，而是当原告认为自己的实体利益面临危险而感到不安时，发动民事诉讼请求法院予以保护的这种利益。原告基于诉的利益所发动的民事诉讼，旨在追求对其有利的司法判决结果。[①]诉的利益在确认之诉、给付之诉及形成之诉中的表现形式各不相同。侵犯个人信息权益的案件中，原告的请求主要是要求被告对于已经造成的侵权损害进行赔偿，或者制止被告正在进行的侵害行为，或者消除被告侵害行为的影响，或者要求被告对已经发生的侵害行为予以赔礼道歉。上述请求的共同特征就是原告请求法院裁判被告履行一定的义务，[②]是典型的给付之诉的特点。因此，侵犯个人信息权益的纠纷中，原告提起的诉讼绝大多数都属于给付之诉。按照给付之诉的原理，在个人信息侵权给付之诉中，原告的诉的利益就是存在侵权损害赔偿请求权或者排除妨碍、消除危险、恢复名誉、赔礼道歉等请求权，并且，上述请求权已经届满。

需要注意的是，不作为给付之下的诉的利益问题。在个人信息侵权之诉中，原告的诉讼请求中经常有停止侵害的请求，这就属于不作为给付之诉。在此种情况下，只要侵害行为还在延续，或将来仍有继续侵害的可能，就应当认为原告对停止侵害的诉讼有诉的利益。[③]

二、法人或非法人团体不是个人信息侵权纠纷的适格原告

虽然个人信息侵权诉讼的原告需要具备诉讼权利能力和诉的利益，但并非只要具备这两项条件，就可以成为个人信息侵权诉讼的原告。法人和非法人团体都不能成为个人信息侵权诉讼的原告。这是因为，个人信息本就是指以电子或者其他方式记录的与已识别或者可识别的自然人有关的各

---

① 参见谭兵主编:《民事诉讼法学》，法律出版社2004年版，第165页。

② 参见张卫平:《民事诉讼：关键词展开》，中国人民大学出版社2005年版，第123页。

③ 参见谭兵主编:《民事诉讼法学》，法律出版社2004年版，第167页。

种信息，个人信息只是针对自然人而言。也即，只有自然人才存在个人信息的问题。法人和非法人团体虽然也存在名称、住所地、注册资本、组织机构代码等涉及自身的相关信息，但这些信息并不属于个人信息，不受《民法典》人格权编中个人信息相关条款的保护，也不受《个人信息保护法》的保护。实践中，如果法人或非法人团体的名称被其他个人或企业冒用，可能构成对法人或非法人团体名称权的侵犯。如果利用法人或非法人团体的企业信息造成法人或非法人团体社会评价降低的，可能侵犯法人或非法人团体的名誉权，但均不能构成对法人或非法人团体个人信息的侵犯。必须明确的一点就是，个人信息主体仅限于自然人。[①]实践中，如果有法人或非法人团体以个人信息权益被侵犯为由起诉主张侵权损害赔偿或排除妨碍、消除危险、恢复名誉、赔礼道歉的，人民法院应裁定驳回起诉。

专题11　未成年人的个人信息权益受损由谁做原告

◎ 案例简介

原告张某某、桂某某系原告施某某生父母，李某某系张某某表姐。2013年6月3日，经安徽省来安县民政局收养登记后，施某某由李某某、施某夫妇收养。2015年4月5日，公安机关以涉嫌故意伤害罪对李某某刑事拘留，后变更为取保候审。南京市浦口区人民检察院以李某某涉嫌犯故意伤害罪，向南京市浦口区人民法院提起公诉，该案正在审理期间。当日，施某某由政府相关部门交由其生父母张某某、桂某某临时监护。李某某在公安机关对其询问时，称施某某所受伤是其所致。2015年4月3日21时15分，徐某某在其新浪微博上（用户名为“朝廷半日闲”）发表如下内容（配原告施某某受伤的照片九张）：“父母南京某区人，男童于6岁合法收养，虐待行为自去年被校方发现，近日，班主任发现伤情日渐严重，性格也随之大变，出现畏惧人群等心理行为，班主任及任课老师在多方努力无果后，寻求网络帮助。恳请媒体和大伙的协助。希望这个孩子通过我们的帮助可以脱离现在的困境。”

① 参见王利明：《人格权重大疑难问题研究》，法律出版社2019年版，第664页。

之后又将其删除。当日22时40分，被告徐某某又在其新浪微博上（用户名为“朝廷半日闲”）发表相近内容。后该微博已由徐某某于2015年5月8日前删除。徐某某在其新浪微博二次上传的同一组九张照片中有三张反映了人的头面部，二次上传照片时均对头面部进行了模糊处理，九张照片已不具有明显的可识别性。此后，徐某某发表的新浪微博内容在网络上和媒体上被多次报道。施某某及其临时监护人张某某、桂某某认为徐某某的行为侵犯了包括未成年人施某某在内的个人信息，遂起诉要求徐某某停止侵害、赔礼道歉，赔偿精神损失。

法院判决认为，徐某某对相关信息的披露是节制的，对相关照片进行了模糊处理，没有暴露受害儿童真实面容，也没有披露施某某的姓名和家庭住址，其目的是揭露可能存在的犯罪行为。徐某某所发微博的内容虽出现收养的词语，但微博文字与照片结合后，第三人不能明显识别出微博中的受害儿童即为施某某。徐某某所发微博的内容未涉及张某某、桂某某的任何信息资料，至于徐某某发表微博后，网民对张某某、桂某某搜索导致其相关信息被披露，不应由徐某某承担责任。故施某某、张某某、桂某某主张徐某某侵害其隐私权不能成立。①

◎ 法官评析

本案涉及的是未成年人个人信息被泄露的问题。诉讼当时，施某某尚属于无行为能力人，根据《民事诉讼法》第57条规定，应由他的监护人作为法定代理人代为诉讼。因此，从诉讼主体上讲，施某某虽然不具有诉讼行为能力，但其仍然是本案的原告。只是，由于其不具有诉讼行为能力，需要由其法定代理人代为诉讼。同时，根据《民事诉讼法》第58条第1款，其法定代理人还可以委托一人至二人作为诉讼代理人参加诉讼。当然，从实体上看，本案最终没有支持施某某的请求。但这并不是因为其诉讼主体资格方面有瑕疵。实际上，施某某虽然是无诉讼行为能力人，但其具有诉讼权利能力，是适格的原告。法院之所以判决施某某败诉，是因为被告徐某某的行为本身并

① 参见江苏省南京市江宁区人民法院（2015）江宁少民初字第7号民事判决书。

不构成对施某某隐私权的侵犯，且徐某某的行为从主观上和客观上都是为了制止施某某被伤害。总之，本案的处理表明，儿童等无诉讼行为能力的人，在其个人信息权益受到侵害时，仍然可以作为原告提起诉讼，只是其诉讼行为的实施，需要由法定代理人进行。

◎ 规范指引

《民法典》

第20条　不满八周岁的未成年人为无民事行为能力人，由其法定代理人代理实施民事法律行为。

《民事诉讼法》

第60条　无诉讼行为能力人由他的监护人作为法定代理人代为诉讼。法定代理人之间互相推诿代理责任的，由人民法院指定其中一人代为诉讼。

第61条第1款　当事人、法定代理人可以委托一至二人作为诉讼代理人。

专题12　侵犯个人信息权益时可否由检察院提起诉讼——全国首例检察机关提起的个人信息侵权公益诉讼案评析

◎ 案例简介

2016年9月、10月，被告廖某星利用E语言（现称易语言）程序编写制成“天巡”软件，该软件具有破解、侵入监控设备进行偷窥等功能，通过网络扫描端口、登录监控设备并调用监控设备图片。2017年4月、5月，廖某星将“天巡”软件出售给被告陈某进，陈某进使用该软件破解、侵入他人摄像头，并将软件更名为“拾荒者”。2018年陈某进将软件出售给被告张某东，张某东组建QQ群“云视通有看头交流群”售卖经刘某祥包装升级的“拾荒者”软件使用权，并组建“拾荒者售后”QQ群为购买者提供售后服务。经法院鉴定，“拾荒者”软件具有扫描IP摄像头，并利用漏洞获取IP摄像头用户名和密码登录预览摄像头画面的功能。被告林某翔等61人先后从张某东处购买“拾荒者”软件卡密并使用软件对他人摄像头进行破解、侵入、偷窥。

经依法履行公告程序，保定市人民检察院作为公益诉讼起诉人依法向保定市中级人民法院提起公益诉讼，请求判令全部被告立即卸载并终止使用涉案侵权软件；判令廖某星、陈某进、张某东、刘某祥四人立即停止一切售卖涉案侵权软件的行为，并消除售卖行为造成的影响；判令全部被告清除、删除利用涉案侵权软件获取的视频、图片等信息、数据，停止一切使用上述信息、数据的行为，并消除保存、使用行为造成的影响；判令全部被告在国家级媒体上公开赔礼道歉。

法院经审理后认为，本案各被告明知软件具备破解、侵入他人监控设备并进行偷窥等功能而制作、买卖以及使用该软件，侵入他人私密空间、偷窥他人私密活动、获取他人私密信息，其行为已经侵害他人隐私权，并损害了社会公益，均构成对隐私权的侵害。公益诉讼起诉人的诉求具有事实和法律依据，被告张某东等65人依法应承担民事侵权责任。经庭审举证质证，法院当庭宣判，支持了检察机关的全部诉讼请求。[①]

◎ 法官评析

本案被称为“全国首例由检察机关提起的利用互联网侵害隐私权民事公益诉讼案”。按照既有的理论和实践，侵犯隐私权或个人信息权益，本质上属于民事侵权行为，应由被侵害权益的个人即被侵权人作为原告提起诉讼。检察机关作为原告提起公益民事诉讼，则非常罕见。实际上，早在2012年修订《民事诉讼法》时，就在第55条规定，对污染环境、侵害众多消费者合法权益等损害社会公共利益的行为，法律规定的机关和有关组织可以向人民法院提起诉讼。只是，该条规定没有明确人民检察院是否可以向人民法院起诉。2017年《民事诉讼法》修订时，第55条第2款则进一步明确，人民检察院在履行职责中发现破坏生态环境和资源保护、食品药品安全领域侵害众多消费者合法权益等损害社会公共利益的行为，在没有前

---

① 参见《全国首例检察机关提起的利用互联网侵害隐私权民事公益诉讼案当庭宣判》，载 https：//baijiahao.baidu.com/s?id=1685149711744823342&wfr=spider&for=pc，2020 年 12 月 29 日最后访问。

款规定的机关和组织或者前款规定的机关和组织不提起诉讼的情况下，可以向人民法院提起诉讼。此处，虽然《民事诉讼法》没有明确在侵犯众多自然人个人信息权益情况下，检察机关是否可以提起公益诉讼，但其用了“等损害社会公共利益的行为”的表述，从法律解释的角度分析，侵犯多人个人信息权益的行为实际上已经损害到社会公共利益，检察机关应可提起民事公益诉讼。对此，立法机关在个人信息保护立法中已经有所注意。《个人信息保护法》第70条规定，个人信息处理者违反本法规定处理个人信息，侵害众多个人的权益的，人民检察院、法律规定的消费者组织履行个人信息保护职责的部门和由国家网信部门确定的组织可以依法向人民法院提起诉讼。这里的诉讼，就包括由检察机关提起的民事诉讼。此前，即使《个人信息保护法》还没有通过立法程序成为正式法律，但从《民事诉讼法》第58条的规定中也完全可以得出这样的结论。本案中，检察机关正是基于《民事诉讼法》第58条的规定行使了提起民事公益诉讼的权力。可以预见，随着个人信息权益保护呼声的日趋高涨，检察机关必将在个人信息权益保护领域发挥越来越突出的作用。

◎ 规范指引

《民事诉讼法》

第58条　对污染环境、侵害众多消费者合法权益等损害社会公共利益的行为，法律规定的机关和有关组织可以向人民法院提起诉讼。

人民检察院在履行职责中发现破坏生态环境和资源保护、食品药品安全领域侵害众多消费者合法权益等损害社会公共利益的行为，在没有前款规定的机关和组织或者前款规定的机关和组织不提起诉讼的情况下，可以向人民法院提起诉讼。前款规定的机关或者组织提起诉讼的，人民检察院可以支持起诉。

《个人信息保护法》

第70条　个人信息处理者违反本法规定处理个人信息，侵害众多个人的权益的，人民检察院、法律规定的消费者组织和由国家网信部门确定的组织可以依法向人民法院提起诉讼。

第二节 个人信息侵权纠纷中的被告

基本原理

一、个人信息侵权纠纷中的适格被告

诉讼实践中，当事人之所以发生民事诉讼，是因为其相互之间就实体权利义务关系发生了争议。而原告就是认为自己实体权利义务关系被破坏而启动诉讼的人，被告则是在原告启动的诉讼中应诉参加诉讼的人。同对于适格原告的要求一致，个人信息侵权纠纷中的被告也必须首先有诉讼权利能力。实践中，个人信息侵权纠纷中，一般都是原告要求法院以判决命被告为一定行为（包括不作为）的给付之诉，[①]因此，被告还必须是给付之诉所涉实体法律关系上的主体，也即被告必须是侵权法律关系中的侵权行为人。这里的侵权行为人，既包括直接实施侵权行为的具体自然人，比如通过黑客技术窃取他人电子邮箱内容的人，也包括指示或委托具体自然人实施侵权行为的自然人、法人或非法人团体，比如通过其员工实施收集特定用户行踪轨迹信息行为的某导航软件的运营公司，或者雇用私人侦探刺探他人私密信息的自然人。当然，在雇用私人侦探的情形下，雇主和被雇用的侦探可能存在共同侵权行为，从而成为共同被告。

二、个人信息侵权纠纷中的被告种类

个人信息的侵权行为通常发生在个人信息的处理过程中。《民法典》第1035条第2款规定，个人信息的处理包括个人信息的收集、存储、使用、加工、传输、提供、公开等。这一规定几乎囊括了个人信息全生命周期的各个环节，较为细致和全面。据此，个人信息侵权纠纷中的被告，主要是个人信

① 参见吴明轩：《民事诉讼法》（修订九版）（上），三民书局股份有限公司2011年版，第6页。

息的收集者、存储者、使用者、加工者、传输者、提供者和公开者。

（一）个人信息的收集者

个人信息的收集者是指最初将自然人的个人信息提取、记录予以固定的自然人、法人或非法人团体。收集者的收集行为不论是否经过自然人本人的允许，都不影响收集者的认定。因为，即便最初的收集行为是经过信息主体本人允许的，但收集的方式（比如，信息主体仅允许用笔记录，但收集者同时进行录音）、收集的范围（比如，信息主体只允许收集其通讯录，但收集者另外还收集了其通话记录）、收集的时间（比如，信息主体只允许收集其工作时间9：00—17：00的电脑浏览记录，但收集者另外收集了其工作时间之外的电脑浏览记录）仍有可能超出信息主体知情同意的范围从而对信息主体构成侵害。当然，即使收集者完全尊重信息主体的要求，按照其同意的方式、范围、时间等进行收集，也不影响信息主体将收集者作为被告进行起诉，因为这是信息主体程序意义上的诉权（起诉权）。起诉之后，如果法院查明信息收集者完全按照信息主体同意的方式、范围、时间等进行收集，则法院会判决驳回原告信息主体的诉讼请求。

（二）个人信息的存储者

个人信息的存储者是指自主存储或接受他人委托存储自然人个人信息的主体，包括自然人、法人或非法人团体。实践中，个人信息的收集者常常也是存储者，因为收集之后必然要进行存储。不过，也存在这样一种可能，就是个人信息的收集者委托专门的数据存储者进行存储。比如，我国的贵州省，存在大量以数据处理和存储服务为主营业务的数据服务公司，这些公司可以接受其他人的委托进行专门的数据存储服务，此时，这些专门的数据服务公司也可以成为个人信息的存储者。如果在海量个人信息的存储过程中发生个人信息的泄露或其他侵害个人信息权益的行为，则可以成为个人信息侵权纠纷的被告。需要注意的是，在个人信息的存储环节，对不同的个人信息有不同的存储义务要求。一般而言，对个人敏感信息应采用加密方式保存，具体可以采用匿名化、假名化等措施降低个人信息安全风险。[①]如果存储者没有采取与个人信息安全等级相符的存储措施，则造成的个人信息的侵权风险将更高。

（三）个人信息的使用者

个人信息的使用者是指对个人信息进行利用的主体，包括自然人、法人和非法人团体。个人信息的使用是个人信息收集和存储的重要目的，个人信息只有真正被使用，才具有价值。因此，在个人信息全生命周期的实践中，个人信息的使用是非常关键的环节。但正是这一关键环节，往往容易发生侵害个人信息权益的行为。常见的侵权行为有超越目的范围进行使用，比如，明示的收集使用目的仅仅用于教学和科研，但最终为商业化利用；还有超越时间期限进行使用，比如，明示的使用时间为1月1日至6月30日，但在6月30日以后还在使用；等等。

（四）个人信息的加工者

个人信息的加工者是指对原生的个人信息通过特定的算法进行计算、分析和聚合以产生衍生个人信息的人，包括自然人、法人和非法人团体。从利用价值来看，原生的个人信息被直接使用的空间并不大，也不是大数据交易的普遍对象，其可以直接被获取的价值较为有限。但经过加工处理之后的海量个人信息则具有巨大的利用价值。比如，导航软件公司可以根据其收集的海量个人行踪信息分析预测某一时段某一路段的交通拥堵情况，某一电子商务平台的后台信息管理系统可以根据海量用户的购买信息，分析研判每个人的购买偏好，从而实施精准的广告推送。以上被利用的信息都是经过加工之后衍生的信息。在加工过程中，个人信息同样存在泄露的风险，这是其被诉的重要原因。而就加工之后的衍生信息，很可能也构成个人信息，同样存在安全风险。因为，个人信息处理者将个人信息或其他信息加工处理后形成的信息，例如，用户画像或特征标签，就是以电子或者其他方式记录的与

---

① 参见杨洪鹏：《个人信息保护需细化至“全生命周期”》，载《瞭望》2016年第46期。

已识别或者可识别的自然人相关的各种信息，也属于个人信息。[①]而加工后的信息如果构成个人信息，那就当然存在被侵害的可能，从而发生个人信息侵权纠纷。因此，个人信息的加工者当然是个人信息纠纷的被告之一。

（五）个人信息的传输者

个人信息的传输者是指通过特定的技术手段使个人信息在不同终端或载体之间进行流动的人，包括自然人、法人和非法人团体。从个人信息的传输范围看，个人信息的传输包括境内传输和跨境传输，因此，个人信息的传输者也包括境内传输者和跨境传输者。一般而言，个人信息的境外传输要遵循严格的行政管理规定，非经相关行政管理机关的批准，不得私自向境外传输个人信息。《网络安全法》第37条规定，关键信息基础设施的运营者在中华人民共和国境内运营中收集和产生的个人信息和重要数据应当在境内存储。因业务需要，确需向境外提供的，应当按照国家网信部门会同国务院有关部门制定的办法进行安全评估。个人信息在传输过程中因各种原因可能发生个人信息的泄露，或者发生个人信息的误传，此时，传输者将因其泄露行为或误传行为而侵害个人信息权益，从而成为被告。

（六）个人信息的提供者

个人信息的提供者在法律地位上近似于个人信息的传输者，向他人提供个人信息意味着个人信息从一个载体流动到了另一个载体。因此，一般而言，个人信息的传输者往往同时也是个人信息的提供者。提供者将因其在提供环节的疏漏或其他不审慎行为发生个人信息的侵权行为，从而成为被告。

（七）个人信息的公开者

个人信息公开的前提是收集、占有或存储着个人信息。因此，个人信息的公开者往往同时也是个人信息的收集者、存储者或传输者。个人信息公开者的公开行为有的是经信息主体同意或确认的，有的则未经信息主体同意或

---

① 参见《信息安全技术·个人信息安全规范》（GB/T 35273-2020）第3.1条。

确认。显然，未经信息主体同意的公开行为就是侵害信息主体个人信息权益的行为，公开者将可能因其擅自公开行为而成为被告。

需要说明的是，对于上述收集、存储、使用、加工、传输、提供、公开等行为，《民法典》和《个人信息保护法》统一用“处理”一词进行概括。因此，上述个人信息的收集者、存储者、使用者、加工者、传输者、提供者、公开者可以统称为个人信息的处理者。同时，由于我国理论界和实务界早已开始使用个人信息控制者的概念，并且，个人信息控制者的概念与其所承担的法律义务更为契合，[①]故本书也用个人信息控制者指称个人信息处理者。总之，本书在具体的行文过程中，可能交替使用个人信息控制者和个人信息处理者的概念，如无特别说明，二者为同义语。

专题13 国家机关掌握的个人信息泄露造成损害可否被诉

◎ 案例简介

2019年6月26日，张某在常熟市人民政府官网镇区信箱板块匿名提交一份标题为“不要发布涉及本人信息”的信件，内容为：“发现你们在常熟政府网发布有关本人的信息，《2017年度政府信息依申请公开工作报告》不要发布涉及本人姓氏、家庭住址、案号之类的涉及隐私的信息，有事说事不要发布这些信息。请立即处理。”2019年7月1日，常熟市人民政府回复称：“张某，你好！你所述《2017年度政府信息依申请公开工作报告》，系常熟市人民政府为根据当年度市级《关于报送依申请公开有关材料的通知》要求报送的关于2017年度依申请公开工作情况相关事实材料的工作报告。报告中第三部分内容涉及依申请公开典型案例，确实引用了近三年来较为典型的张某申请公开政府信息的相关案例，因张某是金色家园小区业主，且申请公开的信息均涉及金色家园小区，因此，为阐明案情，《2017年度政府信息依申请公开工作报告》列示了‘张某，家住金色家园小区’，但是并未涉及张某真

① 参见程啸：《论侵害个人信息的民事责任》，载《暨南学报》（哲学社会科学版）2020年第2期。

实姓名、身份证号、联系方式、肖像，金色家园小区具体地址也未列明，已经充分考虑张某的隐私权。因此，《2017年度政府信息依申请公开工作报告》并未侵犯张某的隐私权。”张某对此不满，遂诉至法院请求判令常熟市人民政府停止侵权、消除影响、书面赔礼道歉。

法院判决认为，本案的争议焦点是常熟市人民政府是否侵犯张某隐私权。常熟市人民政府在《2017年度政府信息依申请公开工作报告》中仅提到了“张某，家住金色家园小区”等信息，并非具体明确，故张某主张该行为侵犯隐私，缺乏依据，不能成立。常熟市人民政府在2019年7月1日政府信箱回信中除提到上述内容之外，在信件称谓处述明“张某”，系表明回信对象，结合来信方式、来信格式所要求的填写内容、回信内容的私密程度等，张某主张该行为侵犯其隐私权，理据不足，法院亦不予认定。另外，本案所涉工作报告、政府网站信箱回信可公开查阅，表明其具有公共属性，关涉公众的知情权和监督权，隐私权与此冲突时应受到相应的限制。权利作为一种自由是有限度的，隐私权的行使同样不能突破权利的界限。综上，张某主张常熟市人民政府承担侵犯其隐私权的侵权责任，不予支持。[①]

◎ 法官评析

1.国家机关可以成为民事侵权案件的被告

现代社会，国家作为公共团体的功能不断扩大，其活动内容对于市民的生命、身体、财产等而言具有重大意义。[②]国家的各级机关在具体的公共管理职能发挥中起着举足轻重的作用。虽然在我国的法律体系中，国家机关侵权的救济主要由《国家赔偿法》来解决，但是《国家赔偿法》本身就属于侵权特别法，并且我国《民法通则》第121条也曾明确规定，国家机关或者国家机关工作人员在执行职务中，侵犯公民、法人的合法权益造成损害的，应当承担民事责任。当然，《民法典》并没有保留《民法通则》第121

① 参见江苏省苏州市中级人民法院（2020）苏05民终2365号民事判决书。

② 参见（日）吉村良一：《日本侵权行为法》（第4版），张挺译，文元春校，中国人民大学出版社2013年版，第194页。

条规定的内容，但这仍然不妨碍国家机关侵权责任的侵权法救济。因为，既然《国家赔偿法》是侵权特别法，当然也是《民法典》的特别法，那么根据孙宪忠教授所倡导的“头等舱”理论，[①]在法律适用顺位上，作为民法特别法的国家赔偿制度处在“头等舱”的位置，应当优先适用。只有处在“头等舱”里的国家赔偿制度中没有涉及的情况，才可以适用民法的规定。而2012年修订之后的《国家赔偿法》第3条关于行政机关及其工作人员在行使行政职权时侵犯人身权的国家赔偿范围仅局限于生命权、健康权、人身自由权等有限的几种人格权，对于姓名权、隐私权、名誉权、肖像权以及个人信息等其他人格权益并未涉及。因此，应当直接适用《民法典》的规定。《民法典》第1039条规定，国家机关、承担行政职能的法定机构及其工作人员对于履行职责过程中知悉的自然人的隐私和个人信息，应当予以保密，不得泄露或者向他人非法提供。这表明，国家机关对于因其工作职责所知悉的自然人隐私和个人信息负有的保密义务是《民法典》规定的法定义务，违反这一法定义务造成自然人损害的，应当承担损害赔偿的侵权责任。

2.国家机关承担侵权责任不一定以过错为要件

尽管《国家赔偿法》对于损害赔偿责任的归责原则没有明确，但从解释上看，理论界和实务界关于国家赔偿中刑事赔偿、非刑事赔偿的归责原则还存有诸多分歧，[②]但这至少意味着，国家机关侵权损害赔偿责任会有适用无过错责任原则的空间和可能。本案中涉及的情况并未规定在《国家赔偿法》中，故法院直接按照民法中的隐私权侵权规则去审理案件。但从判决理由看，法院并未论证被告的过错问题。从立法论的角度，本书认为，从国家自身责任的立场出发，国家赔偿应当建立有限度的无过错责任原则。[③]但从解释论的角度看，因为本案所涉情况在《国家赔偿法》中没有规定，那么就应该回到民事一般法中。根据《民法典》第1166条规定，只有在法律有明

① 参见孙宪忠：《头等舱理论：民法典之外的民法体系》，载《人民法治》2020年6月（上）。

② 参见江必新：《在新的历史起点上开创国家赔偿工作新局面》，载《中国审判》2013年第12期。

③ 参见王锴：《我国国家公法责任体系的构建》，载《清华法学》2015年第3期。

确规定的情况下才能适用无过错责任原则，而《民法典》和其他法律中并未明确规定国家机关侵犯公民个人隐私权或个人信息权益要适用无过错责任。因此，在目前的法律框架下，国家机关就其侵犯隐私权和个人信息权益的行为承担侵权损害赔偿责任仍需按照一般侵权责任对待，适用过错责任原则。但是，如果原告请求的并非侵权损害赔偿责任，而是其他侵权责任，比如停止侵害、排除妨碍、消除危险等，则根据《民法典》第1167条规定，不需要以过错为要件。

3. 国家机关在承担赔偿责任之后对符合法定情形的工作人员可以追偿

在国家机关因侵权而承担损害赔偿责任之后，国家机关还存在追偿的可能。根据《国家赔偿法》第31条规定，赔偿义务机关赔偿后，应当向符合特定情形的工作人员追偿部分或者全部赔偿费用。这里的特定情形就是《国家赔偿法》第17条第4项、第5项规定的刑讯逼供或者以殴打、虐待等行为或者唆使、放纵他人以殴打、虐待等行为造成公民身体伤害或者死亡的，以及违法使用武器、警械造成公民身体伤害或者死亡的情形；还有一种情形就是在处理案件中有贪污受贿、徇私舞弊、枉法裁判行为的工作人员。虽然个人隐私权或个人信息权益不属于《国家赔偿法》的调整范围，但若国家机关工作人员侵犯个人隐私权或个人信息权益中存在刑讯逼供或者殴打、虐待以及贪污受贿、徇私舞弊、枉法裁判等情形，可以参照《国家赔偿法》第31条规定向具体工作人员追偿。本案中的情形，因没有承担责任，故不存在追偿的问题。

◎ 规范指引

《民法典》

第1039条 国家机关、承担行政职能的法定机构及其工作人员对于履行职责过程中知悉的自然人的隐私和个人信息，应当予以保密，不得泄露或者向他人非法提供。

《国家赔偿法》

第3条 行政机关及其工作人员在行使行政职权时有下列侵犯人身权情形之一的，受害人有取得赔偿的权利：

（一）违法拘留或者违法采取限制公民人身自由的行政强制措施的；

（二）非法拘禁或者以其他方法非法剥夺公民人身自由的；

（三）以殴打、虐待等行为或者唆使、放纵他人以殴打、虐待等行为造成公民身体伤害或者死亡的；

（四）违法使用武器、警械造成公民身体伤害或者死亡的；

（五）造成公民身体伤害或者死亡的其他违法行为。

专题14 用人单位将员工个人信息泄露可否被诉

◎ 案例简介

纺织公司因公司经营状况不佳，需要进行内部整顿，根据劳动合同法相关规定，决定与顾某某、黄某某等14名员工解除劳动关系。纺织公司于2019年4月18日与淮安日报社联系刊登与顾某某、黄某某等14名员工解除劳动关系公告，并于当日向淮安日报社交付与顾某某、黄某某等14名员工解除劳动关系的公告内容，向淮安日报社出具刊登与14名职工解聘的公告系本公司行为、一切后果由本公司承担的说明。2019年4月19日，《淮安日报》B3版刊登纺织公司与顾某某、黄某某等14名员工解除劳动关系的公告，公告内容为：因本公司经营状况不佳，需要进行内部整顿，现根据劳动合同法相关规定，决定与以下员工：吕某某32××××××××6，……，顾某某，……，杨某某，解除劳动关系。按相关法律规定给予经济补偿，终止劳动关系日期为2019年4月12日。请以上人员限一周内领取赔偿金。

法院判决认为，纺织公司在《淮安日报》上以公告形式发布与顾某某、黄某某等14人解除劳动合同决定的目的，在于通知其及时到纺织公司处办理离职相关的各项手续，公告中载明姓名、身份证号码等信息也是确定公告对象的客观需要。顾某某、黄某某等14人主张纺织公司在公告前，其都在厂里上班，邮寄通知其都已收到，公告主体不合格。顾某某、黄某某等14人口头陈述收到纺织公司解除劳动关系通知书，但并未签字，导致纺织公司不能确认顾某某、黄某某等14人已收件，纺织公司进一步刊登公告进行通知。职工离职手续包括工作交接，还包括社会保险、档案以及领取交接补偿金等手续，故应认定纺织公司告知顾某某、黄某某等14名职工及时办理离职手续及领取经济补偿金是其积极履行用工单位义务的正当行为，并不具有泄露顾某某、黄某某等14名职工个人隐私的主观故意。因此顾某某、黄某某等14人主张纺织公司、淮安日报社泄露其身份证号码、侵犯其隐私权的诉讼请求，不予支持。[①]

◎ 法官评析

1. 用人单位基于工作管理职责的要求可以收集、存储和使用员工的部分个人信息

用人单位与员工之间成立的是劳动关系，现代职业劳动在组织下进行，离开了分工与协作不可能完成相应的工作任务。而分工与协作意味着在组织劳动的过程中必然有协调和管理行为的存在。因此，劳动者的职业劳动必须在一定的指挥与管理之下才能实现，离开了指挥与管理，劳动给付就难以实现。[②]在用人单位的指挥与管理过程中，因生产秩序管理、参加社会保险统筹、核发工资、组织职工大会或职工代表大会等各种合法、合理事由，用人单位必然需要收集、存储和使用劳动者的姓名、出生日期、手机号、家庭住址、身份证号、社保卡号、银行卡号等各种个人信息。上述情况下员工个人信息的收集、存储和使用，可以认为是经过员工的概括授权或默示同意的，也可以认为是《民法典》第1036条第3项规定的为维护自然人合法权益而合理实施的其他行为，还可以认为是《个人信息保护法》第13条第1款第2项中按照依法制定的劳动规章制度和依法签订的集体合同实施人力资源管理所必需处理的个人信息。否则，有关员工个人的实质性权利将因不能收集、存储和使用员工上述个人信息而无法得到保护。因此，用人单位基于工作管理的需要，有权收集、存储和使用员工的部分个人信息。

2. 用人单位对于其收集、存储和使用的员工个人信息负有保护义务

《民法典》第111条规定，自然人的个人信息受法律保护。任何组织或

---

① 参见江苏省淮安市中级人民法院（2019）苏08民终3198号民事判决书。

② 参见郑尚元：《劳动合同法的制度与理念》，中国政法大学出版社2008年版，第138页。

者个人需要获取他人个人信息的，应当依法取得并确保信息安全，不得非法收集、使用、加工、传输他人个人信息，不得非法买卖、提供或者公开他人个人信息。这就意味着，虽然用人单位是基于合法事由收集、存储并使用员工个人信息，但未经员工本人同意，也是不能公开或提供他人的个人信息的，这是其法定义务。

3.用人单位基于法定事由可以公开或向他人提供员工的个人信息

根据《民法典》第1036条的规定，用人单位实施的针对员工个人信息的处理行为，只有是经过员工个人同意而合理实施的行为，或者合理处理员工自行公开的或其他已经合法公开的信息，或者为维护公共利益或该员工合法权益，合理实施的其他行为，才是可以不承担民事责任的行为。本案中，用人单位通过当地报纸公开相关员工的身份证号码，有其客观原因，即顾某某等14人口头陈述收到纺织公司解除劳动关系通知书，但并未签字，导致纺织公司不能确认顾某某等14人是否已收件，故纺织公司才进一步刊登公告进行通知。也正是基于这一客观原因，法院判决才认为纺织公司没有构成侵权。需要指出的是，在判断个人信息侵权时，可以考虑比例原则的应用。所谓比例原则，有三项具体要求，即要求权力（权利）的行使方式应该有助于实现其目的，否则宁可不采；要求权力（权利）的行使方式以必要为限，确保损害最小；要求权力（权利）的行使方式所获收益与所受损失合乎比例，不能明显失衡、得不偿失。①在我国民事审判实践中，已经不乏比例原则的运用。比如，在王某兰、王某平与庆云县尚堂镇北堂村村民委员会排除妨害纠纷一案中，法院即认为，“庆云县尚堂镇北堂村村民委员会也应当按照比例原则，施工建设中应当选择对村民造成损害最小的方式进行”。②根据学者的统计，民事审判实践中运用比例原则作出的判决数量已经较为壮观。③本案中，纺织公司在当地报纸上公开其员工身份证号码的初衷虽然是解决二者

① 参见刘权：《目的正当性与比例原则的重构》，载《中国法学》2014年第4期。

② 参见山东省德州市中级人民法院（2019）鲁14民终4004号民事判决书。

③ 参见李海平：《比例原则在民法中适用的条件和路径——以民事审判实践为中心》，载《法制与社会发展》2018年第5期。

之间的纠纷，有其合理性，但完全可以采取在报纸上仅公布姓名而不公布其身份证号码的方式，或者即使要公布身份证号码也完全可以将身份证号码中的部分数字隐去，以保护顾某某等人的个人信息。然而，纺织公司并没有这样做，而是选择了将顾某某等人的身份证号码完全公布的方式，这一方式并没有遵循确保损害最小、不能明显失衡的比例原则，未必是行使权利的绝佳方式。就此而言，法院判决认定纺织公司不构成侵权，似还可斟酌。

◎ 规范指引

《民法典》

第111条 自然人的个人信息受法律保护。任何组织或者个人需要获取他人个人信息的，应当依法取得并确保信息安全，不得非法收集、使用、加工、传输他人个人信息，不得非法买卖、提供或者公开他人个人信息。

第1036条 处理个人信息，有下列情形之一的，行为人不承担民事责任：

（一）在该自然人或者其监护人同意的范围内合理实施的行为；

（二）合理处理该自然人自行公开的或者其他已经合法公开的信息，但是该自然人明确拒绝或者处理该信息侵害其重大利益的除外；

（三）为维护公共利益或者该自然人合法权益，合理实施的其他行为。

《个人信息保护法》

第13条 符合下列情形之一的，个人信息处理者方可处理个人信息：

……

（二）为订立、履行个人作为一方当事人的合同所必需，或者按照依法制定的劳动规章制度和依法签订的集体合同实施人力资源管理所必需；

……

专题15 他人在信息网络平台上侵权，被侵权人请求信息网络平台提供侵权人个人信息被拒的，该信息网络平台公司可否被诉

◎ 案例简介

2017年5月1日，新浪微博平台（微梦公司运营）中有人发表以“昆山

副市长江某（原文为全名，笔者此处隐去）的爱马仕包和邹某某（原文为全名，笔者此处隐去）的贿赂”为题的文章，该文显示阅读数为17384，转发45次。邹某某认为该文提到的邹某某多次向江某行贿，包括赠送爱马仕包、冬虫夏草、高档西装、多次宴请江某及其妻子等内容均无任何事实依据，构成诽谤。2017年12月5日，该微博又重新发表了相同文章，该文章显示阅读数为6658，转发1441次，评论数1。2018年4月18日，邹某某向微梦公司发送载有涉案文章侵权链接的律师函，微梦公司认可收到该律师函。后邹某某起诉微梦公司：要求微梦公司删除涉案文章，赔礼道歉，披露涉案文章博主个人相关信息，包括但不限于姓名、注册地等，并赔偿公证费、律师费等损失。邹某某另提交了其于2018年5月7日、6月26日向微梦公司发送案外微博用户侵权的律师函及快递单、电子邮件。法院向微梦公司发送协助调查函，微梦公司调查回函提交了涉案微博用户的ID、用户昵称及手机号；邹某某认可收到微梦公司的回函，但要求微梦公司提供微博用户更加详细的信息。为证明其合理支出，邹某某提交了涉案公证书的公证费发票2500元及5000元律师费发票。邹某某另提交了起诉案外微博用户的诉讼费单据、协助调查函及调查回函，但案外微博用户手机号与本案不同。微梦公司提交了后台打印件，证明涉案微博账号于2018年4月24日已经被微梦公司禁止访问。

法院判决认为，对于微梦公司后台中保存的相关用户信息，微梦公司已以书面形式通过法院向邹某某进行了披露，现无证据表明微梦公司除掌握相关用户的ID、手机号等信息外，还掌握该用户的其他信息，对该公司并不掌握的信息，法院无法责令其进行披露。综上，微梦公司作为网络服务提供者，在收到邹某某的律师函后及时对涉案微博用户采取了必要的技术措施，在本案诉讼中如实地披露了其掌握的相关网络用户的信息，其不存在过错，亦未造成损害的扩大，故法院对邹某某要求微梦公司提供涉案用户其他信息及赔礼道歉、赔偿公证费及律师费的诉讼请求，不予支持。①

① 参见北京市第一中级人民法院（2018）京01民终8412号民事判决书。

◎ 法官评析

1.运营微博的信息网络服务平台公司属于个人信息处理者

个人信息处理者就是有能力决定个人信息处理目的、方式等的组织或个人。运营微博的信息网络服务平台，因微博用户注册微博账号、发表文章、视频、图片等日常业务开展事由，自然积累和存储了海量的用户个人信息。对于这些个人信息，运营微博的网络服务平台有能力为特定目的而决定何时何地以何种方式、在多大程度上使用其掌握的海量个人信息。因此，运营微博的信息网络服务平台是典型的个人信息处理者。

2.信息处理者在特定条件下有义务提供其注册用户的个人信息

根据本案当时施行的《最高人民法院关于审理利用信息网络侵害人身权益民事纠纷案件适用法律若干问题的规定》（法释〔2014〕11号）第4条，原告起诉网络服务提供者，网络服务提供者以涉嫌侵权的信息系网络用户发布为由抗辩的，人民法院可以根据原告的请求及案件的具体情况，责令网络服务提供者向人民法院提供能够确定涉嫌侵权的网络用户的姓名（名称）、联系方式、网络地址等信息。网络服务提供者无正当理由拒不提供的，人民法院可以依据《民事诉讼法》第114条的规定对网络服务提供者采取处罚等措施。据此，在网络用户涉嫌侵权的情况下，信息处理者有义务按照人民法院的要求提供其注册用户的个人信息。这也是从保护公共利益出发所做的制度安排。因为，制止侵权行为、犯罪行为涉及每一个人的利益和福祉，无疑属于公共利益的范畴。而根据《民法典》第1036条第3项规定，为维护公共利益而合理实施的个人信息处理行为，行为人是不用承担民事责任的。也就是说，包括人民法院在内的有权机关，为维护公共利益而要求信息网络服务平台提供个人信息的，信息网络服务平台提供个人信息不构成侵权。

3.个人信息处理者依法提供个人信息受客观条件限制，不能超出其可以提供个人信息的能力范围

如上所述，虽然法律和司法解释规定在特定条件下信息网络服务平台有义务向有权机关或被侵权人提供涉嫌侵权的行为人的个人信息，但这一提供的前提是信息网络服务平台确实存储着行为人的个人信息。如果信息网络服务平台客观上本就不掌握被侵权人或有权机关要求其提供的相关个人信息，

则即使其无法提供，也应被谅解。本案中，微梦公司已经按照人民法院的要求将其存储的涉嫌侵权的注册用户的个人信息提供，已经尽到了相应提供义务，且从客观上也没有再提供进一步信息（如身份证号等）的能力，故法院判决驳回邹某某诉讼请求是妥当的。

需要进一步指出的是，我国《互联网用户账号名称管理规定》第5条第1款明确规定，互联网信息服务提供者应当按照“后台实名、前台自愿”的原则，要求互联网信息服务使用者通过真实身份信息认证后注册账号。当时施行的《互联网用户公众账号信息服务管理规定》（2021年被修订）第6条第1款也有类似的规定。[①]然而，实践中情况较为复杂。以上两项规定分别是2015年和2017年颁布的，也就是“后台实名、前台自愿”的原则最早在2015年才明确提出。而在此之前，已经有海量的用户采用非实名注册的方法进行了注册，并且成为非常活跃的用户。有的用户虽然按照当时施行的《互联网用户公众账号信息服务管理规定》第6条第1款的要求通过移动电话号码进行身份认证，但移动电话号码本身也并非全部实名，这就又导致了部分所谓的“实名注册”并非真正实名。对于上述两种情况，网络信息管理部门已经在开展实名认证的组织督促工作。但在彻底完成这项工作，真正使得“实名注册”全覆盖之前，很多注册用户的身份证号码、姓名等个人信息实际上仍是无法提供的，本案就属于这种情况。相信随着网络信息技术管理职能的加强和管理手段的进步，这一问题最终将得到根本解决。

◎ 规范指引

《最高人民法院关于审理利用信息网络侵害人身权益民事纠纷案件适用法律若干问题的规定》（法释〔2020〕17号）

第3条第1款、第2款 原告起诉网络服务提供者，网络服务提供者以涉嫌侵权的信息系网络用户发布为由抗辩的，人民法院可以根据原告的请求及案件的具体情况，责令网络服务提供者向人民法院提供能够确定涉嫌侵权的网络用户的姓名（名

---

① 国家网信办于2021年2月重新颁行《互联网用户公众账号信息服务管理规定》，在新规定中，已经没有了“后台实名、前台自愿”的内容。

称）、联系方式、网络地址等信息。

网络服务提供者无正当理由拒不提供的，人民法院可以依据民事诉讼法第一百一十四条的规定对网络服务提供者采取处罚等措施。

《互联网用户账号名称管理规定》

第5条第1款　互联网信息服务提供者应当按照“后台实名、前台自愿”的原则，要求互联网信息服务使用者通过真实身份信息认证后注册账号。

第三章

侵犯个人信息权益的过错认定

第一节　故意侵犯个人信息权益

基本原理

一、损害赔偿侵权责任构成中“故意”的内涵

侵权责任法上的故意，是指行为人明知其行为可能发生侵害他人民事权益的损害结果，但仍然追求或放任损害发生的主观心理状态。侵权法上的“故意”可以分解为两个要素进行具体考察。这两个要素分别为认识要素和意愿要素。认识要素强调行为人对于其行为侵害他人民事权益的情况是有所认知的，或者说，其是明知的。认识要素是认定故意的基础要素，如果行为人没有认识到（错误），或者客观上根本不可能认识到其（意外）行为会有侵害他人民事权益的结果，则不构成故意。[①]意愿要素则强调行为人在对于其侵害他人民事权益有所认知的基础上，对侵害的结果具有不反对、不排斥的主观心理。在法理上，对这种不排斥、不反对的主观心理可以进一步区分为追求和放任两种情况。如果追求侵害结果的发生，则表明行为人的故意是直接故意。如果放任侵害结果的发生，则表明行为人的故意是间接故意。[②]直接故意和间接故意在主观恶性程度上有细微的区别，这一点在刑法的研究中有一定的价值，但在民事侵权的理论与实务中，对于这种区别并不关注。因为，不论是直接故意，还是间接故意，其侵权行为的法律后果是相同的。

二、侵犯个人信息权益中的故意认定

现实中的侵权行为，过失侵权要比故意侵权更为常见，且故意的认定相

---

① Vgl. Deutsch / Ahrens，Deliktsrecht：*Unerlaubte Handlungen，Schadensersatz，Schmerzensgeld*，4. Auflage，Carl Heymanns Verlag，2002，S. 52.

② 参见程啸：《侵权责任法》（第2版），法律出版社2015年版，第264页。

对而言更为容易一些。在侵犯个人信息权益的侵权行为中，故意一般有如下两种情况：其一，单人侵权时的故意：直接窃取他人个人信息；未经他人允许而收集、使用、公开、传输、分析其个人信息；明知他人个人信息真实而更改为不实信息；明知为唯一记录的个人信息而予以删除；明知个人信息记载错误而拒绝信息主体的更改或删除请求；未经允许而将他人个人信息进行非匿名的计算机自动化决策。其二，多数人侵权时的故意：出售他人个人信息，出卖人与买受人的故意；明知他人会利用该个人信息从事违法犯罪活动而主动将该个人信息提供，提供人与罪犯的故意；教唆行为人提供他人个人信息，教唆者与被教唆者的故意。

专题16 未经许可拍摄不雅视频，是否构成故意侵犯个人信息权益

◎ 案例简介

2017年9月20日，王某、邢某某通过世纪佳缘网相识。2017年10月3日至10月4日，二人第一次在北京见面后发生了性关系。邢某某将二人发生性关系的过程用手机拍摄了时长为27秒和22秒的两段视频。2017年11月8日，王某报警称被强奸。公安机关对该案已经受理，现未结案。警察在对王某询问时，其陈述：……我醒来之后发现我趴在床上，他从后面压在我身上，我扭头看了一眼，发现他在用手机拍我，后问他：你干嘛呢，他说：没什么事儿，当时我睡得迷迷瞪瞪的，当时没在意，也没多想。警察在对邢某某询问时，其陈述算上王某其大概与3人在网络上以处对象的方式发生性关系，其比较有好感正在联系的女孩有10名左右。其在和王某交往期间，还与2名女性发生过关系。2017年11月22日，邢某某书写了《保证书》，载明：本人邢某某于2017年10月3日拍摄的不雅视频两段，保证立即删除，不传播，不扩散。后王某起诉邢某某要求精神损害赔偿10万元。

法院判决认为，公民的隐私权受法律保护。公安机关的询问笔录、《保证书》、《道歉信》可以证实，邢某某将其与王某发生性关系的过程拍摄了两段视频。邢某某在未经王某同意的情况下，将其与王某的性行为拍摄录像，给王某造成了严重的精神损害，侵犯了王某的隐私权。邢某某应就其侵犯王某

隐私权的行为承担赔偿责任，王某主张的精神损害赔偿金，即为精神损害抚慰金，法院予以支持，其主张的数额过高，法院依据邢某某拍摄录像的时长、录像是否对外传播，王某所遭受精神损害的严重程度等因素进行酌情确定。邢某某主张王某对其拍摄视频的行为是自愿的，但未就此举证，视频和询问笔录不足以证明王某同意邢某某的拍摄行为，故邢某某的抗辩意见，证据不足，法院不予采信。据此，法院2018年6月27日判决：一、邢某某于判决生效之日起7日内赔偿王某精神损害抚慰金5000元；二、驳回王某其他诉讼请求。[①]

◎ 法官评析

1.身体隐私信息及性行为信息属于敏感个人信息

一个人的身体隐私及性活动信息，如果没有面部特征予以辅助，可能未必能定位到具体的个人，从而未必能指向具体人。但是，当身体隐私及性活动信息与人的声音、身形等其他个人信息结合，则完全有可能指向特定的个人。而个人信息就是指那些以电子或者其他方式记录的能够单独或者与其他信息结合识别特定自然人的各种信息。即使该信息不能单独识别特定自然人，但与其他信息结合能够识别特定自然人的，也构成个人信息。而自然人的身体隐私部位和性活动信息，显然属于一旦泄露、非法提供或滥用可能危害人身和财产安全，极易导致个人名誉、身心健康受到损害或歧视性待遇等的个人信息，因而属于敏感个人信息，应该给予有力的保护。当然，这里的身体隐私和性行为信息也属于隐私，受到隐私权的保护。

2.未经允许而拍摄性行为不雅视频构成故意侵犯他人个人信息权益

与身体裸露、大小便等一样，性行为也是人类生活中最为原始且最为隐秘的部分，[②]事关人之为人的基本尊严，这是任何文明社会都认可的价值。一般而言，没有人会愿意让他人将其性行为的活动过程拍摄记录，即使是参与性活动的当事人一方，在未经对方允许的情况下，也无权拍摄自己与另一方的性活动。在此前提之下，参与性活动的当事人一方在未经对方允许的情

---

① 参见北京市第二中级人民法院（2018）京02民终9366号民事判决书。

② See Anita L. Allen，Lying to Protected Privacy，44 Vill. L. Rev. 161，177（1999）.

况下私自拍摄两人的性活动过程，即使其拍摄的主观心理在于满足自己的猎奇、纪念等目的，而不是为了侵害对方人格尊严，但客观上也是对侵害他人人格尊严的放任，属于侵权责任法上的故意。本案中，邢某某未经王某同意，将其与王某发生性关系的过程予以拍摄记录，对拍摄行为可能造成王某的个人信息权益的侵害，至少是持放任态度的，属于侵权责任法上的故意，构成故意侵害他人个人信息权益。

◎ 规范指引

《民法典》

第1165条第1款 行为人因过错侵害他人民事权益造成损害的，应当承担侵权责任。

第1183条第1款 侵害自然人人身权益造成严重精神损害的，被侵权人有权请求精神损害赔偿。

专题17 侵犯个人信息权益是否存在共同故意的问题

◎ 案例简介

王某某原系土沟村党支部书记、经济合作社社长，王某香原系土沟村村委会会计。2017年2月，昌平区小汤山镇政府向土沟村值勤人员拨付资金，由土沟村村委会负责发放。《小汤山镇土沟村重点路口执勤人实名制统计表》由村委会工作人员制作，记载了包括张某某在内的18名土沟村村民的姓名、身份证号、银行卡号、金额，表中有时任土沟村党支部书记王某某、村委会主任王某青的审批签字及各村民领款的签字。2017年2月14日，李某某在微信群中发布了该统计表照片，宋某某在其微信朋友圈中发布了该统计表照片，并发表评论："土沟的钱难道不是我们自己做主，二三十岁的没工作，这都黄土到脖儿的了，天天躺家里拿钱！上任前天天嚷嚷为老百姓怎的怎的，看来渔夫钓到鱼后都不喂食！"王某苹于2017年2月14日18时许在土沟新村小区围墙上张贴了涉案统计表。张某某就统计表信息内容公开一事向法院提起诉讼，要求被告就公开其个人隐私信息赔礼道歉。王某某和王某香均表示对统计表如何泄露一事不知情，李某某、宋某某仅认可自己在微信中转发统计表一事，但均未指出统计表的来源及何人让其转发，王某苹亦未就其张贴统计表的来源作出任何陈述，法院相关调查结果均不能体现王某某、王某香实施了非法向他人提供统计表的行为，亦不能依据王某某、王某香负责审批、保管统计表推定其与王某苹、宋某某、李某某共同故意实施披露、公开统计表的行为。

法院判决认为，根据《民法总则》第110条和第111条的规定，自然人享有隐私权，自然人的个人信息受法律保护，任何组织和个人需要获取他人个人信息的，应当依法取得并确保信息安全，不得非法收集、使用、加工、传输他人个人信息，不得非法买卖、提供或者公开他人个人信息。因此，公民的隐私权和个人信息权受法律保护，侵犯公民隐私权和个人信息权应承担侵权责任。本案中，王某苹、宋某某、李某某以在小区围墙张贴、在微信中转发涉案统计表的方式，披露、公开张某某等人的个人隐私信息，其行为违反法律规定，存在过错，导致张某某的姓名、身份证号码与银行卡号被同时公开并引发其不良心理状态的损害后果，侵犯了张某某的合法权益，应承担相应的侵权责任。张某某要求王某苹、宋某某、李某某书面赔礼道歉，符合法律规定，法院予以支持。张某某以王某某、王某香侵犯隐私权为由要求二被告承担民事责任的诉讼请求，缺乏证据证实，法院不予支持。[①]

◎ 法官评析

1.侵害个人信息权益存在共同加害行为的多数人侵权形态

侵害个人信息权益作为一种侵权行为，同样存在多数人侵权的形态。根据《民法典》第1168条，二人以上共同实施侵权行为，造成他人损害的，应当承担连带责任。侵犯个人信息权益的情形中，经常存在二人以上共同实施的侵权行为。比如，甲与乙合谋将存放于某公司的多人身份证号码出售谋取利益。虽然在理论和实务中，关于《民法典》第1168条所说的“共同”到底是仅指共同故意，[②]还是既包括共同故意，也包括共同过失，还包括数个行为

① 参见北京市门头沟区人民法院（2017）京0109民初4615号民事判决书。

② 参见程啸:《侵权责任法》（第2版），法律出版社2015年版，第348页。

相结合而实施的行为未明确说明，[1]但不可否认的一点是，这里的“共同”肯定包括共同故意。而基于共同故意所实施的侵权行为，是多数人侵权形态中典型的共同加害行为。

2.不存在共同故意不影响各自承担侵权责任

行为人不具备主观的意思联络表明其不具备共同故意，但如果各自的行为可以独立导致权益侵害的，可以各自就其权益侵害行为承担侵权责任。本案中，法院已经认定王某苹、宋某某、李某某不具有侵害张某某个人信息权益的共同故意，但因被告各自的行为均已经对原告张某某构成权益侵害，故判决王某苹、宋某某、李某某分别向张某某赔礼道歉。本案判决虽然没有从正面认定王某苹、宋某某、李某某具有共同故意，但这也恰恰从反面表明，侵犯个人信息权益案件中，存在共同故意的可能。

◎ 规范指引

《民法典》

第1168条 二人以上共同实施侵权行为，造成他人损害的，应当承担连带责任。

第1000条 行为人因侵害人格权承担消除影响、恢复名誉、赔礼道歉等民事责任的，应当与行为的具体方式和造成的影响范围相当。

第二节 侵犯个人信息权益中的过失

基本原理

一、一般侵权责任中“过失”的涵义

过失是指行为人对于其行为可能造成侵害他人民事权益的结果应予注意或者能够注意，但因为疏忽大意或自信能够避免而未注意的一种主观心理

---

① 最高人民法院民法典贯彻实施工作领导小组主编：《中华人民共和国民法典侵权责任编理解与适用》，人民法院出版社2020年版，第54页。

状态。如同故意的理论构成，过失在学理上也分为认识要素和意愿要素。认识要素是指行为人对于其行为可能侵害他人民事权益有所认知，从而能够预见其行为可能侵害他人民事权益。需要强调的一点是，过失的认识要素并不要求行为人对于其行为的具体后果如损害的范围、损害的数量等情况有所认识，而是只要求行为人能够预见到其行为可能侵害他人民事权益。理论上，根据认识要素层面行为人对权益侵害的认识情况，可以把过失区分为疏忽大意的过失和过于自信的过失。前者是指行为人本应预见到其行为可能侵害他人民事权益，但因疏忽大意而没有预见到，后者是指行为人虽然预见到其行为可能侵害他人民事权益，但轻信能够避免。疏忽大意的过失和过于自信的过失的划分更多具有理论意义，其实践价值并不突出。

意愿要素是指行为人在预见到其行为可能侵害他人民事权益的基础上，对该侵害予以避免的可能性。虽然行为人预见到其行为可能侵害他人民事权益，但其客观上根本不可能避免，则不构成过失。[①]比如，在正当防卫的情况下，防卫人对侵害人实施暴力制止其正在进行的不法侵害行为，防卫人一般可以预见到其以暴制暴的行为可能造成侵害人的民事权益损害，但是客观上很难避免这种侵害，否则就可能达不到制止暴力侵害的目的。在这种情况下，防卫人的暴力行为尽管存在认识要素，但其客观上不能避免对行为人权益的侵害，在意愿要素层面不具有避免侵害的可能性，因而不构成过失。

二、个人信息纠纷中过失认定的难点及其破解思路

现实中发生的民事侵权案件，大多为过失侵权案件。发生在物理空间内的常见侵权案件，侵权行为有明确的外形，如侵犯他人身体权的，会有身体接触等直观的行为表象，原告可以留存这些直观行为的相关证据来证明被告的侵权行为和过失。发生在网络空间的常见侵权案件，侵权行为一般也有可感知的形态，比如存在于互联网上的诋毁或侮辱他人的言论，原告可以截取侵权言论的图片，或者通过做证据保全，从而证明被告的侵权行为和过失。但是，在个人信息被侵犯的案件中，比如最常见的个人信息泄露的场合，泄

---

① 参见程啸:《侵权责任法》(第2版)，法律出版社2015年版，第268页。

露行为往往是原告根据个人信息被扩散以及被告曾掌握原告个人信息这些事实元素所做的推测，泄露行为本身没有任何可感知的外形。在这种情况下，原告很可能都不知道有泄露行为的发生，因而很难提供证据证明被告的过失。而在没有任何法律规定侵犯个人信息适用无过错责任原则的情况下，应将其作为一般侵权行为。根据《民法典》第1165条第1款，一般侵权责任以过错为要件。因此，个人信息侵权案件恰恰是需要认定被告的过失的。

为解决上述过失的证明难题，理论界不少人提出，对于个人信息侵权案件，应作为特殊侵权行为，确立无过错责任原则。[①]如此，若发生个人信息侵权行为的，不考虑行为人的过错，因而也就免除了原告对被告过失的证明责任。另外，也有人主张应区分行为主体的性质及处理个人信息的方式，确立不同的归责原则。对于公权力机关而言，因利用海量个人信息进行算法自动化决策而侵权的，应适用无过错责任；对于其他组织或企业而言，因利用海量个人信息进行算法自动化决策而侵权的，应适用过错推定责任；对于其他没有利用个人信息进行算法自动化决策而侵权的组织或个人，则适用过错责任。[②]以上建议中，第二种建议考虑了不同情况，更具有灵活性。

在《个人信息保护法》颁行之前，司法实务主要从如下方面着手解决过失证明和认定的问题。一方面，在宏观的裁判理念上，坚持过失认定的客观化。在传统侵权法理论中，行为人的过失可以分为主观过失和客观过失。主观过失要求，只有当行为人自己主观上能够预见到行为的结果但却没有尽到这一注意义务时，才可认定为过失。而客观过失则要求，行为人所要恪守的注意义务是一个“理性人”应有的注意义务，这一注意义务不受具体行为人的主观能力影响，只要行为人违反了一个“理性人”的注意义务对他人个人信息造成侵害的，就可认定过失。

另一方面，在微观的裁判思路上，应首先确定行为人所处的群体，进而抽象该群体的“理性人”原型，在此基础上认定行为人是否存在过失。

---

① 参见刁胜先：《个人信息网络侵权归责原则的比较研究——兼评我国侵权法相关规定》，载《河北法学》2011年第6期。

② 参见叶名怡：《个人信息的侵权法保护》，载《法学研究》2018年第4期。

在个人信息侵权案件中，被告往往是对于海量个人信息和数据具有高超运算处理能力的公司或组织，他们是一个高度专业化的专家群体或系统。对于这种高度专业化的群体，“理性人”的标准要远高于一般人的标准。一般主体对他人个人信息的泄露，可能不好认定为过失。但对于这种高度专业化的群体而言，对他人个人信息的泄露，完全可以因为他们没有尽到与其“理性人”标准相适应的注意义务而认定其违反《民法典》第111条，认定其为存在过失。①在这样的裁判思路下，被告过失认定的难题，就可在很大程度上解决。

值得称道的是，《个人信息保护法》对于上述过失认定的难题进行了彻底解决。《个人信息保护法》第69条规定，处理个人信息权益造成损害，个人信息处理者不能证明自己没有过错的，应当承担损害赔偿等侵权责任。这就旗帜鲜明地对个人侵权损害赔偿确立了过错推定的归责原则。我国《个人信息保护法》确立过错推定原则既避免了无过错责任原则对于个人信息处理者过于严苛的不足，使其有机会通过证明自己没有过错而免责；又考虑到了个人信息处理活动较强的专业性和技术性，顾及个人证明信息处理者过错的难度，是符合我国国情的妥当制度设计。②

专题18　侵犯个人信息利益的过失如何认定

◎ 案例简介

2018年9月29日，王某某通过微信软件联系天一学校法定代表人，要求对“重磅！天一教育法考烟台考点创造98.3%的通过奇迹！”网页中的名字做技术处理，未获回应。2019年1月9日，青岛市市中公证处作出（2019）鲁青岛市中证民字第234号公证书，对证据进行保全。该公证书载明，2018年12月26日，王某某自带手机中，通过微信软件打开“重磅！天一教育法

---

① 参见丁宇翔：《个人信息民事司法保护的若干难点及其破解路径》，载《中国审判》2019年第19期。

② 参见程啸：《个人信息保护法理解与适用》，中国法制出版社2021年版，第508页。

考烟台考点创造98.3%的通过奇迹！”网页，显示天一烟台教学点过关名单中包含“115，王某某，男，90，91，181”。王某某认为天一学校侵犯了其隐私权，遂起诉请求法院确认天一学校采取商业广告的形式向社会公众泄露王某某个人考试成绩的行为侵犯了王某某的隐私权。

一审法院判决认为，自然人享有隐私权，即保有其生活中不愿被人知晓的信息的权利。本案天一学校通过互联网发布的“重磅！天一教育法考烟台考点创造98.3%的通过奇迹！”具有商业广告性质，该网页中包含王某某的名字及考试成绩，但是未经其本人同意，且王某某提出异议后未及时删除，上述行为具有一定的过错。天一学校的行为造成王某某不愿被人知晓的信息被公开，侵犯了王某某的隐私权。据此判决：确认被告青岛天一精英人才培训学校通过互联网公开原告王某某考试成绩的行为，侵犯了原告王某某的隐私权。

二审法院判决则认为，首先，姓名、考试成绩均非私生活中绝对自我空间的范畴，不属于隐私的范围。天一学校发布的“115，王某某，男，90，91，181”的信息内容仅涉及王某某姓名和成绩，并未涉及其他私人信息，该过关名单面向社会不特定公众发布，社会公众并不必然能凭此条信息与王某某本人建立特定联系，故不构成法律概念上的特指，不具备识别性。其次，侵犯隐私权承担的是一般侵权责任，适用过错责任原则，应当由权利主张一方举证证明存在加害行为、损害结果、因果关系、行为人具有过错。天一学校通过互联网发布“重磅！天一教育法考烟台考点创造98.3%的通过奇迹！”的行为旨在宣传该学校通过率，其中包含的“115，王某某，男，90，91，181”的信息内容并未逾越此目的的必要范围，不具有侵犯王某某隐私权的故意或过失，主观上无过错。故天一学校该行为不具备隐私权侵权的构成要件，不构成对王某某隐私权的侵犯。[①]

◎ 法官评析

过失认定的一般思路是首先确定行为人是否具有认识要素中的预见可能

① 参见山东省青岛市中级人民法院（2019）鲁02民终7482号民事判决书。

性，其次考察行为人对权益侵害避免的可能性，同时要结合“理性人”的标准进行判断。本案中，一审法院和二审法院对于被告是否具有侵犯原告的个人信息权益（隐私权）的过失有不同的判断结论，从而导致了不同的判决结果。一审判决从被告的发布行为是否经过信息主体（原告）的同意这一角度论证其过错，即“未经其本人同意，且王某某提出异议后未及时删除，上述行为具有一定的过错”。这是遵循个人信息使用中的“同意原则”所做的分析，违反个人信息的明示同意原则，本身就是对信息主体个人信息权益的侵犯，被告应对此有所预见，但其还是实施了该行为，按照这一思路，一审判决得出被告具有过失的结论并非没有道理。

然而，正如王泽鉴先生所指出的那样，过失认定的考量因素中还包括行为的效益，即行为的目的及效用。[①]本案中，二审法院就是从被告公示原告成绩的目的出发考察其是否存在过失。二审法院的逻辑是，被告的行为旨在宣传该学校通过率，其中包含的“115，王某某，男，90，91，181”的信息内容并未逾越此目的的必要范围。因此，被告就其发布王某某成绩的行为并不存在过失。从隐私权侵权的角度分析，二审法院认定被告的行为没有超出其目的范围，因而认定为不具有过失应该是可以的。

但是，如果本案原告以个人信息权益被侵犯为由进行起诉，而不是以隐私权被侵犯为由起诉，则就过失的认定可能会有不同。因为，原告的姓名和成绩本身很难说是原告的私密空间、私密活动和私密信息，因而并非《民法典》第1032条第2款规定的隐私。在此情况下，被告发布该信息时一般不会预见到其行为侵犯了原告的隐私权益，因而不容易认定其具有过失。但是，原告的姓名和成绩显然属于其个人信息。根据《个人信息保护法》第69条第1款，处理个人信息侵害个人信息权益造成损害，个人信息处理者不能证明自己没有过错的，应当承担损害赔偿等侵权责任。因此，在侵犯个人信息的法律关系中，本案被告的过失是法律推定的，原告不需要持特别的证明就可以认定。就此而言，在既可以通过侵犯隐私权的隐私权纠纷，又可以通过侵犯个人信息权益的个人信息纠纷进行救济时，选择个人信息保护纠纷进行

① 参见王泽鉴：《侵权行为》，北京大学出版社2009年版，第243页。

救济具有很大的便利性，这一便利性就是不需要就被告过失承担证明责任。

◎ 规范指引

《民法典》

第1032条第2款 隐私是自然人的私人生活安宁和不愿为他人知晓的私密空间、私密活动、私密信息。

第111条 自然人的个人信息受法律保护。任何组织或者个人需要获取他人个人信息的，应当依法取得并确保信息安全，不得非法收集、使用、加工、传输他人个人信息，不得非法买卖、提供或者公开他人个人信息。

《个人信息保护法》

第69条第1款 处理个人信息侵害个人信息权益造成损害，个人信息处理者不能证明自己没有过错的，应当承担损害赔偿等侵权责任。

专题19 侵犯个人信息权益的过错推定

◎ 案例简介

庞某某委托其助理鲁某通过北京趣拿信息技术有限公司（以下简称趣拿公司）下辖网站去哪儿网购买东航机票，其后收到诈骗短信，短信内容中显示有庞某某航班的起飞时间、降落时间、机场名称、航班号。庞某某认为，自己的手机号及确切的航班信息只有去哪儿网和东航掌握，因而其断定是去哪儿网和东航泄露了其个人信息，于是诉至法院。一审法院经过审理后认为，本案中庞某某无证据证明去哪儿网和东航将庞某某过往留存的手机号与本案机票信息匹配予以泄露，且去哪儿网和东航并非掌握庞某某个人信息的唯一主体，法院无法确认去哪儿网和东航存在泄露庞某某隐私信息的侵权行为，故庞某某的诉讼请求缺乏事实依据，判决驳回其诉讼请求。庞某某不服一审判决，提出上诉。

二审法院认为，本案为一般侵权责任纠纷，归责原则为过错责任。如上所述，东航和趣拿公司均有泄露隐私的高度可能性，但其是否应该承担责任归根到底还须审查其是否有过错。近些年来，对公民个人隐私以及个人信息的保护已成为社会共识。2013年新颁布的《消费者权益保护法》第29条第2款中明确规定，经营者及其工作人员对收集的消费者个人信息必须严格保密，不得泄露、出售或者非法向他人提供。经营者应当采取技术措施和其他必要措施，确保信息安全，防止消费者个人信息泄露、丢失。这是在立法层面上对消费者个人隐私和信息的保护，也是对经营者保护消费者个人信息的强制性规定。经营者违反了该条规定，即视为其存在过错。本案中，东航和趣拿公司作为各自行业的知名企业，一方面因其经营性质掌握了大量的个人信息，另一方面亦有相应的能力保护好消费者的个人信息免受泄露，这既是其社会责任，也是其应尽的法律义务。诚然，对个人信息的保护是一个逐步的过程，从社会现实来讲不宜苛责过甚。但从法院现有证据看，东航和趣拿公司在被媒体多次报道涉嫌泄露乘客隐私后，即应知晓其在信息安全管理方面存在漏洞，但是，该两家公司却并未举证证明其在媒体报道后迅速采取了专门的、有针对性的有效措施，以加强其信息安全保护。而本案泄露事件的发生，正是其疏于防范导致的结果，因此可以认定趣拿公司和东航具有过错，理应承担侵权责任。①

◎ 法官评析

1.侵权责任中的过错可以推定

过错是一般侵权责任中的构成要件，裁判过程中必须认定行为人的过错才可能判决其承担侵权责任。过错的认定，除了依照前文所说的方法进行直接认定外，还有一种方法就是推定，即推定行为人有过错。所谓推定，就是根据日常经验法则，从某一已知事实一般性地推断出另一事实的存在。在学理上，关于推定最重要的分类就是把推定分为事实推定和法律推定。二者的根本区别在于，前者是裁判者在具体案件中通过对证据的审核认定而形成

---

① 参见北京市第一中级人民法院（2017）京01民终509号民事判决书。由于该案在我国个人信息保护发展历程中具有非常重要的价值，故本书在多个专题中以该案例为标本从不同角度进行分析。因此处对该判决的事实和法律适用进行了介绍，本书后文凡是以该案为标本进行分析的，则仅以“庞某某案”进行指称，不再赘述案情和法律适用情况。

的内心确信，是酌定的，属于裁判者的自由心证；而后者则是法律基于事实之间联系的规律性和可能性而预先规定好的，有了法律推定，法官就不需要自由心证。[①]其实，这里所说的事实推定就是法官基于高度盖然性的证明标准对要件事实所进行的认定。而法律推定则不需要法官适用高度盖然性证明标准，而是直接依据法律的规定认定事实存在。比如，《民法典》第1222条规定的"患者在诊疗活动中受到损害，有下列情形之一的，推定医疗机构有过错"的情况。学界在讨论所谓过错推定责任时，一般是指法律上对过错的推定，[②]即所谓的法律推定。本书这里所讨论的"侵权责任的过错可以推定"，也是就法律推定而言。也就是说，侵权责任中的"过错"可以由法律预先作出规定。

2.侵权责任中的过错推定需要有法律明确规定

虽然侵权责任中的过错可以进行推定，但是根据《民法典》第1165条第2款，依照法律规定推定行为人有过错，其不能证明自己没有过错的，应当承担侵权责任。也就是说，要对侵权责任中的过错进行法律推定，必须有明确的法律规定。本案在个人信息保护领域具有较为广泛的影响。2018年，最高人民法院曾将本案作为第一批涉互联网典型案例予以发布。但是，在关于本案判决的探讨中，有文献认为，本案判决中法官采取了过错推定责任的原则，进而在诉讼程序上适用了举证责任倒置，即让趣拿公司和东航公司承担自己没有过错的证明责任，[③]这一点可能存在误读，因为严格意义上的过错推定需要有法律的明确规定，而本案作出裁判的时间是2017年，当时并没有法律规定可以在侵犯隐私权或个人信息权益的情况下推定行为人的过错。从本案判决的表述看，法院通过《消费者权益保护法》第29条第2款来确立认定过错的基础，即"经营者应当采取技术措施和其他必要措施，确保信息安全，防止消费者个人信息泄露、丢失"。也就是说，趣拿公司和东航公司作

---

① 参见王雄飞：《论事实推定和法律推定》，载《河北法学》2008年第6期。

② 最高人民法院民法典贯彻实施工作领导小组主编：《中华人民共和国民法典侵权责任编理解与适用》，人民法院出版社2020年版，第30页。

③ 参见刘丹：《个人信息网络侵权的认定及其司法救济》，载《学习与实践》2020年第1期。

为经营者，采取适当的技术措施和其他必要措施，确保信息安全是其法定义务。一旦发生个人信息的泄露或丢失问题，经营者就应该证明其履行了采取适当技术措施确保信息安全的法定义务。否则，就可认定其违反了法定义务。而在过错认定越来越客观化的今天，法定义务的违反，一般来说可以认定为过错，除非行为人可以提出反证。本案中，法院要求趣拿公司和东航公司证明的内容是其履行了法定义务，而不是没有过错，这与典型的过错推定责任之下就过错的举证责任倒置是不同的。因此，本书认为，法院在本案中，并没有适用过错推定责任，更没有因此将过错的举证责任倒置由一审被告承担，而仅仅是基于一审被告违反法定义务从而认定其存在过错。

3.《个人信息保护法》实施后可以对本案行为人进行过错推定

本案如果发生在2021年11月1日《个人信息保护法》施行之后，则本案判决的理由就可能不一样了。因为《个人信息保护法》第69条第1款已经明确规定了个人信息侵权损害赔偿的过错推定原则。有了这样的法律依据，原告就不需要为证明东航公司和趣拿公司的过失而绞尽脑汁，本案判决理由也不需要专门就东航公司和趣拿公司的过失问题进行论证了。总之，有关本案判决采取了过错推定的讨论，在当时并没有《个人信息保护法》，也没有其他任何法律规定可以就侵犯隐私权和个人信息权益进行过错推定的法律语境下，只具有理论探讨意义，而并没有实定法上的依据。

◎ 规范指引

《民法典》

第1165条第2款 依照法律规定推定行为人有过错，其不能证明自己没有过错的，应当承担侵权责任。

《消费者权益保护法》

第29条第1款、第2款 经营者收集、使用消费者个人信息，应当遵循合法、正当、必要的原则，明示收集、使用信息的目的、方式和范围，并经消费者同意。经营者收集、使用消费者个人信息，应当公开其收集、使用规则，不得违反法律、法规的规定和双方的约定收集、使用信息。

经营者及其工作人员对收集的消费者个人信息必须严格保密，不得泄露、出售或者非法向他人提供。经营者应当采取技术措施和其他必要措施，确保信息安全，防止消费者个人信息泄露、丢失。在发生或者可能发生信息泄露、丢失的情况时，应当立即采取补救措施。

《个人信息保护法》

第69条第1款 处理个人信息侵害个人信息权益造成损害，个人信息处理者不能证明自己没有过错的，应当承担损害赔偿等侵权责任。

第四章

个人信息权益的侵害、损害及因果关系

第一节　个人信息权益被侵害

基本原理

一、传统侵权法中的加害行为

所谓加害行为，就是行为人实施的侵害他人民事权益的行为。在侵权法理论界，有的论著采用“违法行为”的表述。[①]这一差别涉及一般侵权责任构成要件中是否需要强调违法性的理论问题。传统大陆法系国家，尤其是以德国为代表的德意志法系国家，基于《德国民法典》第823条第1款，在理论和实务中认为一般侵权责任中需要强调违法性与过错的区分，事实构成是侵权责任中的第一层要素，违法性是第二层要素，过错则是违法性之上的第三层要素。[②]在我国，民法学界对一般侵权责任构成中是否需要区分违法性与过错虽有分歧，但《民法典》之前的《民法通则》和《侵权责任法》都没有明确地将违法性与过错进行区分。《民法典》第1165条也只是用“过错”的立法表达，没有强调行为的“不法”或“违法”。从法理上可以认为，《民法典》中的过错已经包含违法性的因素，因而不需要单独作为构成要件之一予以强调。基于此，本书在构成要件的意义上不再强调违法性，故行为人实施的权益侵害行为也不再强调违法性，而直接称之为加害行为。

加害行为是行为人实施的行为，在侵权法的视野中，这种行为既可以是积极的作为，也可以是消极的不作为。从社会交往的一般观念考察，人们只要遵守乌尔比安所谓“诚实生活、不害他人”的信条，即可“各得其

---

① 参见杨立新：《侵权责任法》，法律出版社2010年版，第68页。

② Vgl. Deutsch / Ahrens，Deliktsrecht：*Unerlaubte Handlungen，Schadensersatz，Schmerzensgeld*，4. Auflage，Carl Heymanns Verlag，2002，S. 7.

所”。[①]比如，邻居之间不刺探私密个人信息即可。因此，不作为义务是人们在社会生活中保持和谐秩序的常态。但在某些特殊情况下，基于人们之间的特定社会关系，如父母需要对子女履行积极的保护义务；或基于行为人的先行行为，如游泳教练甲主动邀请不会游泳的乙去游泳馆游泳，此时甲对乙负积极的保护义务；或基于诚实信用原则，如同车出行的两人中，乘客对司机驾驶状态的提醒、警示义务等。[②]在以上几种情形下，行为人对特定人可能负有积极的作为义务，如果怠于履行这一积极的作为义务，也可能侵害特定人的合法权益。因此，作为义务是人们在社会生活中保持和谐秩序的非常态。从不作为义务和作为义务的外在特征看，通过积极作为方式侵害他人民事权益，一般较容易识别，而通过消极不作为方式侵害他人民事权益，则不容易识别。

二、权益被侵害与损害

不论是一般侵权责任还是特殊侵权责任，民事权益被侵害都是当然的构成要件，否则责任承担将因没有权益被侵害而失去客观基础。但在实践中，有时会将权益被侵害的客观情况认定为损害本身，其主要原因就在于《侵权责任法》第6条第1款没有区分侵害和损害。而《民法典》第1165条第1款明确规定，行为人因过错侵害他人民事权益造成损害的，应当承担侵权责任。这一条比起《侵权责任法》第6条第1款的最大变化就是，承担侵权责任不仅要求有侵害权益的行为，还明确提出了损害的要求。从体系解释的角度看，这里所说的“侵权责任”应该解释为“损害赔偿责任”。《民法典》第1165条第1款区分侵害和损害，很好地契合了实践中很多人格权侵权的实际情况。比如，很多人经常在三里屯的广场扛着相机任意拍摄漂亮女士。如果是一般性的街拍，则因存在侵权法上的“公共场所抗

① （古罗马）优士丁尼：《学说汇纂》（第1卷），罗智敏译，纪蔚民校，中国政法大学出版社2008年版，第15页。

② 参见刘某等诉郑某辉等人身损害赔偿纠纷案，载中国应用法学研究所编：《人民法院案例选》（总第68辑），人民法院出版社2009年版，第113页。

辩”，[①]可能不被认为构成侵权。但是，如果是未经允许而拍摄特写，则应当认为这一拍摄行为侵害了女士的肖像权，但问题是仅仅拍摄特写一般不会造成实际损害（物质损害和非物质损害），除非这一特写的角度选择可能贬损该女士的人格尊严。此时的情况就是只有权益被侵害而没有损害结果。另一种情况是，行为人未经允许而擅自拍摄女士特写，并且将该特写照片放大置于自己照相馆门口招徕顾客。此时，行为人侵害女士肖像权的行为获取了利益。根据《民法典》第1182条规定，侵权人因此获得的利益实际就是被侵权人的损失（损害）。因此，第二种情况下不仅有侵害肖像权的行为，还产生了物质损失（损害）。以上侵害与损害的区分，能够为不同情形下的人格权侵权案件的裁判，提供规范依据，可以解决部分新型人格权案件，尤其是个人信息侵权案件中损害认定的难题。

三、个人信息权益被侵害的样态

根据《民法典》第1035条、第1037条、第1038条规定，个人信息权益被侵害的一般表现为以下几种样态。

（一）查阅个人信息受阻

查阅是信息主体获取自身信息的基本途径。很多情况下，尽管信息的收集、处理是经信息主体同意或授权后进行的，但信息主体自身对于信息收集或处理的结果并不了解，这就产生了信息主体查阅信息收集、处理结果的客观需求。最典型的比如，患者同意医疗机构对其进行健康体检，但患者自身对健康体检的结果并不当然知晓，因而有获取的必要。被称为“史上最严格的个人信息保护法规”的欧盟《一般数据保护条例》对于包括查阅在内的信息主体获取信息的权利内容进行了较为严密的规定。[②]这一套规范体系被概括为“透明性原则”，即信息收集处理对于信息主体而言是透明的，个人信

① 参见丁宇翔：《侵犯人格权案件中“公众人物抗辩”的裁判基准》，载《法律适用》2016年第6期。

② 参见欧盟《一般数据保护条例》第12—15条。

息处理者应当以一种简单透明、清晰且容易获取的方式，通过清楚明确的语言，采取适当措施向信息主体提供其信息被收集、使用、咨询或处理的事实、过程、目的、程度以及信息主体所享有的权利。[①]因此，如果信息主体查询其个人信息的请求被拒绝，则个人信息处理者构成对信息主体权益的不作为侵害，应承担停止侵害的责任。

（二）抄录、复制其个人信息被拒

抄录、复制权利就是将个人信息处理者掌握的个人信息予以摘抄、拷贝，以固定信息内容并为己所用的权利，其实质是查阅权利的延伸。在很多情况下，信息主体仅仅查阅了个人信息处理者提供的信息内容是不够的，只有抄录、复制后才能运用于其自身的合法目的。比如，我们在京东商城上的费用支出记录。如果仅仅是可以自己查阅，则只能满足自己对于过去购物的记忆需要。但在很多情况下，这一费用支出记录可以向第三人证明自己的信用情况，或其他情况（如赠款情况等），此时，抄录和复制的权利就具有了非常重要的意义。《个人信息保护法》第45条第1款和第2款明确规定了个人查阅、复制的权利和个人信息处理者的提供义务。抄录、复制权利的实现条件与查阅权的实现条件基本相同，但复制权利的实现，还需要个人信息处理者提供能够兼容的文件格式，以确保信息主体在复制之后能够读取所复制的信息内容。考虑到个人信息的数量极其庞大，若强令个人信息处理者不限次数地提供抄录、复制服务，既不客观，也不公允。因此，可以考虑在超过合理的抄录、复制次数或频次后，个人信息处理者可以收取相应的费用以提供抄录或复制服务。当信息主体首次向个人信息处理者提出抄录、复制请求或支付合理费用而提出抄录、复制其个人信息的请求被拒绝时，可以认为个人信息处理者对信息主体的个人信息权益构成侵害。

---

① 参见京东法律研究院：《欧盟数据宪章：〈一般数据保护条例〉GDPR评述及实务指引》，法律出版社2018年版，第59页。

（三）错误标注个人信息而不予更正或删除

信息主体有权要求个人信息处理者保证其控制之下的个人信息内容的完整和正确。[①]而更正或删除错误信息恰恰是实现这种完整性要求的必然举措。因此，如果信息处理者发生对信息主体信息的错误标注，信息主体提出更正要求而信息主体不予更正的，应认为对个人信息权益构成侵害。实践中，对错误个人信息的更正，可以针对一般的个人信息处理者，如互联网公司；也可以针对专门的掌握某类个人信息的机构或组织，比如征信机构。如果信息主体请求信息处理者彻底删除其个人信息而个人信息处理者不予删除的，未必都构成对个人信息权益的侵害，需要区分情况。如果所标注的个人信息基本不属实，则删除请求是正当的。如果所标注的个人信息部分不实，可以通过更正得到补救，则删除请求就未必是正当的。因为这涉及社会的记忆管理和社会历史文化素材的保留问题。[②]如果一概都允许删除，可能会对人类自身的历史记录产生阻碍，不利于人类社会历史的保留和传承。

（四）个人信息泄露

个人信息的泄露已经成为个人信息侵权最为普遍的类型。相对于普通的信息主体而言，个人信息处理者具有极强的数据控制优势，也具有高度的信息泄露风险。信息处理者所掌握的个人信息，可以分为敏感信息和非敏感信息。对于教育背景、兴趣爱好等非敏感信息的泄露，造成明显而较大损害的可能性不大。但对于基因信息、身份证号、银行卡密码等个人敏感信息的泄露，则可能造成明显而较大的损害。比如，医疗数据信息的控制者可能掌握患者的基因信息。如果某患者的基因检测显示其罹患癌症的风险较高，则一旦其基因信息被泄露给保险公司，则不仅其自身，甚至其子孙后代在投保健康保险时都会被歧视，甚至被拒绝。更进一步，如果这样的基因信息被扩散，则信息主体的就业、恋爱、社交等诸多方面都极有可能受到歧视。如果

---

① 参见王利明：《人格权重大疑难问题研究》，法律出版社2019年版，第695页。

② 参见丁宇翔：《被遗忘权的中国情境及司法展开》，载《法治研究》2018年第4期。

非要等到这些泄露的敏感信息被他人恶意利用，造成现实的物质损害时才可认定为权益侵害，未免太过机械。并且，这样的观念也没有考虑到信息主体个人因其敏感信息被泄露而产生的恐惧、焦虑等非物质损害。同时，这样的观念对于那些试图通过私法手段保护其个人敏感信息的消费者来说，要求也过高了。鉴于敏感信息泄露本身可能导致的高风险，从信息处理者来说，持有敏感信息就应该为信息主体提供“最大限度的保护”，[①]而承认这一侵害类型，恰恰可以强化信息处理者的保护积极性。因此，把个人信息尤其是个人敏感信息的泄露本身作为一种侵害类型，甚至在认可敏感个人信息的泄露属于侵害的基础上有条件地承认这种泄露同时也构成损害，个人有权请求赔偿因敏感信息泄露而产生的“焦虑”精神损害以及风险损害（为预防损害而支付的费用），[②]这将在很大程度上有助于从私法的层面更好地保护作为消费者的信息主体权益。

（五）产生歧视的算法自动化决策

信息处理者的后台算法通过对其掌握的用户海量数据的分析、综合，可以形成对特定用户性格、种族、教育、职业、行为偏好等的预测，为其描绘数据画像，并以此为基础进行系统的自动化决策。这种自动化决策有助于信息处理者开展个性化的精准营销，提升服务质量，降低服务成本，[③]还能够提升用户体验，总体上具有明显的积极意义。但是，以用户画像为基础的系统自动化决策也可能产生歧视性后果。比如，国外已经有公司利用个人征信画像，对少数种族、妇女、心理障碍等群体采取歧视性的差别待遇。[④]对于这种产生歧视的自动化决策，应该在考虑其实质的消极后果的基础上进行重新的

---

① Daniel Bugni，“Standing Together：An Analysis of the Injury Requirement in Data Breach Class Action”，*Gonzaga Law Review 52*，2016，p. 93.

② 参见谢鸿飞：《个人信息泄露侵权责任构成中的“损害”——兼论风险社会中损害的观念化》，载《国家检察官学院学报》2021年第5期。

③ 参见亓丛、吴俊：《用户画像概念溯源与应用场景研究》，载《重庆交通大学学报》2017年第5期，第85页。

④ See Christopher P. Guzelian et al，“Credit Scores，Lending，and Psycosocial Disability”，*Boston University Law Review 95*，2015，p. 1808.

认识和定位，将其确定为一种新型的权益侵害类型。考虑到算法自动化决策所产生的歧视，本来就是利用海量消费者个人信息而产生的消极后果。在后台算法深度学习技术的运用下，算法自动化决策的歧视结果即使对开发者而言都可能无法掌控。[①]因此，算法自动化决策本身具有不易控制的产生歧视结果的较高风险，而这种歧视风险实则是个人信息的利用风险。[②]这种风险一旦现化为实际的歧视结果，就会对信息主体产生实际的损害。为了避免这种实际损害的发生，应允许潜在的被歧视者（信息主体）将产生该歧视结果的自动化决策行为直接作为权益侵害的类型而主张停止侵害或消除危险，阻止权益侵害行为发展到产生实际损害的地步。

（六）个人信息的篡改

个人信息与特定主体的人格相关联，客观、正确地记录、保存自然人个人信息是尊重自然人人格的必然要求，而对个人信息的篡改从根本上违背了这一要求，是典型的个人信息权益侵害行为。实践中，个人信息的泄露、错误标注等个人信息权益侵害行为大部分基于过失，但个人信息的篡改则是基于故意，即使在没有产生实际损害后果的情况下，也具有明显的社会危害性。近年来媒体热炒的高考冒名顶替事件，其中有一个重要的环节就是将被顶替者的个人信息篡改为顶替者的个人信息，从而完成冒名顶替。可见，作为一种重要的个人信息权益侵害类型，个人信息的篡改往往可能被作为违法行为甚至犯罪行为的手段。

（七）个人信息的非法提供

个人信息处理者对于其收集、持有或保存的他人个人信息负有防止泄露的积极义务，泄露本身已经是个人信息权益侵害的重要类型，较其更为严重的非法提供当然更是个人信息权益侵害的重要类型。并且，从主观状态考

① 参见张凌寒：《风险防范下算法的监管路径研究》，载《交大法学》2018年第4期，第54页。

② 参见丁宇翔：《跨越责任鸿沟——共享经营模式下平台侵权责任的体系化展开》，载《清华法学》2019年第4期。

察，向他人非法提供个人信息也是出于故意，具有更大的可责难性。并且，与个人信息的篡改一样，个人信息的非法提供同样可能成为其他违法行为甚至犯罪行为的手段。比如，某银行工作人员与犯罪分子通谋将客户的身份证号、电子银行账号和密码提供给犯罪分子，导致该客户的账户余额5万元人民币被犯罪分子非法转走，给客户造成财产损失。[①]因此，对于个人信息的非法提供，有必要从民事侵权的角度提供必要的救济，促进个人信息权益保护水平的整体提升。

除了上述个人信息权益侵害类型之外，实践中还有未经允许收集、售卖个人信息的行为等类型。随着信息网络技术的发展，个人信息权益的侵害类型也会随之扩大，这就有赖于法学理论与实务界的共同努力，不断总结和概括，以适应个人信息保护的实践需求。

专题20 擅自收集个人信息构成对个人信息权益的侵害

◎ 案例简介

李某居住于广州市天河区某街605房（以下简称605房），黄某某居住于广州市天河区某街604房（以下简称604房）。604房和605房呈直角位相邻状态，大门外为长方形公共走廊。2014年10月20日至21日期间，黄某某在604房大门的木门上安装了一个猫眼摄像装置，摄像范围为604房和605房门外的公共走廊。黄某某称，安装目的是监看谁破坏自家大门，没有将拍摄视频提供给他人或外传。李某认为黄某某侵犯其个人信息权益，遂起诉请求：1.判令黄某某停止用摄像装置监控其进出住所的侵权行为；2.黄某某赔偿李某因本案诉讼产生的诉讼成本（包括乘车费47元、查询费20元、相片冲洗费10元、电话费14.08元、复印费5元）。

一审法院认为，第一，摄像装置摄像范围为公共走廊，而不是室内情况。公共走廊属于公共活动区域，公民在该区域的行为具有公开性，因此，黄某某

---

① 参见丁宇翔：《民法典保护个人信息的三种请求权进路》，载《人民法院报》2020年9月25日，第5版。

并未侵犯李某的隐私权。第二，摄像装置能拍摄到进出605房人员的进出活动，但现有证据并未显示黄某某提供给他人或外传，李某亦确认其至今未发现黄某某将视频给其他人或对外宣传，因此，黄某某的行为也没有侵犯李某的肖像权，判决驳回李某的诉讼请求。二审维持一审法院判决。李某申请再审。

广东省高级人民法院再审认为，黄某某在自家住宅大门安装的摄像监控装置虽出于自我防护，但该装置可以完整监控相邻住户李某出入住宅全部情况，记录和存储李某不愿为他人知悉的个人信息，对李某的个人居住安宁造成了侵扰后果，应视为民事侵权。根据《民法通则》第5条“公民、法人的合法的民事权益受法律保护，任何组织和个人不得侵犯”的规定，以及《侵权责任法》第6条第1款“行为人因过错侵害他人民事权益，应当承担侵权责任”的规定，黄某某在采取保护住宅和财产安全措施时，未能善尽注意义务，导致其行为超出了合理限度，具有过错，应承担民事侵权责任。最终判决撤销一、二审判决，黄某某于本判决生效之日起停止摄录李某进出住宅信息的行为。[①]

◎ 法官评析

1.自身权益保护与他人权益保护应予兼顾

公民个人的人身财产安全是法律给予重点保护的法益。为此，公民个人在其家门口安装摄像头并不为法律所禁止。然而，任何人行使自身权利的同时，不应对他人的合法权益造成侵害，否则就可能因构成侵权而承担侵权责任。本案中，广东省高级人民法院重申了这一古老的权利冲突解决原则，认定黄某某在采取保护住宅和财产安全措施时，未能善尽注意义务，导致其行为超出了合理限度，具有过错。这就表明，黄某某安装摄像头的行为本身虽没有问题，但在具体的使用中已经超出了合理的界限，对李某的合法权益造成了妨碍。在此，李某的合法权益实际上就是其个人信息合法权益。

2.擅自收集他人个人信息的行为构成对他人个人信息权益的侵害

本案中的原告李某虽然是以隐私权侵害为由提起诉讼，但其涉及的侵权

---

① 参见广东省高级人民法院（2016）粤民再464号民事判决书。

行为实际上就是邻居黄某某安装摄像头的摄录行为。黄某某的摄录虽然主观上是为了保护其自身人身财产安全。然而，由于其安装摄像头的角度，覆盖了李某家门口的公共走廊，因而必然同时对李某及其家人的进出行为进行拍摄。这实际上就是在收集李某及其家人的个人行踪信息，且未经李某及其家人的允许，已经违反《民法典》第1035条第1款第1项规定的处理个人信息应当遵循的原则和条件，也违反了《个人信息保护法》第13条第1款第1项规定的同意规则，构成对李某及其家人个人信息权益的侵害。再审判决虽然从侵犯李某隐私权的角度进行判理的论证，但其对于从个人信息权益保护的角度认识和思考这一问题同样具有价值。随着理论界和实务界对个人信息权益保护认识的精细化，未经允许收集他人个人信息的行为定性必将更为准确，相应的保护水平也必将进一步提升。

◎ 规范指引

《民法典》

第1035条第1款 处理个人信息的，应当遵循合法、正当、必要原则，不得过度处理，并符合下列条件：

（一）征得该自然人或者其监护人同意，但是法律、行政法规另有规定的除外；

（二）公开处理信息的规则；

（三）明示处理信息的目的、方式和范围；

（四）不违反法律、行政法规的规定和双方的约定。

《个人信息保护法》

第13条 符合下列情形之一的，个人信息处理者方可处理个人信息：

（一）取得个人的同意；

（二）为订立、履行个人作为一方当事人的合同所必需，或者按照依法制定的劳动规章制度和依法签订的集体合同实施人力资源管理所必需；

（三）为履行法定职责或者法定义务所必需；

（四）为应对突发公共卫生事件，或者紧急情况下为保护自然人的生命健康和财产安全所必需；

（五）为公共利益实施新闻报道、舆论监督等行为，在合理的范围内处理个人信息；

（六）依照本法规定在合理的范围内处理个人自行公开或者其他已经合法公开的个人信息；

（七）法律、行政法规规定的其他情形。

依照本法其他有关规定，处理个人信息应当取得个人同意，但是有前款第二项至第七项规定情形的，不需取得个人同意。

《网络安全法》

第41条　网络运营者收集、使用个人信息，应当遵循合法、正当、必要的原则，公开收集、使用规则，明示收集、使用信息的目的、方式和范围，并经被收集者同意。网络运营者不得收集与其提供的服务无关的个人信息，不得违反法律、行政法规的规定和双方的约定收集、使用个人信息，并应当依照法律、行政法规的规定和与用户的约定，处理其保存的个人信息。

专题21　个人信息的泄露行为应如何认定

◎ 案例简介

庞某某案[①]

◎ 法官评析

在泄露个人信息的案件类型中，由于泄露行为并不一定使信息主体产生实际的损害，且泄露行为本身往往并没有可以感知的外部特征，故发生泄露后信息主体自己亦常常不知道其个人信息被泄露的情况。后来即使知道了个人信息被泄露的情况，也很难向法院提供有力证据证明确实是被告泄露了其个人信息。实践中，可以考虑从如下方面着手认定信息处理者是否泄露了个人信息。

---

① 参见本书第88—89页专题19，北京市第一中级人民法院（2017）京01民终509号民事判决书。

1.如无相反证据，应推定信息主体不会自己泄露其个人信息

根据日常经验法则，人们一般不会自己侵害自己的权益而后再起诉他人侵害自己的权益。当然，违反常理的事例并非不可能发生，比如自损后嫁祸于他人，但是需要通过证据进行佐证。基于这样的认识前提，在个人信息泄露的场合，我们首先应当在没有相反证据的情况下，推定信息主体自己并未泄露其个人信息。本案中，从机票销售的整个环节看，庞某某、鲁某、去哪儿网、东航等都是掌握庞某某姓名、手机号及涉案行程信息的主体。但从本案现有证据及庞某某、鲁某在整个事件及诉讼中的表现看，庞某某和鲁某的行为并未违背一名善意旅客所应有的通常的行为方式。在没有相反证据予以证明的情况下，应当认为庞某某、鲁某在进行购买机票的民事活动及本案民事诉讼活动时具备诚实、善意的通常状态，不属于自己故意泄露个人信息而进行虚假诉讼。这就可以排除庞某某和鲁某泄露庞某某个人信息的可能。

2.适用高度盖然性的证明标准检视被告是否存在泄露个人信息的高度可能

在排除信息主体自己泄露其个人信息的可能性之后，应着重检视被告是否实施了泄露行为。这是因为：一方面，民事诉讼应该围绕原告的诉请展开。既然原告已经提出了明确的被告，并主张被告实施了泄露行为，则应审查原告的主张是否成立。如果舍弃原告主张而另寻侵害原告权益之人，则既有违民事诉讼的基本逻辑，也是对司法资源的浪费。另一方面，原告一般是在具备一定证据的情况下才会起诉被告。以此为基础，法院着重审查被告是否实施了泄露行为，成本更低，也更符合效率原则。因此，本案中，法院在排除了庞某某和鲁某的泄露可能性之后，着重考察了去哪儿网、东航泄露信息的可能。而从庞某某已经提交的现有证据看，庞某某已经证明自己是通过去哪儿网在东航官网（由某航信进行系统维护和管理）购买机票，并且东航和去哪儿网都存有庞某某的手机号。因此，东航和去哪儿网都有能力和条件将庞某某的姓名、手机号和行程信息匹配在一起。此外，一个非常重要的背景因素是，在本案所涉事件发生前后的一段时间，东航、去哪儿网和某航信被多家媒体质疑存在泄露乘客信息的情况。这一特殊背景因素在很大程度上强化了东航、去哪儿网和某航信泄露庞某某隐私信息的可能。至此，法院认定东航、去哪儿网存在泄露庞某某隐私信息的高度可能。以上“法院认定东

航、去哪儿网存在泄露庞某某隐私信息的高度可能”就是一种高度盖然性的证明标准，即现有证据对待证事实的证明虽然无法使法官完全确信，但足以使法官相信其存在极大可能。[①]

3.考察被告的反证能否推翻上述高度可能

上述高度盖然性的证明标准是在承认认识的绝对性与相对性的基础上产生的。现实中，虽然原告提供的证据能使法官达到确信待证事实存在高度可能的程度，但一旦被告提供的反证能动摇法官的这种内心确信，则此前通过高度盖然性证明标准认定的事实就会被推翻。因此，在具体的诉讼中，法官根据原告提供的证据确信待证事实存在高度可能的情况下，还应审慎地检视被告的反驳证据。如果被告提供的反驳证据足以推翻法官此前的内心确信（即待证事实存在高度可能的内心确信），则待证事实就真伪不明，此时就应该由负担证明责任的一方承担败诉的风险。本案中，东航和去哪儿网都提供证据表明其采取措施尽到了对客户信息的安全保密职责，因而没有侵犯庞某某的隐私权。东航在二审中提交的证据，还表明信息泄露也可能是犯罪分子所为。对此，合议庭认为，东航和去哪儿网的反证表明其自身采取了一定的安全管理措施，且犯罪分子窃取信息也是可能的泄露原因。但在合议庭已经确认东航、去哪儿网存在泄露庞某某隐私信息的高度可能的情况下，东航和去哪儿网并未举证证明本案中庞某某的信息泄露的确是归因于他人；并未举证证明本案中庞某某的信息泄露可能是因为难以预料的黑客攻击；同时也未举证证明庞某某的信息泄露可能是其自身或鲁某所为。在这种情况下，东航、去哪儿网存在泄露庞某某隐私信息的高度可能很难被推翻。更何况，在本案事件所处时间段内，东航和去哪儿网均被媒体多次质疑泄露乘客隐私，国家民航局公安局甚至发文要求航空公司将当时的亚安全模式提升为安全模式。这些情况都表明，东航和去哪儿网的安全管理并非没有漏洞，而是存在提升的空间。因此，法院最终在确认被告东航和去哪儿网的反证不能推翻此前形成的内心确信的情况下，认定东航和去哪儿网存在泄露庞某某个人信息的高度可能。

---

① 参见宋朝武主编：《民事诉讼法学》（第2版），高等教育出版社2018年版，第147页。

最后需要指出的是，本案即使放到《个人信息保护法》实施后的背景之下，泄露的事实也仍然是需要证明的事实。因为《个人信息保护法》第69条第1款只是就侵犯个人信息权益损害赔偿的过错进行了推定，而并没有就侵害行为本身（泄露）进行推定，客观上也不可能对侵害行为本身进行推定。所以，泄露事实的认定，仍然是司法实践中需要认真对待的问题。

◎ 规范指引

《民事诉讼法》

第67条 当事人对自己提出的主张，有责任提供证据。

当事人及其诉讼代理人因客观原因不能自行收集的证据，或者人民法院认为审理案件需要的证据，人民法院应当调查收集。

人民法院应当按照法定程序，全面地、客观地审查核实证据。

《最高人民法院关于适用〈中华人民共和国民事诉讼法〉的解释》（法释〔2020〕20号）

第108条 对负有举证证明责任的当事人提供的证据，人民法院经审查并结合相关事实，确信待证事实的存在具有高度可能性的，应当认定该事实存在。

对一方当事人为反驳负有举证证明责任的当事人所主张事实而提供的证据，人民法院经审查并结合相关事实，认为待证事实真伪不明的，应当认定该事实不存在。

法律对于待证事实所应达到的证明标准另有规定的，从其规定。

专题22 售卖个人信息构成对个人信息利益的侵害

◎ 案例简介

2015年6月至7月间，被告人肖某在被北京东×××通信集团有限公司工作期间，非法获取公民个人信息129400条，并在北京市丰台区丰管路×号院13号楼707号等地利用互联网向他人出售其非法获取的公民个人信息牟利。后被告人肖某于2015年7月22日被北京市公安局丰台分局刑侦支队七中队查获。检察院以非法获取公民个人信息罪对其提起公诉。

法院认为，被告人肖某违反国家有关规定，非法获取公民个人信息并向他人出售牟利，情节严重，其行为已构成非法获取公民个人信息罪，依法应予处罚。北京市丰台区人民检察院指控被告人肖某犯非法获取公民个人信息罪的事实清楚，证据确实、充分，罪名成立。对于辩护人提出的被告人肖某主观恶性较轻，建议对其适用缓刑的意见，在案证据能够证明被告人肖某在被派驻到中国联通公司工作期间，利用工作便利非法获取大量公民个人信息，并多次出售获利，其主观恶性及社会危害性均较重，不宜适用缓刑。[①]

◎ 法官评析

司法实践中，因售卖个人信息而被信息主体起诉承担民事责任的案件少之又少。这主要是因为，很多情况下，对于自己个人信息被他人售卖的事实，信息主体基本上是不知情的。真正知情的，都是存在大宗售卖个人信息的情况。而此种情况一般都会构成刑事犯罪而由公安机关介入侦查。不过，构成侵犯公民个人信息的犯罪并不妨碍其民事责任的承担。因此，本案虽为刑事案件，但对于理解售卖个人信息构成对个人信息权益的侵犯仍然具有意义。本案中，被告人肖某利用工作之便掌握大量个人信息，并将其掌握的个人信息出售牟利，在刑法上构成侵犯公民个人信息罪。同时，在民法上也构成对他人个人信息权益的侵犯，应当承担侵权责任。其个人信息被出售并受到实际损失的受害人，可以向肖某主张损害赔偿。根据《个人信息保护法》第69条第2款，受害人要求肖某承担的损害赔偿数额按照其因肖某犯罪行为受到的损失或者肖某因此获得的利益确定；个人因此受到的损失和个人信息处理者因此获得的利益难以确定的，根据实际情况确定赔偿数额。

◎ 规范指引

《民法典》

第111条　自然人的个人信息受法律保护。任何组织或者个人需要获取他人个人信息的，应当依法取得并确保信息安全，不得非法收集、使用、加工、传输他人

---

① 参见北京市丰台区人民法院（2016）京0106刑初1272号刑事判决书。

个人信息，不得非法买卖、提供或者公开他人个人信息。

《全国人民代表大会常务委员会关于加强网络信息保护的决定》

第1条 国家保护能够识别公民个人身份和涉及公民个人隐私的电子信息。

任何组织和个人不得窃取或者以其他非法方式获取公民个人电子信息，不得出售或者非法向他人提供公民个人电子信息。

《个人信息保护法》

第69条第2款 前款规定的损害赔偿责任按照个人因此受到的损失或者个人信息处理者因此获得的利益确定；个人因此受到的损失和个人信息处理者因此获得的利益难以确定的，根据实际情况确定赔偿数额。

《网络安全法》

第44条 任何个人和组织不得窃取或者以其他非法方式获取个人信息，不得非法出售或者非法向他人提供个人信息。

专题23 住院信息错误是否有权请求更正

◎ 案例简介

原告徐某某曾系被告长林食品公司员工，2012年4月1日在工作期间受伤，被告长林公司员工于当日将原告徐某某送至被告郫县第二人民医院住院治疗。被告郫县第二人民医院入院病历记录上载明：姓名汤某某，性别男，年龄51岁。2012年4月7日与4月8日原告徐某某分别在被告郫县第二人民医院出具的《郫县第二人民医疗麻醉知情同意书》与《手术同意书》中患者签名与具同意书人签字处以“汤某某”的名字签字确认。徐某某称，因被告长林食品公司未给原告购买社保及其他保险，因此被告长林公司将已购买保险的被告汤某某的身份证作为原告徐某某受伤后的住院登记证件。上述行为导致原告徐某某无法取得病历、申请工伤认定等。故请求将“汤某某”住院病历上的患者名字更改为原告徐某某并支付误工损失及精神损害赔偿金50000元。

一审法院认为，从原告徐某某向法院提交的证明、录音，被告长林公司提交的报销单和认可原告徐某某受伤住院的事实以及被告汤某某否认其在

2012年受伤并入被告郫县第二人民医院入院治疗等事实能证实该次住院的患者应为本案原告徐某某，而不系汤某某。故徐某某要求被告郫县第二人民医院将汤某某“住院病历”上的患者名字更改为原告徐某某的诉讼请求，有事实依据和法律基础，予以支持。

二审法院则认为，虽然各方当事人均认可在郫县第二人民医院治疗的患者为徐某某，现有证据也能够证实上述事实，但是病历的书写是医务人员按照《病历书写基本规范》等相关规定的要求进行，是否修改，如何修改以及修改程序不属于人民法院民事案件的受理范围，法院不予处理。最终改判驳回原告诉讼请求。①

◎ 法官评析

对个人信息的登记或录入错误，会对自然人的民事活动产生影响，并且本身也不严谨。因此，即使信息记录主体自己发现信息记录错误时，也应主动更正，何况是信息主体已经明确提出要求。对此，《民法典》第1037条第1款也明确，自然人可以依法向信息处理者查阅或者复制其个人信息；发现信息有错误的，有权提出异议并请求及时采取更正等必要措施。从侵权法的角度看，采取更正等措施，其实属于停止侵害、排除妨碍等非损害赔偿的责任承担方式，并不需要行为人有过错。②或者说，对自然人个人信息的录入或登记错误，是一个客观性的错误，即使造成错误的原因来自于信息主体自身而不是当初录入信息者，只要明确知道信息录入有错，则信息处理者或控制者亦有责任予以更正。《个人信息保护法》第46条也对个人信息处理者的更正义务有明确规定。本案中，一审法院已经查明入院治疗的患者确实是徐某某，而非汤某某。在此情况下，一审法院判决医院对住院病历中的患者信息进行更正并无不妥。当然，从生效判决的既判力方面看，一审判决已经被二审法院撤销，本案最终的处理结果应以二审的生效判决为准。然而，单纯从法理上进行研讨，一审判决并无不妥。尤其在《民法典》和《个人信息保护

---

① 参见四川省成都市中级人民法院（2016）川01民终2461号民事判决书。

② 参见程啸：《侵权责任法》（第2版），法律出版社2015年版，第215页。

法》已经明确了更正权利的情况下检视本案一审判决，判决医院更正病历上的患者姓名是正确的。

◎ 规范指引

《民法典》

第1037条 自然人可以依法向信息处理者查阅或者复制其个人信息；发现信息有错误的，有权提出异议并请求及时采取更正等必要措施。

自然人发现信息处理者违反法律、行政法规的规定或者双方的约定处理其个人信息的，有权请求信息处理者及时删除。

《个人信息保护法》

第46条 个人发现其个人信息不准确或者不完整的，有权请求个人信息处理者更正、补充。

个人请求更正、补充其个人信息的，个人信息处理者应当对其个人信息予以核实，并及时更正、补充。

《网络安全法》

第43条 个人发现网络运营者违反法律、行政法规的规定或者双方的约定收集、使用其个人信息的，有权要求网络运营者删除其个人信息；发现网络运营者收集、存储的其个人信息有错误的，有权要求网络运营者予以更正。网络运营者应当采取措施予以删除或者更正。

专题24 对自然人进行数据画像是否构成侵害

◎ 案例简介

王某经常利用假日旅行，并且喜欢通过某短租平台预订民宿。由于王某收入较高，因此在预订民宿时一般都选择价格较高的。2019年9月，王某拟于国庆假期期间外出旅游，遂又在该短租平台预订了1200元/日的一家民宿。在出行前一晚，王某与朋友聚餐时得知朋友也预订了同一家民宿同等规格和朝向的房间，但价格只有800元/日。王某遂电话询问该短租平台客服人员。客服人员答复称，应该是没问题的，因为这是电脑系统后台根据客户指令自动择优分配的订单，不可能出现价格不一致的情况。客服人员还请王某询问其朋友是否弄错了。王某后来通过网络查询得知了所谓“大数据杀熟”的问题，遂咨询律师准备起诉该短租平台。[①]

◎ 法官评析

1. 大数据背景下通过自动化决策绘制数据画像具有合理性

个人信息处理者的算法通过对其掌握的用户海量数据的分析、综合，可以形成对特定用户性格、种族、教育、职业、行为偏好等的预测，为其描绘数据画像，并以此为基础进行系统的自动化决策。这种自动化决策有助于电子商务经营者开展个性化的精准营销，提升服务质量，降低服务成本，还能够提升用户体验，总体上具有明显的积极意义，对此应有客观公允的认识。

2. 自动化决策绘制数据画像可能产生歧视性后果

但是，以用户画像为基础的系统自动化决策也可能产生歧视性后果。比如，国外已经有公司利用个人征信画像，对少数种族、妇女、心理障碍等群体采取歧视性的差别待遇。[②]在电子商务平台上，可能产生的歧视性后果包括但不限于就业歧视和价格歧视。就业歧视的例子有，某共享用工平台，基于对某一种族的偏见而不给或少给该种族的注册用户劳务机会。交易歧视的例子有，住宿平台对曾经愿意出高价的用户给出高于其他用户的租住价格。对于上述产生歧视的自动化决策，应该在考虑其实质的消极后果的基础上给予重新的认识和定位，将其确定为一种新型的权益侵害类型。如果我们必须坚持传统的对于侵害的认知，从而拒绝确认这种新型侵害，直接按照歧视的属性去主张相应的私法上的救济，也并非不可。比如，构成价格歧视的，直接主张价格或反垄断方面的救济；构成就业歧视的，直接主张平等就业权纠纷。然而，按照歧视的属性主张相关的歧视救济，未必都顺畅。目前除了

---

① 涉及数据画像是否侵犯个人信息权益的案例，笔者从中国裁判文书网没有检索到。但实践中这样的事例已经不少。为了直面这一问题并对之进行探讨，笔者根据实践中的情况专门设计了本案例。

② Christopher P. Guzelian et al，*Credit Scores，Lending，and Psycosocial Disability*，95 Boston University Law Review 1807，2015，p.1808.

就业歧视可以“平等就业权纠纷”起诉之外，[①]对于平台的价格歧视，很难寻求消费者保护方面的民事救济，因为这种自动化决策的结果尽管可能有歧视的成分，但很难直接认定为价格欺诈。而如果平台不具有市场支配地位，也很难通过反垄断法进行救济。更何况，平台算法自动化决策产生的歧视表现形式可能会很多，有时很难将其归为某一属性或类别，这时就更不好依据相应的歧视规范提供救济。比如，共享住宿平台的后台算法经过分析房东对房客的点评情况后认为，某房东倾向于将闲置房屋短租给年轻的女士，于是将该房屋瞄准女性房客予以精准推荐。此时，男性房客在不知不觉中就被歧视了。这种情况，不好说是明显的性别歧视（性别歧视救济旨在保护女性，更多指对女性的歧视），很难直接援用相应的歧视规范进行救济。

3. 产生歧视结果的数据画像本身应构成对个人信息权益的侵害

算法自动化决策所产生的歧视，本来就是利用海量消费者个人信息而产生的消极后果。在后台算法深度学习技术的运用下，算法自动化决策的歧视结果即使对开发者而言都可能无法掌控。因此，算法自动化决策本身具有不易控制的产生歧视结果的较高风险，而这种歧视风险实则是个人信息的利用风险。这种风险一旦现化为实际的歧视结果，就应允许被歧视者（信息主体）将产生该歧视结果的自动化决策行为直接作为权益侵害的类型而主张权利。[②]

◎ 规范指引

《民法典》

第1035条 处理个人信息的，应当遵循合法、正当、必要原则，不得过度处理，并符合下列条件：

（一）征得该自然人或者其监护人同意，但是法律、行政法规另有规定的除外；

（二）公开处理信息的规则；

---

① 最高人民法院“法〔2018〕344号”文在原有的《民事案件案由规定》第一部分“人格权纠纷”的第三级案由“9. 一般人格权纠纷”项下增加了一类第四级案由“平等就业权纠纷”，这为就业歧视的民事法律救济提供了司法上的实现途径。

② 参见丁宇翔：《跨越责任鸿沟——共享经营模式下平台侵权责任的体系化展开》，载《清华法学》2019年第4期。

（三）明示处理信息的目的、方式和范围；

（四）不违反法律、行政法规的规定和双方的约定。

个人信息的处理包括个人信息的收集、存储、使用、加工、传输、提供、公开等。

《电子商务法》

第18条第1款　电子商务经营者根据消费者的兴趣爱好、消费习惯等特征向其提供商品或者服务的搜索结果的，应当同时向该消费者提供不针对其个人特征的选项，尊重和平等保护消费者合法权益。

第二节　侵犯个人信息权益造成的损害

基本原理

一、侵犯个人信息权益的损害性质

一般性地讨论，可以说损害就是权利主体的财产、人身或其他法益上所遭受的不利益。理论界关于损害的性质的界定，主要有所谓“差额说”和“组织说”。差额说即指，损害发生前的情况与损害发生后的情况相比较，其差额即为被害人所受损害。组织说主张，损害是客观损害，损害是由客观损害之成分及其他整体财产上所受损害之成分所组织而成。即使赔偿权利人就特定被损毁之物体所有之利益小于客观价值，赔偿权利人仍得请求赔偿客观价值。[①]本书认为，差额说为了计算两种情况下财产状况的差额，将所有不利或有利的因素悉数考虑，其本旨与赔偿全部损害的原则相吻合，因而更具损害确定的妥当性，本书从之。但需要指出的是，在特殊情况下，仅仅依靠差额说并不能完全解决问题，需要以强调客观损害的组织说为补充。比如，运输途中的货物被损毁，其赔偿如果只考虑差额就是不够的。此时，需要考虑货物目的地的市场价格，即以其在运送目的地而言的客观损失确定损害。

① 参见曾世雄：《损害赔偿法原理》，中国政法大学出版社2001年版，第127页。

二、侵犯个人信息权益的损害区分

在侵权法的理论与实务中，关于权益损害的最重要的区分是物质损害与非物质损害。物质损害是指具有物质价值并可通过金钱计算的损害，侵犯财产权所导致的有形财产损害，如减损的价值；侵犯人格权所导致的金钱损失，如前往医院就医的医疗费损失等，都属于物质损害。非物质损害则是指精神、肉体痛苦等不具有物质价值且难以用金钱计算的损害。侵犯特定财产（如有情感纪念意义的照片、信物等）所导致的悲伤、绝望、抑郁等；侵犯人格权所导致的疼痛、焦虑、惊吓等，都属于非物质损害。法理上关于物质损害和非物质损害的区分的价值在于，物质损害原则上都可以通过金钱予以赔偿，而非物质损害只有在非常严重的情况下或者有法律明确规定的情况下，才可予以金钱赔偿。侵犯个人信息权益可能产生物质损害。比如，个人银行卡信息和身份证信息被他人窃取，导致其银行账户中的存款被窃走。侵犯个人信息权益也可能产生非物质损害。比如，恋人之间的往来情书内容被他人公开，导致被害人产生长时间的焦虑、惊吓等严重精神痛苦。在侵犯个人信息权益的案件中，不论是上述物质损害，还是非物质损害，都应纳入考虑。但非物质损害必须达到非常严重的程度，比如产生严重精神痛苦（《民法典》第1183条）。

此外，新近理论的发展提出了类似于合同法中预期违约概念的“预期侵权”理论。该理论在对未来损害进行深入研究的基础上提出一种关于未来损害的分类：一是未来必然发生的损害。对于这种损害，受害人可以提前主张赔偿，其实质类似于预期违约制度。二是未来不一定发生的损害。对于这种损害，可将其界定为风险。以上两种损害中，后一种损害的界定更为不易。可以考虑两种模式：一是预防费用+精神损害的赔偿模式；二是将风险直接作为损害。此时，可依据风险投保的成本来评估，并结合个案进行权衡。比如，在个人信息的泄露中，考虑未来损害发生的可能性及后果、数据敏感度和数据暴露承担、预防措施的可能性等。[①]从法律迎应社会，迎应未来个人

① 参见谢鸿飞：《个人信息泄露侵权责任构成中的“损害”——兼论风险社会中损害的观念化》，载《国家检察官学院学报》2021年第5期。

信息保护发展的角度看，上述理论极具前瞻性，有望成为解决个人信息侵权损害确定问题的一种重要思路。

三、侵犯个人信息权益中侵害与损害的衔接

在审理一般侵权案件时，按照以前的教科书，我们都需要考察一般侵权责任的四个要件，即加害行为、损害后果、因果关系和过错。这给我们一种观念就是，所有的侵权案件中都要考察损害。同时，原《侵权责任法》第6条第1款又规定，因过错侵害他人民事权益，应当承担侵权责任。也就是用了“侵害”的表述。将一般侵权责任构成要件的理论和原《侵权责任法》第6条第1款的内容进行对照，很容易理解为原《侵权责任法》第6条第1款中的“侵害”，就相当于一般侵权责任构成要件中的损害。于是，在人格权侵权案件审判中往往就不区分侵害和损害。比如，本书前文所举的案例，原告在三里屯未经允许对一位女士拍摄特写，侵犯了女士的肖像权。在起诉状中原告代理人为了对应一般侵权责任的四要件，直接就认为侵犯肖像权本身就是损害。但实际上，这样的关于损害的论证并不符合我们对损害的一般理解。在此，被告的行为很可能只是对原告的权益进行了侵害，但未必造成了损害。构成权益侵害但没有产生实际损害的，原告可以根据《民法典》第995条主张人格权请求权，请求停止侵害、排除妨碍、消除危险。既构成权益侵害，又产生实际损害的，原告除了可以根据《民法典》第995条主张人格权请求权之外，还可以依据《民法典》第1165条第1款规定，请求行为人承担侵权的损害赔偿责任。

专题25　侵害个人信息权益的物质损害认定

◎ 案例简介

赵某某经营的“旺旺十点便利店”后院落与刘某某租住的安庆市迎江区吕八街15号工会大院西南平房相邻。2019年9月30日23时许，刘某某在上述租住房屋内洗完澡时，发现客厅窗户上外纸板孔内有部手机正在拍摄，手机内有刘某某及其丈夫吴某洗澡前后大量脱衣服、穿衣服过程以及夫妻室内

裸体活动视频等，吴某当即向安庆市公安局大南门派出所报警。经大南门派出所立案侦查，确认上述手机系赵某某所有，赵某某在安庆市公安局大南门派出所对其所作的《询问笔录》中亦承认偷拍刘某某夫妇隐私的事实，偷拍次数“大概有七八次”。涉案手机中的偷拍视频已在大南门派出所当着刘某某夫妇面删除。2019年10月1日，安庆市公安局迎江分局作出《行政处罚决定书》，对赵某某予以行政拘留8日。刘某某因失眠，分别于2019年10月8日、2019年11月11日到安庆市立医院门诊就诊，其中第一次门诊的检查结果为“神清”。刘某某支付医药费115.46元。后刘某某起诉赵某某请求删除视频及照片信息，赔礼道歉，赔偿医疗费和精神损害赔偿金。

法院判决认为，公民的隐私权受法律保护。本案中，被告多次利用手机偷拍原告室内换衣、洗澡以及室内裸体的居家生活活动场景，侵犯了原告的隐私权，并对原告的生活造成较大的影响，原告有权据此要求被告承担相应的侵权责任。结合原告的诉求，被告应支付原告医疗费115.46元以及精神损害抚慰金，并进行书面赔礼道歉。精神损害抚慰金的数额，法院依据侵权人的过错程度，结合拍摄的地点、次数、内容、侵权行为的后果以及本地的生活水平等因素，酌情确定为10000元。另外，关于原告要求被告删除所有视频及照片信息的诉求，因被告偷拍的视频已被删除，在原告没有提供证据证明被告还保留有相关视频及照片的情况下，法院对其不予支持。[①]

◎ 法官评析

自己权利被侵害时，被侵权人可能存在的一种误解是，只要侵犯隐私权或者个人信息权益就可以请求精神损害赔偿，但不能请求物质损害赔偿。实际上，结果很可能是相反的。侵犯隐私权或者个人信息权益未必一定可以请求精神损害赔偿，也未必不能请求物质损害赔偿。如果被诉的侵权行为确实导致了被侵权人的物质损失，则当然可以请求物质损害赔偿。如果被诉的侵权行为确实导致了被侵权人的严重精神损害，则当然可以请求精神损害赔

① 参见安徽省安庆市迎江区人民法院（2019）皖0802民初2271号民事判决书。

偿。根据《个人信息保护法》第69条第2款，损害赔偿责任按照个人因此受到的损失或者个人信息处理者因此获得的利益确定；个人因此受到的损失和个人信息处理者因此获得的利益难以确定的，根据实际情况确定赔偿数额。本案中，刘某某确因赵某某的窃录行为导致产生精神方面的疾病，并因就医而花费医疗费若干。这些医疗费的支出，显然属于物质损失的赔偿范围。并且，该物质损失显然是由赵某某的权益侵害行为导致的。故，刘某某有权请求赵某某对此承担赔偿责任。

◎ 规范指引

《民法典》

第1179条 侵害他人造成人身损害的，应当赔偿医疗费、护理费、交通费、营养费、住院伙食补助费等为治疗和康复支出的合理费用，以及因误工减少的收入。造成残疾的，还应当赔偿辅助器具费和残疾赔偿金；造成死亡的，还应当赔偿丧葬费和死亡赔偿金。

《个人信息保护法》

第69条第2款 前款规定的损害赔偿责任按照个人因此受到的损失或者个人信息处理者因此获得的利益确定；个人因此受到的损失和个人信息处理者因此获得的利益难以确定的，根据实际情况确定赔偿数额。

专题26 侵害个人信息权益的非物质损害赔偿的认定

◎ 案例简介

姜某与李某某系项目合作关系。北京市海淀区塔院小区××××号楼×单元×××号（以下简称×××号房屋）次卧由李某某承租，租期为2014年7月30日至2015年4月25日。2015年2月8日至2015年4月，姜某使用上述房屋，其间李某某未在房屋内居住。2015年3月8日，姜某发现×××号房屋次卧床下安装摄像头，随即向北京市海淀区×××派出所报警。后，派出所于2015年3月9日16时至17时10分、21时30分至21时40分对李某某进行讯问，并制作笔录。审理中，双方均认可各自持有一把钥匙；认可摄像头已留存北京市海淀区×××派出所；认可摄像头内存储卡由姜某持有。姜某主张李某某手机内另有其隐私照片留存，未提交证据；主张后续治疗费，未明确数额并提交证据；主张误工费损失，未提交收入证明。李某某陈述姜某于2015年春节时要求借住房屋，其不情愿地将钥匙给了姜某，此后未将钥匙收回，姜某对此不予认可，认为双方因其他纠纷约定房租抵扣李某某款项而允许其入住房屋。李某某认可自己在×××号房屋次卧内安装摄像头，但安装的目的在于防盗。审理中，经姜某申请，双方共同委托北京法大法庭科学技术鉴定研究所对姜某患有抑郁症与李某某安装摄像头的行为有无关联性进行鉴定。2015年12月21日，该研究所认为，在目前医学发展水平下，大部分精神疾病病因不清，该鉴定所需技术要求超出其机构技术条件和鉴定能力而予以退案。庭审中，姜某为主张其因此事件而患有抑郁症提交了2015年3月15日至2015年3月21日期间的医院诊断证明及此期间的医疗费票据280元。

法院判决认为，本案中，×××号房屋虽为李某某承租，但摄像头安装期间该房屋由姜某居住使用，属姜某的私人领域，李某某在未经姜某同意的情况下私自进入、安装摄像头并客观拍摄了姜某的生活照片，即未经同意窥视私人领域已构成侵权，已构成对姜某隐私权的侵犯，应当承担侵权责任，故对姜某要求李某某赔礼道歉的诉讼请求，予以支持。侵害他人人身权益，造成他人严重精神损害的，被侵权人可以请求精神损害赔偿。本案中，因目前医疗水平的限制，虽医学上尚不能就李某某的行为与姜某的抑郁症的因果关系进行认定，但从生活常理出发，未经女性允许而在其卧室安装摄像头势必造成一定的精神压力和情绪障碍。加之，李某某作为成年人，无论出于何种目的对于在他人使用的卧室安装摄像头的后果应该有足够的认识，故综合李某某的过错程度以及双方发生纠纷的原因酌情判定。[①]

◎ 法官评析

本案是典型的侵犯他人私密信息造成非物质损害的案例。自然人个人在

---

① 参见北京市第一中级人民法院（2016）京01民终2636号民事判决书。

自己房间里的活动信息，属于自己的私密个人信息，与自然人个人的人格密切关联。本案中，涉案房屋虽由李某某承租，但在其允许姜某使用期间，属于姜某的私人领域。李某某未经姜某允许摄录其私人活动信息，已经违反了《民法典》第1035条第1款第1项，构成对姜某个人信息权益的侵犯。同时，该侵犯姜某个人信息权益的行为，已经导致姜某产生抑郁的严重精神损害，根据《民法典》第1165条、第1183条第1款，李某某应对姜某的严重精神损害承担赔偿责任，也即李某某应对姜某的非物质损害承担赔偿责任。这一责任的确定，应根据《民法典》第1183条，《个人信息保护法》第69条第2款，《最高人民法院关于确定民事侵权精神损害赔偿责任若干问题的解释》（法释〔2020〕17号）第5条进行综合确定。

◎ 规范指引

《民法典》

第1183条第1款　侵害自然人人身权益造成严重精神损害的，被侵权人有权请求精神损害赔偿。

《个人信息保护法》

第69条第2款　前款规定的损害赔偿责任按照个人因此受到的损失或者个人信息处理者因此获得的利益确定；个人因此受到的损失和个人信息处理者因此获得的利益难以确定的，根据实际情况确定赔偿数额。

《最高人民法院关于确定民事侵权精神损害赔偿责任若干问题的解释》（法释〔2020〕17号）

第5条　精神损害的赔偿数额根据以下因素确定：

（一）侵权人的过错程度，但是法律另有规定的除外；

（二）侵权行为的目的、方式、场合等具体情节；

（三）侵权行为所造成的后果；

（四）侵权人的获利情况；

（五）侵权人承担责任的经济能力；

（六）受理诉讼法院所在地的平均生活水平。

第三节 侵犯个人信息权益纠纷中的因果关系认定

基本原理

一、因果关系的一般法理及其在个人信息侵权纠纷中的表现

在侵权法领域，因果关系就是侵权行为与权益侵害及损害之间的引起和被引起关系。不论是一般侵权责任，还是特殊侵权责任，虽然在过错的要求上有所不同，但在因果关系的要求上则没有不同，都要求有因果关系的存在，方可追究侵权人的侵权责任。职是之故，因果关系是所有侵权责任确立过程中必须考察的关键环节。理论界关于因果关系的学说有很多种，影响比较大的学说主要是：条件说、相当因果关系说、规范目的说等，其中以相当因果关系说影响最为广泛。尽管德国弗莱堡大学教授杨汉姆·冯·克里斯（Johamn Von Kries）于1888年提出的相当因果关系学说被提出很多质疑，[①]但在侵权法领域，相当因果关系理论仍然在德国侵权审判实务中被广泛适用，同时也是我国台湾地区的通说。我国侵权法理论与实务中，相当因果关系理论也得到了极大的重视，[②]本书采相当因果关系理论进行阐述。

相当因果关系的判断，在结构上有“条件关系”和“相当性”两个步骤。第一步“条件关系”采“若无该行为，则无此损害”即“若无法则”（but-for）进行认定。[③]第二步“相当性”的判断模式是：若有该行为，通常会产生该损害。在个人信息侵权责任的认定中，一般地也需要以相当因果关系作为判断标准。但在具体情况下，在经过相当因果关系的检验后，有时还

---

① 曾世雄：《损害赔偿法原理》，中国政法大学出版社2001年版，第104—109页。

② 参见王利明：《侵权责任法研究》（上卷），中国人民大学出版社2010年版，第385—386页；程啸：《侵权责任法》（第2版），法律出版社2015年版，第228页。

③ 于敏、李昊等：《中国民法典侵权行为编规则》，社会科学文献出版社2012年版，第141页。

需要经过“规范目的论”的检验，这是为了确保被害人及被侵犯的权益的确属于该法律保护的范围。[①]

在个人信息侵权纠纷的实践中，被诉侵权行为并不一定导致有形的损害结果，其因果关系因而也表现为不同的样态。在一些个人信息侵权案件中，行为人的行为并没有产生实际的损害结果。比如，仅仅是个人信息的泄露、出售或非法提供等行为，而并没有或者尚没有产生实际的物质损害或非物质损害，则侵权责任的承担只需要考虑被诉行为与受害人权益被侵害之间的因果关系，即所谓责任成立的因果关系。在另一些个人信息侵权案件中，行为人的行为已经产生了实际的损害结果。比如，个人银行账户信息被泄露后导致受害人银行存款被窃取，并导致受害人焦虑、恐慌等严重精神损害。此时，侵权责任的承担不仅需要考虑被诉行为与受害人权益被侵害之间的因果关系（责任成立的因果关系），还需要考虑权益被侵害和损害之间的因果关系，即所谓责任范围的因果关系。只有在责任成立因果关系和责任范围因果关系均具备的情况下，才能支持受害人的损害赔偿请求。

二、个人信息侵权纠纷中因果关系认定的难题

按照相当因果关系的理论，某一行为仅于现在情形之下发生某一结果，还不能认定为有因果关系；必须在一般情况下，按照人们的一般认识，也认为能发生这种结果的时候，才能认定有因果关系。在最常见的泄露个人信息的民事案件中，按照相当因果关系的要求，原告必须证明如下两点：一是原告的个人信息是被告泄露的；二是被告的泄露行为一般情况下会造成原告的权益侵害。然而，恰恰是这两点的证明难度非常大。

一方面，如前所述，在日常工作生活中，普遍存在个人信息的收集、存储和利用主体，数量之多以至于一旦发生信息泄露，我们几乎无法确定是哪一个环节由谁泄露的。另一方面，即使我们能够证明是谁泄露的，也

---

① 参见朱岩：《当代德国侵权法上因果关系理论和实务中的主要问题》，载《法学家》2004年第6期。

可以确定个人信息被他人不当利用了，但如何能够确定被不当利用的信息就是被告此前泄露的信息呢？二者之间的因果关系有太多可能，原告很难一一证明。另外，即使能够明确个人信息被泄露，权利人仅仅是自己对于信息可能被恶用而担忧和焦虑。但从概率上看，很多人可能并不为此感到忧虑。那么，此时又在多大程度上可以确定信息泄露和权益侵害之间的因果关系呢？[①]

三、个人信息侵权纠纷中认定因果关系的思路

面对上述难题，直接在立法上构建因果关系的推定规则，由法律规定行为人的泄露、信息记录错误等行为与损害结果之间的因果关系，不失为一种有效的解决方法。然而，现实的案件审判不可能坐等立法的完善。并且，即使立法可以在建立因果关系推定规则方面有所作为，但在实践中，经常存在可能泄露个人信息的主体达数十个甚至更多的情况。此时，是否要推定所有可能泄露的主体都是侵权行为人呢？[②]这一问题需要谨慎对待，这不仅是理论探讨的问题，更涉及落实层面的实际问题。如果每一起个人信息保护案件都需要起诉数十名甚至更多的被告，作为普通消费者的原告是否能吃得消？审判资源非常紧张的法院是否能吃得消？有人建议在个人信息保护领域建立公益诉讼机制，[③]这样可以解决原告势单力薄或没有动力起诉的问题。并且，《个人信息保护法》第70条显然已经建立了公益诉讼机制。本书认为，这是一个具有广阔前景的思路，应该大力推广，但并不能马上解决因果关系证明的难题。

从长远来看，立法上建立因果关系推定规则是一个重要的解决步骤。同时，司法实务中的应对方法有三：一是缓和相当因果关系中“相当性”的判

---

① 参见丁宇翔：《个人信息民事司法保护的若干难点及其破解路径》，载《中国审判》2019年第19期。

② 参见阮神裕：《民法典视角下个人信息的侵权法保护——以事实不确定及其解决为中心》，载《法学家》2020年第4期。

③ 参见吴太轩、杨心雨：《借力公益诉讼维护个人信息安全》，载《检察日报》2019年12月15日，第3版。

断。所谓“相当性”判断，即若有该行为，通常是否会产生该损害的判断。在个人信息保护案件中，缓和“相当性”的证明负担，意味着从宽理解“若有该行为，通常是否会产生该损害”，只要原告证明侵权行为与侵害结果存在引起和被引起的条件关系，即应认定存在因果关系。二是降低因果关系的证明标准。所谓证明标准，就是指对待证事实的证明达到何种程度即可确认该事实存在。根据《最高人民法院关于适用〈中华人民共和国民事诉讼法〉的解释》第108条规定，对负有举证证明责任的当事人提供的证据，人民法院经审查并结合相关事实，确信待证事实的存在具有高度可能性的，应当认定该事实存在。对一方当事人为反驳负有举证证明责任的当事人所主张事实而提供的证据，人民法院经审查并结合相关事实，认为待证事实真伪不明的，应当认定该事实不存在。据此，我国民事诉讼中所确立的一般性证明标准是“高度盖然性”。该证明标准同样适用于个人信息侵权纠纷。因此，在面对个人信息侵权案件中的因果关系证明难题时，直接根据《民事诉讼法司法解释》第108条的“高度盖然性”证明标准，只要法官内心确信被告的侵权行为与信息被不当利用、心情焦虑等损害存在因果关系的高度可能，即可认定存在因果关系。三是总结并逐步承认一些新型侵害类型。可以考虑诸如承认敏感个人信息的泄露、未经允许的个人信息自动化处理等本身就构成权益侵害。在此基础上，侵害之后，加害行为（泄露行为、未经许可的自动化决策行为）与权益侵害（泄露行为、未经许可的自动化决策行为）合而为一，其责任成立的因果关系不再需要证明。[①]

专题27　加害行为与个人信息权益受侵害之间因果关系的认定

◎ 案例简介

王某某与高某某于2016年9月经人介绍确立恋爱关系。后两人并未结婚，高某某与案外人（即双方提到的冯女士）结婚。王某某主张因高某某向张某

---

① 参见丁宇翔：《个人信息民事司法保护的若干难点及其破解路径》，载《中国审判》2019年第19期。

某及冯女士泄露其姓名、电话和其他生活隐私，导致张某某及冯女士通过电话、短信、微信等方式辱骂、威胁王某某，同时高某某还不断欺骗王某某。王某某还主张高某某的侵权行为造成其失眠、焦虑。故起诉请求判令高某某停止侵害，赔偿精神损害抚慰金50000元。

法院判决认为，根据已查明的事实，首先，王某某不仅给高某某打电话、发微信，还自认将微信号给过张某某、用手机给冯女士的领导打过电话，并与其二人有过交流或争执，张某某、冯女士完全有理由掌握其电话号码、微信号及其与高某某的恋情等隐私；以及冯女士陪同丈夫去找过明知高某某已婚还因生病要让高某某陪同看病的王某某，张某某曾陪同已婚的高某某去和王某某看房，冯女士和张某某由此知道王某某的住址，并不是高某某故意泄露。其次，王某某提供的证据并不能证实高某某具有侵害其隐私权的主观故意，恶意将其隐私泄露给张某某及冯女士。故在现有证据情况下，尚不能认定高某某侵犯了王某某的隐私权。[①]

◎ 法官评析

从法理层面对加害行为与权益侵害之间因果关系进行分析，需要将其进一步分解为两个层次：其一是被告的加害行为与原告权益侵害之间具备条件关系，即加害行为可以成为权益被侵害的条件。其二是这种条件关系具备相当性。本案中，若高某某确曾存在向张某某及冯女士泄露王某某生活隐私信息的情况，则可以认定高某某提供信息的行为与王某某个人信息权益被侵害之间存在条件关系。但这仅仅是第一层次，若要认定二者之间的因果关系成立，还需要考察第二层次，即所谓“相当性”。在实务中，相当性的判断标准是，如有此种行为，通常足以产生此种损害。[②]本案中，考虑到王某某不仅给高某某打过电话、发过微信，还自认将微信号给过张某某、用手机给冯女士的领导打过电话，并与其二人有过交流或争执，故此，张某某、冯女士完全有理由掌握其电话号码、微信号及其与高某某的恋情等隐私信息。也即，不需要高某

---

① 参见北京市第二中级人民法院（2020）京02民终7646号民事判决书。

② 参见王泽鉴：《损害赔偿》，北京大学出版社2017年版，第91页。

某向张某某和冯女士透露王某某的相关信息，张某某和冯女士本已掌握王某某的相关个人信息。在此情况下，很难说高某某的行为与王某某的权益被侵害的条件关系具备相当性。因此，高某某的行为与王某某的权益被侵害不存在因果关系，法院判决认定高某某没有侵犯王某某的隐私权是妥当的。

◎ 规范指引

《民法典》

第1165条　行为人因过错侵害他人民事权益造成损害的，应当承担侵权责任。

依照法律规定推定行为人有过错，其不能证明自己没有过错的，应当承担侵权责任。

第1167条　侵权行为危及他人人身、财产安全的，被侵权人有权请求侵权人承担停止侵害、排除妨碍、消除危险等侵权责任。

专题28　个人信息权益受侵害与损害之间的因果关系的认定

◎ 案例简介

2018年7月，江苏爱家物业服务有限公司以翟某某为被告，起诉要求翟某某支付欠交的物业费1792元，其夫徐某为翟某某的代理人。后一审法院判决翟某某向物业公司支付物业费。因翟某某未主动履行判决书确定的给付义务，物业服务有限公司将判决书（共计4页）在小区予以张贴，张贴时已将该判决书中的“翟某某”和“徐某”字样用“3–1404”予以替代，但对翟某某和徐某的出生日期、居民身份证号码以及居住地址未予遮挡。后徐某在小区看到上述张贴内容，与物业公司交涉后，物业公司将张贴的判决书予以撤下。徐某认为物业公司的上述行为侵害了徐某及其家人的个人信息权益，故诉至法院请求赔偿。

一审法院认为，徐某及其妻子翟某某作为上述物业服务合同纠纷案件的诉讼参加人，其姓名、居民身份证号码、住址等系裁判文书的基本组成要素，江苏爱家物业服务有限公司在张贴判决书时已经将徐某及其妻子的姓名用门牌号予以替代，虽未将徐某及翟某某的居民身份证号码、住址予以隐去，确有不妥，但考虑江苏爱家物业服务有限公司对判决书公示的时间较短且系在九华学府小区这一特定范围，其本意在于维护法律权威、扩大判决影响力、督促包括徐某在内的全体业主按约及时交纳物业费，故上述行为并不构成对徐某人格权的侵犯。

二审法院则认为，任何组织和个人需要获取他人个人信息的，应当依法取得并确保信息安全，不得非法收集、使用、加工、传输他人个人信息，不得非法买卖、提供或者公开他人个人信息。江苏爱家物业服务有限公司的该行为侵犯了徐某的个人信息这一受法律保护的权益，确属不当，基于此，徐某诉请江苏爱家物业服务有限公司赔礼道歉的诉讼请求应予支持。至于徐某主张的经济赔偿，因其对自己主张的损害后果及与江苏爱家物业服务有限公司的行为之间存在因果关系，并未提供有效证据证明，故对其主张经济赔偿的请求不予支持。[①]最终，二审法院予以改判。

◎ 法官评析

在个人信息侵权诉讼中，原告若想得到损害赔偿，除了需要证明被诉行为与其权益受侵害之间的因果关系（责任成立的因果关系），还需要证明权益侵害与损害之间的因果关系（责任范围的因果关系）。以上两个层面的因果关系，都需要满足相当性的要求。

本案中，物业公司将包含翟某某和徐某敏感个人信息（身份证号码、住址）的判决书在小区张贴，显然会使得其个人信息被泄露，从而侵害其个人信息合法权益，则责任成立的因果关系明显具备。但是，原告损害赔偿的请求要得到支持，还必须证明其个人信息被泄露的侵害行为与其损害之间存在相当性因果关系。分解来看，原告需要证明以下几点：一是其存在损害，二是权益被侵害与损害之间具有条件关系，三是该条件关系具有相当性。但是，原告徐某在本案中并未提交证据证明其存在物质损害或严重精神痛苦等

---

① 参见江苏省淮安市中级人民法院（2019）苏08民终1653号民事判决书。

非物质损害，因此，其责任范围的因果关系并未成就，故法院判决驳回其损害赔偿的诉讼请求。本案从反面说明了责任范围因果关系的证明的重要性，对于其个人信息权益被侵害的当事人而言，这一证明具有重要意义。

◎ 规范指引

《民法典》

第111条　自然人的个人信息受法律保护。任何组织或者个人需要获取他人个人信息的，应当依法取得并确保信息安全，不得非法收集、使用、加工、传输他人个人信息，不得非法买卖、提供或者公开他人个人信息。

第五章

侵犯个人信息权益的侵权责任

第一节　停止侵害、排除妨碍、消除危险在个人信息侵权纠纷中的适用

基本原理

一、停止侵害、排除妨碍、消除危险的内涵

顾名思义，停止侵害就是指针对正在实施的侵权行为通过法律的强力予以制止。作为一种侵权责任的承担方式，停止侵害可以适用于大部分侵权行为。但是，如果侵权行为尚未发生，或者已经终止，则不能适用停止侵害的责任方式。[①]排除妨碍是指行为人的行为使得权利人无法行使其绝对权，权利人请求行为人将妨碍权利实施的障碍予以排除的一种责任方式。消除危险是指行为人的行为并未对权利人造成实际的损害或妨害，但存在造成损害或妨害的现实危险，权利人有权要求行为人消除该危险。停止侵害、排除妨碍、消除危险的责任方式的功能在于遏制侵权行为的继续或发生，从结果上有利于减少侵权后果的进一步扩大，相较于恢复原状、损害赔偿等责任方式在时间逻辑上更为合理，在实践中发挥着不可替代的作用。

由于停止侵害、排除妨碍、消除危险需要以侵害、妨碍或危险的现实存在为前提，而要判断权利是否面临现实的侵害、妨碍或危险，又需要以权利本身的公示性为前提，因为如果权利本身没有表征于外部的公示或公开方式，则权利本身是否遭受损害、妨害或危险是难以测度的，停止侵害、排除妨碍、消除危险作为责任方式的存在价值就会根本动摇。所以，停止侵害、排除妨碍、消除危险的责任方式一般不适用于债权这样的相对权，因为债权

① 参见最高人民法院侵权责任法研究小组编著：《〈中华人民共和国侵权责任法〉条文理解与适用》，人民法院出版社2010年版，第116页。

不具有社会典型公开性。[①]

二、不同情形下停止侵害、排除妨碍、消除危险的性质解读

在《民法典》的规范构成中，停止侵害、排除妨碍、消除危险首先出现在总则编第179条，被规定为民事责任的承担方式。其次，在物权编第236条中，又出现过排除妨碍和消除危险。再次，在人格权编第995条中，《民法典》再次规定了停止侵害、排除妨碍、消除危险。最后，在侵权责任编第1167条中，《民法典》又规定了停止侵害、排除妨碍、消除危险。以上各编中，停止侵害、排除妨碍、消除危险的性质是否完全相同，值得深入思考。

本书认为，停止侵害、排除妨碍、消除危险首先是民事责任中的侵权责任承担方式。在此意义上，停止侵害、排除妨碍、消除危险与最为典型的损害赔偿民事责任处于同一位阶，它们共同构筑了中国民法中的民事侵权责任体系。其次，排除妨碍和消除危险又属于物权请求权的范畴。物权请求权是在物权的完满状态受到妨害或者可能受到妨害时，以恢复物权的完满为目的而提出的请求权，是附属于物权的一种特殊请求权。物权请求权包括返还原物请求权、排除妨碍请求权和消除危险请求权。其中，排除妨碍请求权和消除危险请求权具有防御性和被动性的特点，调整以占有侵夺和占有扣留之外的方式侵害物权的情况，在一定程度上具有保全物权的功能，被合称为物权防御请求权。[②]最后，停止侵害、排除妨碍、消除危险还属于人格权请求权的范畴。人格权请求权是民事主体在其人格权受到侵害、妨害或有妨害之虞时，有权向加害人或者人民法院请求加害人停止侵害、排除妨碍、消除危险以恢复人格权的圆满状态。[③]作为人格权请求权的停止侵害、排除妨碍和消除危险请求权是基于人格权的支配性和排他性而产生的，具有人身专属性，不

---

① 参见程啸：《侵权责任法》（第2版），法律出版社2015年版，第659页。

② 参见丁宇翔：《返还原物请求权研究——一种失当物权关系矫正技术的阐释》，法律出版社2019年版，第249—250页。

③ 参见王利明、程啸、朱虎：《中华人民共和国民法典人格权编释义》，中国法制出版社2020年版，第84页。

得将其单独转让。以上关于停止侵害、排除妨碍、消除危险的性质解读中，总体上可以分为两类：一类是停止侵害、排除妨碍、消除危险作为侵权责任承担方式而产生的请求权；另一类是停止侵害、排除妨碍、消除危险本身作为附从于物权、人格权等绝对权而产生的绝对权请求权。

三、停止侵害、排除妨碍、消除危险责任构成要件的特殊性

《民法典》颁行之前，包括物权、人格权、专利权等在内的绝对权的保护依据主要是原《侵权责任法》。按照原《侵权责任法》第6条第1款规定，因过错侵害他人民事权益，应当承担侵权责任。据此，按照体系解释，则原《侵权责任法》第15条第1款规定的8种责任方式都要求行为人有过错。而停止侵害、排除妨碍、消除危险恰恰是这8种责任方式中的部分责任行使，据此停止侵害、排除妨碍、消除危险责任的承担也需要满足过错要件。但是，《民法典》侵权责任编对这种情况进行了根本性的变革。一方面，在责任体系的安排上，《民法典》将侵权责任区分为两类。第一类就是第1165条规定的侵权的损害赔偿责任，这是最重要、最典型的侵权责任。由于其重要，且适用情形较为多样和复杂，《民法典》第1179条到第1187条用了9个条文专门对损害赔偿予以展开。第二类就是其他侵权责任，规定在《民法典》第1167条，即停止侵害、排除妨碍、消除危险等侵权责任。这些侵权责任方式是一种非损害的侵权责任，其重要性和典型性相较于损害赔偿的侵权责任而言，稍逊一筹。并且，其适用规则相对较为简单，因而《民法典》并未就这些侵权责任的形式予以进一步展开。另一方面，在过错要件的要求上，《民法典》对上述两类侵权责任采取不同的要求。《民法典》第1165条第1款对损害赔偿的侵权责任要求过错的要件，第1167条对停止侵害、排除妨碍、消除危险等侵权责任则不需要过错的要件。这种区分充分考虑了两类侵权责任的不同特点和不同适用场景，体现了《民法典》关于侵权责任方式配置的精细化和科学化。

四、停止侵害、排除妨碍、消除危险在个人信息侵权中的具体表达

虽然停止侵害、排除妨碍、消除危险本身即是一种责任承担方式，因而

原告在起诉状中，往往将其诉讼请求表述为：停止侵害、排除妨碍、消除危险，但在具体的案件审判实践中，则未必都要作如上表述，这就涉及停止侵害、排除妨碍、消除危险三种责任方式在具体案件中的表达。

在个人信息权益遭受侵害的不同场景中，侵害、妨碍和危险的表现方式不同，故停止侵害、排除妨碍和消除危险的表达方式也不同。关于停止侵害的情况，比如，某视频网站在用户勾选“取消浏览记录”功能后，仍在后台服务器记录用户的浏览记录，这就对用户的个人信息权益甚至隐私构成了侵害。此时，如果用户请求停止侵害，则很可能表述为“停止后台服务器记录用户的浏览信息”。关于排除妨碍的情况，比如，甲因感觉服务态度不好而与健康体检机构工作人员乙发生争吵，此后该体检机构只是将纸质体检报告交付给甲，而拒绝将体检结果的电子版信息拷贝给甲，甲遂请求该健康体检机构配合自己复制个人体检信息。在该案例中，如果健康体检合同中并未约定体检结果以电子方式还是书面方式反馈，则体检机构即使不提供电子版体检信息而只提供了书面体检报告，亦很难认定构成违约。但是，从侵权责任的角度分析，则因健康体检机构作为个人信息处理者，有法定义务向信息主体提供其个人信息的拷贝，因而其拒绝提供电子拷贝，构成对个人信息权益的妨碍。在此情况下，甲请求配合其复制体检信息的请求，实际就是排除妨碍的请求。关于消除危险的情况，比如，甲航空公司被媒体广泛报道其数据库被黑客攻击，从而泄露大量常旅客的个人信息。乙为甲航空公司长达10年的常旅客，在看到媒体的广泛报道后，担心自己的个人信息也遭到泄露，故请求乙航空公司删除其记录的所有个人信息。在此，乙的请求是针对其个人信息泄露风险而采取的保护措施，其实质就是在行使消除危险的请求权。

专题29 停止侵害在个人信息侵权案件中的具体化

◎ 案例简介

林某某与高某某之间有经济纠纷，林某某诉至安徽省歙县人民法院，要求胡某某立即归还9万元借款及利息，高某某（胡某某儿媳）。作为担保人承担连带责任在案件审理过程中，林某某［微信昵称为“做梦先生（林）”］多次在微信朋友圈发帖，其内容主要涉及两个老赖借钱不还、高某某有钱香港旅游却借钱不还（涉及家人照片）、老赖高某某照片、老赖高某某截图（微信详细资料）、老赖高某某的家居城（工作地点）等，并以微博号为“大林参选”的名义多次在微博中发帖，内容有高某某及其家人的照片、手机号码、工作单位、微信号等信息，及多次转发微博号为“大林参选”的发帖链接，其中林某某2018年12月16日在微信朋友圈一次转发配文字为“我在新浪微博中发表”一文中的发帖内容与同时间微博号为“大林参选”的发帖内容一致。高某某认为林某某侵犯其个人信息权益，诉至法院要求：判令林某某停止侵害，删除林某某在微信等网络平台上刊登的全部侵权文章、赔礼道歉、赔偿损失。

法院判决认为，林某某在朋友圈、微博中发布的关于高某某的内容有高某某及其家人的照片、手机号码、工作单位、微信号等信息。上述各项信息均具有一定的隐私性、个人信息的特定性，属于法律保护的个人隐私，林某某的个人行为已经侵犯高某某的隐私权，应承担相应的民事责任，故林某某的行为已经侵犯高某某的名誉权、隐私权。公民的姓名权、肖像权、名誉权等受到侵害的有权要求停止侵害，恢复名誉，消除影响，赔礼道歉，并可以要求赔偿损失。法院对高某某要求林某某停止侵害、删除在微信朋友圈等网络平台上刊登的全部侵权文章的请求予以支持。[①]

◎ 法官评析

作为侵权责任承担方式的停止侵害，具有一般性，即在所有可以适用停止侵害责任方式的侵权案件中，停止侵害只是对制止侵权持续状态的一种客观描述。落实到具体的个人信息侵权案件中，停止侵害可能表现为删除侵权信息，也可能表现为拆除侵权设施（摄录他人隐私信息的摄录装置），还可能表现为采取措施阻断个人信息的进一步泄露。本案中，被诉的侵权行为是

---

① 参见安徽省黄山市中级人民法院（2019）皖10民终409号民事判决书。

在微信朋友圈和微博中发表公开他人个人信息的文章内容，且该公开行为未经信息主体本人许可，因此林某某的发布行为已经构成对高某某个人信息权益的侵犯。由于侵权文字一直存在于网络空间，如果不做删除处理，则侵害行为将一直持续。在这种情况下，高某某才起诉请求停止侵害。而本案中，停止侵害的具体方式，只能是将林某某发布的文字信息予以删除，以阻断其公开。只有这样，通过微信朋友圈和微博实施的侵害行为才能被阻止。因此，作为侵权责任承担方式的停止侵害，在本案中就表现为删除涉案微信朋友圈和微博中的侵权文章。

◎ 规范指引

《民法典》

第995条 人格权受到侵害的，受害人有权依照本法和其他法律的规定请求行为人承担民事责任。受害人的停止侵害、排除妨碍、消除危险、消除影响、恢复名誉、赔礼道歉请求权，不适用诉讼时效的规定。

专题30 消除危险在个人信息侵权案件中的具体化

◎ 案例简介

原告系永济市城北街道七社村第五组居民，被告系永济市城北街道七社村第七组居民。原、被告的院落东西相邻，中间有窄巷相隔，原告居西，被告居东。原告的房屋建造于1993年至1994年间，有门房及厢房三间，2016年在厢房后续盖房屋一间半，均系一层平房，厢房房门及窗户均朝向东边。被告的房屋建造于2016年农历正月至8月之间，系四层半公寓式建筑，每间公寓在不同方向建有窗户两个，其中与原告相邻一方的每间公寓均建有窗户一个，朝向原告院落的窗户封有部分白色彩钢膜。原告遂起诉被告，请求判令被告停止侵害、消除危险、封堵六个窗户。

法院判决认为，被告在其宅基地上建造四层半公寓时理应考虑相邻原告的权利，然其朝向原告院落的窗户，可对原告及其家庭成员的生活一览无余，故其在行使自己权利的同时未尽到必要的容忍义务而侵犯了原告的隐私权。被告虽对窗户有部分遮挡措施，但不足以消除全部影响。依照《侵权责任法》第2条“侵害民事权益，应当依照本法承担侵权责任”、第15条“承担侵权责任的方式主要有：（一）停止侵害……（三）消除危险”的规定，法院对原告的请求予以支持，被告应当采取有效措施以消除侵害情形的继续发生。最终判决：被告于本判决生效之日起十日内将其房屋朝向原告院落的窗户予以封堵。二审维持原判。[①]

◎ 法官评析

本案是涉及相邻住户之间因侵犯隐私信息而发生的纠纷。被告房屋的六个窗户均朝向原告的院落，虽然未必一定收集或窥探原告及其家人的隐私信息，但这种危险确实一直存在。因此，原告诉请被告消除危险的实质，就是彻底消除被告收集或窥探原告及其家人隐私信息的危险和可能，而要达到这一目的，只能是将被告的六个窗户封堵。于是，原告消除危险的诉讼请求在本案中的具体实现方式就是封堵窗户。最终，法院判决支持原告关于消除危险的诉讼请求，明确判令被告封堵朝向原告院落的窗户。也就是说，法院最终确认并支持了原告关于消除危险请求的具体实现方式。

◎ 规范指引

《民法典》

第179条 承担民事责任的方式主要有：

（一）停止侵害；

（二）排除妨碍；

（三）消除危险；

（四）返还财产；

（五）恢复原状；

（六）修理、重作、更换；

（七）继续履行；

---

① 参见山西省运城市中级人民法院（2017）晋08民终2863号民事判决书。

（八）赔偿损失；

（九）支付违约金；

（十）消除影响、恢复名誉；

（十一）赔礼道歉。

法律规定惩罚性赔偿的，依照其规定。

本条规定的承担民事责任的方式，可以单独适用，也可以合并适用。

第二节　赔礼道歉在个人信息侵权纠纷中的适用

基本原理

一、赔礼道歉的法律意涵

所谓赔礼道歉，即指通过向被侵权人表达歉意的方式，弥补被侵权人遭受损害的精神利益。在侵权责任承担方式的意义上考察赔礼道歉，其功能主要在于保护精神利益。因此，如物权、债权、股权、专利权、商标权等财产权益被侵害的，尽管实际上也可能发生精神上的不愉快（如生气、失望甚至焦虑等），但法律对上述财产权的保护范围并没有包括精神利益，故在侵犯上述财产权的情形下，一般不适用赔礼道歉的民事责任。而对于人格权（尤其是精神性人格权），著作人身权等权利，法律确认对这些权利的保护范围包括精神利益，因而赔礼道歉民事责任一般可以适用于上述权利被侵犯的场合。[①]但是，在哪些情况下可以适用赔礼道歉，还需要具体考察赔礼道歉民事责任的适用条件。

二、赔礼道歉民事责任的适用条件

第一，行为人应存在过错。行为人的过错是赔礼道歉适用中必须考虑的

① 参见葛云松：《赔礼道歉民事责任的适用》，载《法学》2013年第5期。

重要因素。如果行为人对于侵权行为的发生根本无过错可言，比如，仅仅是基于无过错责任原则或公平责任原则而被科以民事责任，则不应同时要求其承担赔礼道歉的民事责任。因为，对于无过错的行为而言，即使有时可能给被侵权人造成一定的精神痛苦，但这种精神痛苦实际上也不是来自行为人，而是来自损害本身。这一点，与行为人的故意或过失行为导致被侵权人的精神痛苦（这种情况下被侵权人的精神痛苦可归责于行为人）是不可等量齐观的。因此，如果要求无任何过错的行为人承担赔礼道歉的民事责任，则对于行为人起不到任何震慑作用，对于受害人也起不到任何填补损害的作用。反而会大幅度地减损赔礼道歉作为一种民事责任的损害填补功能和反射功能（惩罚行为人的功能）。①

第二，赔礼道歉的适用不以行为人的同意为前提。关于赔礼道歉责任的适用是否需要行为人（被告）同意，有不同意见。认为需要被告同意的主要理由是，如果强制被告赔礼道歉则违反了被告的良心自由和表达自由，这属于基本人权。强迫行为人赔礼道歉，无异于对其内心世界和道德观念进行强制。②但是，从本书笔者从事多年审判实践工作的经验看，几乎所有的民事责任包括返还财产、恢复原状、损害赔偿等都很少能取得被告的自愿或同意。如果说赔礼道歉对被告的内心构成了强制就不应该适用，那么其他所有的民事责任方式都很可能对被告的内心构成强制，是否就都不能适用了呢？民事责任的本质就在于被告不主动履行时的强制性，失去强制，民事责任的存在就会失去价值。因此，本书认为，赔礼道歉的适用，不应以行为人的同意为前提。实践中，大部分的赔礼道歉判决，也并没有得到被告的同意。甚至几乎所有赔礼道歉的判决，都会附上一句大体类似的话："若被告不履行赔礼道歉义务，则法院将在一家全国性（省级）报刊上公布判决书主文，刊登费用由被告负担。"可见，作为一种民事责任方式，赔礼道歉并不排斥强制。反而是不履行判决确定的赔礼道歉义务的被告，可能

---

① 这里借鉴了抚慰金对于加害人的惩罚制裁作用（反射作用）的法理，具体论述，可参见王泽鉴：《民法学说与判例研究》（第2册），北京大学出版社2009年版，第188页。

② 参见吴小兵：《赔礼道歉的合理性研究》，载《清华法学》2010年第6期。

被强制执行。

第三，赔礼道歉的适用应该与精神损害赔偿金协同考虑。侵权法对于侵犯精神利益的救济不仅提供了赔礼道歉的责任方式，也提供了精神损害赔偿金的责任方式。根据《民法典》第179条第3款，赔礼道歉和精神损害赔偿金的责任方式当然可以并用。然而，可以并用并不意味着这两种责任方式要简单地叠加。实际上，不论是赔礼道歉的适用，还是精神损害赔偿金的适用，都需要整体上考虑另一种责任方式已经对受害人精神利益侵害的治愈。一般而言，如果法院判决行为人承担赔礼道歉的责任，则在判决精神损害赔偿金时，应当酌情降低赔偿金的数额。而如果判决精神损害赔偿金足以弥补受害人的精神损害的，则可以不支持赔礼道歉的请求。

三、赔礼道歉适用诉讼时效的问题

（一）民法典编纂中赔礼道歉是否适用诉讼时效的态度变化

从民法典编纂的过程看，关于赔礼道歉请求权是否适用诉讼时效的问题，立法者的态度是有变化的。《民法典人格权编（草案）》（征求意见稿）第8条第2款曾规定，被侵权人依照前款规定提出的停止侵害、排除妨碍、消除危险、消除影响、恢复名誉、赔礼道歉请求权不受诉讼时效的限制。此处，赔礼道歉请求权被排除在诉讼时效的适用范围之外。《民法典各分编草案》第778条予以保留，继续将赔礼道歉请求权排除在诉讼时效的适用范围之外。此后，从《民法典人格权编（草案）》（二次审议稿）开始，条文内容发生变化，其第778条规定的不适用诉讼时效的请求权中不再包括赔礼道歉请求权。到《民法典人格权编（草案）》（三次审议稿）第778条和2019年12月公布的《民法典（草案）》中第995条，仍然坚持这一立场。可见，赔礼道歉请求权到底是否适用诉讼时效的问题，在立法过程中是存有争议的，以至于《民法典》在这一问题上几次反复。不过，既然《民法典》已经明确规定了赔礼道歉请求权不适用诉讼时效，那么，接下来需要考虑的就不再是立法上应该如何规定的问题（立法论），而是具体适用中应该如何掌握的问题（解释论）。

（二）赔礼道歉不适用诉讼时效应作适当限缩

1. 赔礼道歉不适用诉讼时效欠缺实践支撑

作为一种民事责任承担方式的赔礼道歉，在新中国成立之前的解放区已经有过实践。[①]民法通则总结固化历史经验，将其确定为民事责任方式之一，至今已有30余年。在民法典之前，并没有赔礼道歉请求权不适用诉讼时效的规定。司法实践中，原告诉请赔礼道歉的案件，被告以时效抗辩的，法院并没有以赔礼道歉请求权不适用诉讼时效为由，而是经过审查之后以其他实质上的理由驳回被告的时效抗辩。比如，在林某如与华康中医医院肖像权纠纷案中，法院以被告并未就原告请求权已过时效进行举证且被诉侵权行为是一个持续的过程为由，驳回了被告的时效抗辩。[②]同时，对于部分确已罹于时效的请求赔礼道歉的案件，法院则直接以诉讼时效经过为由，判决驳回原告的诉讼请求。比如，在崔某与晋城市第二人民医院人格权纠纷案中，法院认为，案件受理前至原告知道被告冒用自己名字期间并没有向法院就人格权提起诉讼主张权利，原告在本次诉讼中也未举证证明其诉讼时效期间发生过中止、中断的事由，故被告提出诉讼时效抗辩的理由成立，因而判决驳回原告赔礼道歉的诉讼请求。[③]总之，根据笔者的检索，目前尚未发现以赔礼道歉请求权不适用诉讼时效为由驳回过被告时效抗辩的判决书。

2. 赔礼道歉绝对不适用诉讼时效有违比例原则

《民法典》第995条最终明确赔礼道歉请求权不适用诉讼时效，是基于对人格权的强力保护所作的立法选择，对于提升我国人格权的保护水平，具有非常积极的意义，这一点毋庸置疑。不过，在看到其积极意义的同时，也应对该条的司法适用效果做全面的评估，从而做到未雨绸缪，更好地发挥该条的规范功能。就此而言，对于该条可能产生的消极后果，也不可不查。严

---

① 葛云松：《民法上的赔礼道歉责任及其强制执行》，载《法学研究》2011年第2期。

② 参见北京市朝阳区人民法院（2014）朝民初字第38790号民事判决书。

③ 参见山西省晋城市中级人民法院（2019）晋05民终1802号民事判决书。

格遵守该条规定，将所有的赔礼道歉请求权都排除在时效的适用范围之外，可能产生的最明显的消极后果是，对情节较轻的侵犯人格权行为提供了有违常理的过度保护，违反比例原则。

3.赔礼道歉绝对不适用诉讼时效不符合时效制度的本旨

但凡规定某一项请求权不适用诉讼时效，要么是其本身与诉讼时效制度不兼容，性质上不可能适用诉讼时效，[①]比如停止侵害、排除妨碍、消除影响、恢复名誉等请求权，因为侵害还正在发生，或者侵害的影响还在持续，当然应当允许受害人提出请求，而不能用时效进行限制；要么是如果适用诉讼时效，会与现行制度发生冲突，比如不动产物权返还请求权如果适用诉讼时效，将与不动产物权的登记公信力产生严重的冲突，所以早在民法总则实施之前，最高人民法院就明确其不适用诉讼时效；[②]要么是在伦理上有很强的必要性，比如支付抚养费、赡养费的情形，如果适用诉讼时效，会破坏家庭伦理关系，而民法典必须高度关注“家”在组织社会秩序中的关键作用。[③]并且，抚养费、赡养费的请求权如果适用诉讼时效，将不利于人的生存，有损公序良俗。比较而言，赔礼道歉请求权则明显不存在上述必要性。

基于上述理由，本书认为，《民法典》第995条规定的赔礼道歉请求权不适用诉讼时效应作适当限缩。具体可以考虑如下几种情况：第一，严重侵犯人格权构成刑事犯罪。比如，我国《刑法》第246条规定的侮辱罪、诽谤罪。这种情况下，侵权行为已经严重到构成刑事犯罪的程度，为了更好地贯彻《民法典》第995条的立法目的，强化对人格权的保护，应将这种情况下产生的赔礼道歉请求权排除在诉讼时效适用范围之外。第二，虽未构成犯罪但以严重违反善良风俗的方法侵犯他人人格权。这种情况即使不构成刑事犯罪，但因严重违反善良风俗的行为本身构成严重侵犯人格权，根据第995条的立法目的，应将其排除在时效的适用范围之外，让加害人不能因时间的经

---

① 参见杨巍：《民法时效制度的理论反思与案例研究》，北京大学出版社2015年版，第171页。

② 参见《全国法院民商事审判工作会议纪要》，载《人民法院报》2016年12月1日，第3版。

③ 参见陈甦主编：《民法总则评注》（下册），法律出版社2017年版，第1420页。

过而产生不承担责任的“好处”。第三，侵害人格利益的行为同时也侵害了公共利益。比如，毁损英雄烈士名誉的情况，在侵犯其后人人格权的同时，也已经侵犯了由英雄烈士名誉、荣誉融入的社会公共利益。[①]这种情况应认为赔礼道歉请求权不适用诉讼时效。

专题31　赔礼道歉在个人信息侵权纠纷中的具体适用

◎ 案例简介

原告杨某与被告李某某系朋友关系。2018年5月22日，被告通过微信发给原告一张原告洗澡时的裸体照片，原告也没有在意，只是要求被告删除，被告当时也口头答应删除，2020年5月3日11时左右，原告在村子的道路上多处发现有同样的照片，致使原告的精神受到极大损害，名誉受到极大损失。原告遂诉至法院，请求：1.判令被告立即删除原告的裸体照片；2.判令被告向原告赔礼道歉，并在一定范围内消除影响；3.判令被告赔偿原告精神损失5万元。

法院判决认为，原告于2020年5月3日在其村子多处发现其裸体照片，与被告通过微信发给原告的原告洗澡时的裸体照片一致，原告诉称在其村子多处发现其裸体照片系由被告所散发的理由，法院予以采信；被告未经原告许可私自拍摄原告的裸体照并予以公布，侵犯了原告的隐私权，被告应当停止侵害，并向原告赔礼道歉、消除影响，适当给予原告精神赔偿。法院最终判决：一、被告李某某于本判决生效之日删除其保存的原告杨某的裸体照片；二、被告李某某于本判决生效之日起十日内书面向原告杨某赔礼道歉（赔礼道歉的内容须经法院审核通过），并将赔礼道歉的内容在荥阳市崔庙镇芦庄村进行公开公布，消除对原告的影响；三、被告李某某于本判决生效之日起十日内支付原告杨某精神损害抚慰金2万元。[②]

---

① 参见北京市第二中级人民法院（2016）京02民终6272号民事判决书。

② 参见河南省郑州市中级人民法院（2020）豫01民终12612号民事判决书。

◎ **法官评析**

如前所述，赔礼道歉的适用，应以侵权人存在过错为条件。本案中，被告未经原告许可私自拍摄原告的裸体照并予以公布，存在明显的过错，并且是过错中的故意，具备适用赔礼道歉的主观条件。法院最终判决李某某向杨某赔礼道歉也是对杨某诉讼请求的支持，并未征询李某某的意见。即使李某某不同意，也不影响法院判决其承担赔礼道歉的民事责任。同时，本案中法院判决虽然没有说明支持2万元精神损害赔偿金是否考虑了其已经判决李某某同时承担赔礼道歉责任的情况，但在解释上应做这样的理解。理论上，如果法院没有判决赔礼道歉，则应该判决更重的精神损害赔偿金。另外需要强调的是，赔礼道歉的时间和空间范围，应结合具体个案予以考虑，总体上应与行为的具体方式和造成的影响范围相当。本案中，李某某公开杨某隐私照片的行为发生在村里，影响的范围也是在村里，考虑这些因素，法院判决李某某的赔礼道歉内容在本村（而不是其他村或乡镇）进行公布是适当的，这有利于李某某改过自新，也有利于杨某的精神痛苦得到缓解。

◎ **规范指引**

《民法典》

第1000条 行为人因侵害人格权承担消除影响、恢复名誉、赔礼道歉等民事责任的，应当与行为的具体方式和造成的影响范围相当。

行为人拒不承担前款规定的民事责任的，人民法院可以采取在报刊、网络等媒体上发布公告或者公布生效裁判文书等方式执行，产生的费用由行为人负担。

第三节 个人信息侵权纠纷中赔偿损失的适用

基本原理

一、作为侵权责任方式的赔偿损失

赔偿损失是民事责任中最为基本的责任方式，其适用范围横跨违约责任

和侵权责任领域。并且，不论是违约的损失赔偿，还是侵权的损失赔偿，都是各自领域最为基本的责任承担方式。本章探讨的是侵犯个人信息的侵权责任，在此讨论的赔偿损失，也就是侵犯个人信息权益中的侵权损害赔偿。侵权责任领域的赔偿损失可以分为两大类：一是物质损失赔偿，二是非物质损失赔偿。其中，物质损失赔偿，又可以进一步区分为财产损失赔偿和人身损害赔偿。而非物质损失赔偿，即指精神损害赔偿。加起来，总共是三种侵权损害赔偿。这三种损害赔偿在合同责任领域并不适用。因为，在合同责任领域一般不适用精神损害赔偿，[①] 只有《民法典》第996条规定的因违约行为导致合同对方人格权受损并造成严重精神损害的情况下，才可能存在违约精神损害赔偿的问题。另外需要强调的是，在民事责任形态中所谓的连带责任和按份责任，也只是针对赔偿损失责任而言的。当民事责任承担方式为停止侵害、排除妨碍、消除危险或返还财产等民事责任时，不存在连带责任和按份责任的问题。

二、侵犯个人信息权益中赔偿损失的特殊性

在侵犯个人信息权益的情况下，其赔偿损失呈现出与一般侵权损失赔偿的一些不同，主要有如下几个方面。

第一，侵犯个人信息权益同样可能造成物质损失。从表面来看，个人信息本身似乎与财产无关，因而侵犯个人信息权益一般也不会引发物质损失。其实不然，在一些情况下，侵犯个人信息权益同样可能导致财产损失。比如，泄露或非法提供他人银行卡账号信息而导致卡内余额被盗的情况。

第二，侵犯个人信息权益一般不会产生人身损害。侵犯个人信息的常见形态有泄露、售卖、转让、非法提供、标记错误他人个人信息等。从一般的侵犯个人信息权益行为看，几乎不会产生损害信息主体或其他主体身体权、生命权的情况，因而一般不会产生上文所述的身体损害的情况。

第三，侵犯个人信息权益可能造成精神损害。虽然对一般个人信息如姓

---

① 参见最高人民法院民法典贯彻实施工作领导小组主编：《中华人民共和国民法典总则编理解与适用》（下），人民法院出版社2020年版，第900页。

名、民族、国籍、职业、工作单位等信息权益的侵犯，一般不会导致信息主体的严重精神痛苦。但是，对于一些敏感个人信息的侵犯，比如泄露身份证号码，公布他人的传染病史，监视他人的行踪轨迹等，都会对信息主体形成较大的精神压力，产生焦虑、惊吓、失眠等较为严重的精神痛苦，从而造成其精神损害。

第四，侵犯个人信息权益可能构成预期侵权。在一些特殊情况下，个人信息的泄露会导权益侵害的可能性极大地增加。比如，某证券公司泄露部分客户的账户和密码信息，此时，证券账户内的资产面临损失的极大可能，客户因此而遭受精神痛苦，该精神损害如果是严重精神痛苦的话，当然应认定为损害。同时，该证券账户资产损失的可能，是一种风险，并且这种风险有很大的现实化的可能。此时，可以考虑具体个案情况将其界定为一种损害。损害的具体数额，可依据风险投保的成本来评估，并结合个案进行权衡。[①]

三、个人信息侵权赔偿损失时需要考虑的抵消因素

（一）过失相抵

过失相抵就是当受害人对于其个人信息权益被侵害存在过错时，应依法减轻或免除行为人的赔偿责任。我国《民法通则》第31条曾规定，受害人对于损害的发生也有过错的，可以减轻侵害人的民事责任。原《侵权责任法》第26条也作了同样的规定。《民法典》第1173条将规范内容调整为：被侵权人对同一损害的发生或者扩大有过错的，可以减轻侵权人的责任，使得条文内容更为严谨科学。在个人信息侵权纠纷中，存在过失相抵的空间。比如，某航空公司发现其存储大量常旅客个人信息的数据库信息泄露，随即向所有的常旅客发送短信，提醒其接到航班延误而退票的短信时要提高警惕，不可向不明身份的短信发送者转账打款。某常旅客在接到该短信并认真阅读后，仍未提高警惕。一天后，该常旅客在接到航班延误的诈骗短信后，未加

① 参见谢鸿飞：《个人信息泄露侵权责任构成中的“损害”——兼论风险社会中损害的观念化》，载《国家检察官学院学报》2021年第5期。

思索而按照诈骗分子的指示打款500元，意图退票。后来发现上当受骗而起诉航空公司。在本案例中，航空公司泄露常旅客个人信息固然可能构成侵犯个人信息权益。但是，该常旅客个人亦对其被骗500元的损失存在明显的过失，应对其过失承担部分责任，从而适当减轻航空公司的赔偿责任。

（二）损益相抵

损益相抵就是被侵权人因同一侵权事实而受有利益的，则在赔偿损失时应将该所获利益从赔偿额中扣除，又被称为“损益同销”。此前，我国《民法通则》《合同法》《侵权责任法》中均未对损益相抵作出明确规定，但在司法实践中，最高人民法院曾于2009年发布的《关于当前形势下审理民商事合同纠纷案件若干问题的指导意见》第10条中规定，人民法院在计算和认定可得利益损失时，应当综合运用可预见规则、减损规则、损益相抵规则以及过失相抵规则等，从非违约方主张的可得利益赔偿总额中扣除违约方不可预见的损失、非违约方不当扩大的损失、非违约方因违约获得的利益、非违约方亦有过失所造成的损失以及必要的交易成本。2012年最高人民法院在《关于审理买卖合同纠纷案件适用法律问题的解释》第31条中规定，买卖合同当事人一方因对方违约而获有利益，违约方主张从损失赔偿额中扣除该部分利益的，人民法院应予支持。这就在违约的损失赔偿领域确立了司法中的损益相抵规则。但在侵权损害赔偿领域，仍然没有建立明确的损益相抵规则。《民法典》对此亦是付之阙如。不过，从损害赔偿的补偿功能角度分析，行为人向被侵权人承担赔偿责任后，应使得被侵权人恢复到损害发生之前的状态，而不是因此而获利，这就是所谓的禁止获利原则。[①]基于此，即使法律或司法解释中没有明确规定损益相抵规则，但在具体的司法实践中，也应遵循这一规则，使被侵权人受损的权益状态恢复至损害未发生时的状态即可。具体到个人信息侵权纠纷中，也存在适用损益相抵的可能。比如，甲投保了银行账号安全险，一旦因银行账号被盗而发生余额损失的，保险公司将赔偿其10万元。此后，甲的个人银行卡信息被乙非法窃取后转走15万元，

---

① 参见程啸：《侵权责任法》（第2版），法律出版社2015年版，第716页。

保险公司向其理赔10万元，则甲可以向乙请求赔偿5万元。而保险公司在向甲赔偿保险金后，在赔偿金额10万元的范围内取得代位行使甲向乙主张赔偿的权利。

专题32 个人信息侵权纠纷中财产损失赔偿的范围

◎ 案例简介

2013年11月5日，林某某公司的工作人员通过拨打028–888××××8，为林某某订购了一张由成都飞往昆明的机票，并以转账的方式向四川航空公司官方网站支付420元的购票费（实际支付370元，另外50元由林某某的银卡会员账户积分1000分抵扣）。订票同时，林某某公司的工作人员将林某某的手机号码告知四川航空公司，并于当日收到四川航空公司发送的成功出票信息及航班信息。同年同月9日，林某某的手机收到153××××9650号码发送的信息，载明了林某某的姓名及详细的航班信息，并提示林某某所订购的航班因故将停飞，要求其通过拨打400××××020办理退票或改签手续。后林某某另行订购了一张云南祥鹏航空公司由成都飞往昆明的机票，并支付469元。后经证实，林某某于2013年11月5日订购的航班并未取消。林某某于2014年10月28日向一审法院提起诉讼，请求依法判令四川航空公司：赔偿林某某因购买其他航空公司机票而产生的差价款99元及其他损失；向林某某赔礼道歉。

一审法院认为，林某某虽然举证证明了四川航空公司掌握、知晓其交易信息及该信息被泄露的客观事实，但并未举证证明该信息确系由四川航空公司泄露。根据“谁主张、谁举证”的原则，林某某应该承担举证不能的法律后果。故对林某某关于四川航空公司泄露其交易信息的主张不予采纳。最终判决驳回林某某的诉讼请求。

二审法院则认为，林某某的证据虽不能证明其个人信息被泄露的具体环节，但已能证明其个人信息是通过四川航空公司的售票系统有关环节被泄露，且四川航空公司未尽到保障消费者个人信息安全的相关义务。因此四川航空公司应当承担侵权责任。经营者侵害消费者个人信息依法得到保护的权利的，应当停止侵害、恢复名誉、消除影响、赔礼道歉并赔偿损失。林某某主张四川航空公司退还为购买四川航空公司机票而支出的370元、1000分会员积分，以及机票差价款49元，系其直接损失，法院予以支持。因实际机票差价款为49元，故对林某某主张的超出差价款的金额50元，法院不予支持。最终，二审法院改判撤销一审判决，判令四川航空公司赔偿林某某部分损失。[①]

◎ 法官评析

同庞某某与趣拿公司、东航公司隐私权纠纷案相似，本案系个人信息保护中又一个非常典型的案例。林某某的个人信息被泄露，二审法院在认定林某某个人信息是通过四川航空公司的售票系统有关环节被泄露的情况下，认定侵权成立。因林某某提出了损失赔偿的诉讼请求，则在四川航空公司侵权成立的前提之下，赔偿范围就是必须考虑的问题。上文已经述及，侵犯个人信息权益同样可能造成物质损失，对于这些物质损失，原则上都应予以赔偿。本案中，因林某某的个人信息被泄露，导致收到诈骗短信，从而办理退票手续并另行购票，这里的退票手续费和另行购票的差价损失，与林某某个人信息被四川航空公司泄露存在因果关系，因而应予赔偿。同时，本案中林某某本人就其产生的损失并无过失，其本人亦未因该信息泄露而获得利益，故不能适用过失相抵规则和损益相抵规则减轻航空公司的赔偿责任。

◎ 规范指引

《民法典》

第1182条　侵害他人人身权益造成财产损失的，按照被侵权人因此受到的损失或者侵权人因此获得的利益赔偿；被侵权人因此受到的损失以及侵权人因此获得的利益难以确定，被侵权人和侵权人就赔偿数额协商不一致，向人民法院提起诉讼的，由人民法院根据实际情况确定赔偿数额。

---

① 参见四川省成都市中级人民法院（2015）成民终字第1634号民事判决书。

专题33 个人信息侵权纠纷中精神损害赔偿的考虑因素

◎ 案例简介

凯迪社区账号为“Dream1”的用户由孙某某注册使用；账号为“素怀”的用户由杨某某注册使用。凯迪网络（kdnet.net）由被告猫眼公司运营，凯迪社区（club.kdnet.net）系凯迪网络的主要板块。2014年至2016年，孙某某使用上述账号，在凯迪社区发布的直接针对原告的文章约60篇，其中绝大多数文章发布在“以案说法”板块。在文章中，《杨某某，这是我的姓名住址，快来告我吧》等文章，披露了原告的相关个人信息包括姓名、出生日期、户籍住址、现住址、电话号码、银行卡号等，《2011中央台法治视界91期对杨某某（素怀）虚假报道》等文章上传了病史录及（或）医疗票据截图，但上述截图内容模糊，无法看清具体内容。原告认为被告侵害其权利，遂起诉请求判令被告立即停止侵权，在凯迪社区平台上向原告发布道歉声明，判令被告孙某某赔偿原告经济损失（包含医疗费、交通费、打印费）22360元，精神损失7640元，合计30000元。

法院判决认为，首先，关于孙某某公布杨某某真实姓名、网名、卵巢被割除、服用药物的名称、电话号码等是否构成侵权。从“素怀”用户在天涯社区发布的帖子《谁来拯救我的卵巢？！》及“素怀”在该帖中的回复来看，杨某某早在2006年就将自身的真实姓名、网名、卵巢被割除的来龙去脉、服用药物的名称、电话号码等信息均在网络上予以公布。而且，杨某某的真实姓名、网名、出生日期、民族等信息在公开的网络信息“百度百科”“杨某某”中也有介绍。故孙某某关于其发布的上述信息不构成侵权的抗辩意见，法院予以采信，对于该部分内容，孙某某不构成侵权。其次，关于孙某某公布门诊病历及医疗费票据是否构成侵权。孙某某主张上述图片信息也转发自杨某某在杭州网上发帖内容，本案审理过程中，法院通过外网电脑登录杭州网论坛（××），输入“杨某某”及“素怀”搜索，显示“您当前的访问请求当中含有非法字符，已经被系统拒绝”。但因孙某某发布的“病史录”及“医疗费票据”图片内容模糊，一般公众难以识别及阅读具体内容，故杨某某对此主张孙某某侵权依据不足，法院不予支持。最后，关于孙某某公布杨某某的具体户籍住址、现住址及银行卡号是否构成侵权。孙某某虽称上述信息系相关判决书及杨某某在相关案件中的答辩状内容所载明的内容，但是判决书系法院送达给当事人的法律文书，从公开可查询的“中国裁判文书网”查询，“中国裁判文书网”亦对当事人的上述个人信息作了屏蔽处理，孙某某通过网络上传相关法律文书时并未对当事人杨某某的个人信息采取必要的保护措施，侵害了杨某某的个人信息权。最终判决孙某某发表致歉声明，赔偿杨某某交通费、打印费、精神损害抚慰金合计人民币1200元。[①]

◎ **法官评析**

本案中孙某某通过互联网信息平台，披露杨某某的具体户籍住址、现住址及银行卡号等个人信息，构成对个人信息权益的侵犯。从法院最终判决的精神损害抚慰金的数额看并不高，甚至比较低。从性质上看，精神损害属于无形损害，其损害的程度一般是无法通过财产的标准进行精确衡量的。但是，通过精神损害赔偿，以财产的方法补偿被侵权人，使其精神痛苦在一定程度上得到平复，无疑是填补被侵权人损害的重要方法，这也就是精神损害赔偿的填补损害功能。[②]但另一方面也要看到，精神损害赔偿的数额应与社会的经济发展水平相适应。精神损害赔偿数额的确定既要达到在一定程度上填补被侵权人精神损害的目的，同时也不能明显超出社会经济发展水平及一般人的认知。同时，如前所述，如果对侵权人已经判决赔礼道歉责任，则应考虑适当酌减侵权人应支付的精神损害赔偿数额。此外，法院在确定精神损害赔偿金数额时，也需要根据《最高人民法院关于确定民事侵权精神损害赔偿责任若干问题的解释》（法释〔2001〕7号）第10条规定，综合予以考虑。本案中，法院既判决被告承担赔礼道歉责任，也判决被告承担给付精神损害赔偿金的责任。也正是因为同时判决了赔礼道歉责任，因而精神损害赔偿金的数额并不高。整体来看，本案中的精神损害赔偿数额是妥当的。

---

① 参见杭州互联网法院（2019）浙0192民初2435号民事判决书。

② 参见杨立新：《侵权责任法》，法律出版社2010年版，第150—151页。

◎ 规范指引

《民法典》

第1183条 侵害自然人人身权益造成严重精神损害的，被侵权人有权请求精神损害赔偿。

因故意或者重大过失侵害自然人具有人身意义的特定物造成严重精神损害的，被侵权人有权请求精神损害赔偿。

《最高人民法院关于确定民事侵权精神损害赔偿责任若干问题的解释》（法释〔2020〕17号）

第5条 精神损害的赔偿数额根据以下因素确定：

（一）侵权人的过错程度，但是法律另有规定的除外；

（二）侵权行为的目的、方式、场合等具体情节；

（三）侵权行为所造成的后果；

（四）侵权人的获利情况；

（五）侵权人承担责任的经济能力；

（六）受理诉讼法院所在地的平均生活水平。

专题34 共同处理他人个人信息构成侵权时的连带赔偿责任

◎ 案例简介

孟某某系来安县某玉兰油化妆品店（以下简称勇玲化妆品店）经营者，支某某系名盛化妆品店经营者，双方均在来安县内从事化妆品经营。2016年11月初，孟某某从阜阳市某经销商处购进标注“阿道夫”文字的化妆品并在其经营场所内进行销售。名盛化妆品店认为其系该产品在来安县的特许代理商，故向生产厂家反映了该情况。2016年12月8日，来安县市场监督管理局根据广州阿道夫个人护理用品有限公司举报，进行了调查处理，于2017年1月26日，作出（来）市监罚字（2017）15号行政处罚决定书。后广州阿道夫个人护理用品有限公司授权名盛化妆品店从来安县市场监督管理局取得该行政处罚决定书副本。2017年4月22日前后，支某某与金点子公司负责人陈某商谈，要求在“金点子”广告里代发行政处罚决定书，并且给予每份8

分钱的费用，得到了陈某的同意。2017年4月23日8时许，陈某指示公司员工将名盛化妆品店递交的行政处罚决定书复印件夹带在2017年4月23日第2558期“金点子”广告里一并发放。在发放100余份时，孟某某妻子郑某得知此事，打电话给陈某，要求停止发放，陈某即通知其公司发报员停止发放。金点子公司发放的行政处罚决定书内容包括孟某某的详细出生时间、详细家庭住址、身份证号码、电话×××。后孟某某诉至法院，请求金点子公司和名盛化妆品店停止侵权，公开在媒体上赔礼道歉、消除影响，共同赔偿损失20000元。

法院审理后认为，自然人对他人在何种程度上可以介入自己的私生活，对自己是否向他人公开隐私以及公开的范围和程度等具有决定权，涉案行政处罚决定书虽然是生效法律文书，但该文书包含有孟某某的私人信息，包括出生年月日、家庭住址、身份证号码，此内容属于孟凡勇的个人隐私，孟凡勇有权决定是否向他人公开。虽然目前我国生效法律文书一般可以在指定网站公开，但自然人的家庭住址、居民身份证号码、联系电话均不属于对外公开的内容。名盛化妆品店将行政处罚决定书大量复制后交由金点子公司，金点子公司未经严格审查即向不特定多数人发放，导致孟凡勇家庭住址、居民身份证号码、联系电话公布于众，侵犯了孟凡勇的隐私权。名盛化妆品店、金点子公司构成共同侵权，应当承担侵权民事责任，并相互承担连带责任。孟凡勇诉请要求两被告向其赔礼道歉的请求，本院予以支持。因事发后，金点子公司及时停止了对行政处罚决定书的散发，造成的影响及时得到了控制，金点子公司、名盛化妆品店应当以适当的方式在相应范围内承担民事责任。最后，法院判决金点子公司和名盛化妆品店停止侵害，共同以书面形式向孟凡勇赔礼道歉，驳回其他诉讼请求。①

◎ 法官评析

1.共同处理他人个人信息侵犯权利的，构成共同侵权

实践中，个人信息可以由两个或两个以上的个人信息处理者共同处理。

① 参见安徽省来安县人民法院（2018）皖1122民初77号民事判决书。

两个或两个以上的信息处理者既可能是自然人，也可能是法人或非法人组织。两个或两个以上信息处理者共同处理信息是指信息处理者在处理个人信息过程中具有一致的意思表示。基于这种一致的意思表示，信息处理者之间实质上有了意思联络，他们之间的处理行为构成共同的处理行为。此时，如果他们的共同处理行为侵犯了信息主体的权利，则符合《民法典》第1168条规定的共同侵权行为。本案中，虽然表面来看是金点子公司具体实施了个人信息的处理行为，但实质上是名盛化妆品店将孟某某的个人信息交给金点子公司，并有偿要求金点子公司发送广告。在此过程中，名盛化妆品店与金点子公司共同对孟某某个人信息进行了处理，二者构成共同侵权。

2. 共同侵犯他人个人信息权益造成损失应承担连带赔偿责任

共同处理个人信息构成共同侵权，依照《民法典》第1168条，行为人应当承担连带责任。《个人信息保护法》第20条也规定，两个以上的个人信息处理者共同决定个人信息的处理目的和处理方式的，应当约定各自的权利和义务。但是，该约定不影响个人向其中任何一个个人信息处理者要求行使本法规定的权利。个人信息处理者共同处理个人信息，侵害个人信息权益造成损害的，应当依法承担连带责任。本案中，金点子公司与名盛化妆品店共同处理孟某某个人信息，构成共同侵权，应当承担连带责任。但是，应当指出的是，侵权责任包括赔偿责任和非赔偿责任（停止侵害、排除妨碍、消除危险、赔礼道歉等）。所谓连带责任，仅指赔偿责任而言。[①]本案中，法院判决名盛化妆品店、金点子公司构成共同侵权，并承担连带责任，却只判决二被告赔礼道歉而未判决赔偿，似有未妥。或者也可能，法官将连带责任扩大适用到了赔礼道歉这种责任方式上。但这一扩大适用是否合适，值得斟酌。

◎ 规范指引

《民法典》

第1168条 二人以上共同实施侵权行为，造成他人损害的，应当承担连带责任。

---

① 参见程啸：《个人信息保护法理解与适用》，中国法制出版社2021年版，第196页。

《个人信息保护法》

第20条　两个以上的个人信息处理者共同决定个人信息的处理目的和处理方式的，应当约定各自的权利和义务。但是，该约定不影响个人向其中任何一个个人信息处理者要求行使本法规定的权利。

个人信息处理者共同处理个人信息，侵害个人信息权益造成损害的，应当依法承担连带责任。

第六章

个人信息权益的合同法保护

第一节　合同中的个人信息保护条款

基本原理

一、个人信息权益的传统保护方法

在民法的视野中，民事权利的实质是利益。民法上的利益不外乎以下三种：其一是绝对权，包括具有绝对权性质的人身权（如隐私权、名誉权等各类具体人格权）和财产权（如各类物权、专利权等）；其二是相对权，即各类债权；其三是其他人格利益和财产利益。上述三种利益中，前两种利益已经权利化，确定地受民法保护，其中绝对权受侵害的，可以通过侵权责任请求权予以保护；而其中相对权受侵害的，可以通过债权法（合同法、不当得利法、无因管理法等）中的请求权予以保护。至于上述三种分类中的其他人格利益和财产利益是否受民法的保护，以及能在多大程度上受民法的保护，则并非确定无疑，其与各国的立法传统和司法政策有很大关系。如果受保护，则亦可以通过侵权责任请求权提供保护。虽然国内理论界和实务界对于个人信息究竟属于权利还是利益尚存争议，但毋庸置疑的是，民法典总则编第111条以及人格权编第六章已经明确个人信息受民法保护。因此，即使不把个人信息视为一种权利，而仅仅视为其他人格利益，个人信息受民法的保护也是确定无疑的。在此前提之下，个人信息的保护，首先可以通过侵权责任请求权达成。而目前，在我国个人信息保护的司法实践中，作为信息主体的自然人也主要是以侵权之诉来保护其个人信息。但同时，个人信息权益也可以通过合同法的进路予以保护。[①]我国《个人信息保护法》第20条、第21条、

---

① 参见丁宇翔：《民法典保护个人信息的三种请求权进路》，载《人民法院报》2020年9月25日，第5版。

第38条、第47条等多处条文规定了“约定”处理个人信息的情况。在这些情况下，只要违反约定给对方个人信息权益造成损害的，就有通过合同法进行保护的可能。

二、个人信息权益的合同法保护进路

通过合同法保护个人信息权益主要有两种进路：其一是通过在合同中约定个人信息保护条款来达成；其二是通过法律规定合同当事人负担相应的法定保护个人信息义务来达成。本节只讨论第一种情况。

在合同中约定专门的个人信息保护条款时，信息主体至少可以通过合同履行请求权、违约金请求权、违约损害赔偿请求权保护其个人信息权益。

首先是合同履行请求权。当事人双方在订立合同时，可以订入专门的个人信息保护条款。比如，在健康体检服务合同中，双方可约定：最终形成的综合体检报告资料存放于专门的隐私保管箱，除顾客本人持身份证可以开箱查阅、复制外，其他任何人都无权查阅该报告资料。合同成立生效后，如果该健康体检服务机构并未将体检报告资料放入专门的隐私保管箱，而只是放置到普通的文件柜中，则应认为其违反了双方合同中的个人信息保护条款，顾客本人有权请求该健康体检机构按照个人信息保护条款的内容履行高级别的保管义务。在此，顾客请求健康体检机构履行合同的请求权基础是《民法典》第577条中“当事人一方不履行合同义务或者履行合同义务不符合约定的，应当承担继续履行违约责任”的规范。

其次是违约金请求权。在约定个人信息保护条款的合同中，如果约定了违约金，则当一方当事人违反个人信息保护条款时，需要按照合同的约定承担违约金责任。此时，信息主体请求保护其个人信息的法律依据是《民法典》第582条第1句，即履行不符合约定的，应当按照当事人的约定承担违约责任。同时，需要以《民法典》第585条第1款作为辅助性规范，二者结合起来共同为保护个人信息提供请求权基础。

最后是违约损害赔偿请求权。在约定个人信息保护条款的合同中，即使没有约定违约金，但如果对方违反个人信息保护条款给信息主体造成损失的，信息主体可以主张违约损害赔偿请求权。这里的违约损害赔偿，既包括物质损害赔偿，也包括精神损害赔偿。主张违约物质损害赔偿的请求权基础是《民法典》第577条，主张违约精神损害赔偿的请求权基础也是《民法典》第577条，同时需要以《民法典》第996条作为辅助性规范。[①]

专题35　合同中订入个人信息保护条款的效力

◎ 案例简介

某教育培训公司（甲方）与高某（乙方）签订《注册会计师保障班》协议，约定：一、费用细则：在签订本合同时，高某应向培训公司一次性支付VIP保障班培训费7000元人民币，培训公司为高某开通网络视频权限。二、甲方的权利和义务：1.甲方为乙方学员提供网络教学的模式，学习不受工作节奏、工作地点限制，充分保障学习质量；2.甲方为乙方学员提供全套教材及三匠教育独家考前辅导资料；3.甲方应当负责对乙方进行辅导跟踪答疑，积极促使乙方成绩达标；4.甲方根据乙方的学习情况，有针对性地给乙方制订符合自身的学习计划；5.甲方应当对签订本协议所获悉的乙方真实个人信息，包括姓名、住址、户籍地区、联系方式进行严格而妥善的保密，未经乙方同意或允许不得对外泄露或披露；该协议还约定了其他内容。后甲公司因经营不善无以为继，遂将包括乙在内的100多位学员的合同权利义务概括转让给丙公司，但并未通知乙。丙公司仍以甲的名义开展培训活动，后被乙知悉。乙以甲公司违反《注册会计师保障班》中的个人信息保护条款为由诉至法院，请求违约赔偿。

◎ 法官评析

1.合同中可以订入个人信息保护条款

合同是合同当事人意思表示一致的产物，只要合同当事人协商一致，相应的内容就可以订入合同，作为合同内容的一部分。在个人信息权益主要通

---

① 参见丁宇翔：《民法典保护个人信息的三种请求权进路》，载《人民法院报》2020年9月25日，第5版。

过侵权法予以保护的情况下，理论与实务界都没有太过于关注通过在合同中订入个人信息保护条款而保护个人信息权益的问题。实际上，在日常的很多合同中，比如买卖合同、教育培训合同、承揽合同中，当事人基于个人信息权益甚至隐私权保护的考虑，经常会在合同中约定专门的个人信息保护条款（如同上述案例这样）。实践证明，这也是一种较为可行且有效的保护个人信息权益的方法。

2.合同中个人信息保护条款的效力认定

订入合同的个人信息保护条款的效力认定，与合同其他内容的效力认定规则相同。即只要不属于《民法典》第144条规定的无行为能力人签订的条款，或第146条第1款规定的通谋虚伪表示的条款，或第153条规定的违反法律、行政法规的强制性规定的条款或违反公序良俗的条款，或第154条规定的恶意串通写入的条款，就应当有效。本案中，双方当事人在教育培训合同（《注册会计师保障班》）中明确约定了甲方未经同意或允许不得对外泄露或披露乙方个人信息，该条款没有任何上述无效的情形，双方均应依约履行。甲方在未经乙方同意的情况下，擅自将包含乙在内的学员个人信息转让给丙，已经违反了合同中关于个人信息保护条款的约定，构成违约，应承担违约责任，乙的赔偿请求原则上应得到支持。

◎ 规范指引

《民法典》

第143条 具备下列条件的民事法律行为有效：

（一）行为人具有相应的民事行为能力；

（二）意思表示真实；

（三）不违反法律、行政法规的强制性规定，不违背公序良俗。

专题36 违反个人信息保护条款的违约责任

◎ 案例简介

甲为职业的人体模特。甲与乙广告文化公司签订模特签约合同，约定甲在两年内作为乙公司的独家签约模特，为乙公司拍摄人体摄影、广告，薪酬为每月3万元。协议专门约定了个人信息保密条款，具体内容为：乙因制作摄影作品或广告，需要记录、收集甲的身高、体重、肩宽、胸围、腰围、臀围、上身裸露肖像特征等个人信息。在协议有效期内，乙可以保存甲的上述个人信息，但只能用于拍摄人体摄影和广告，不得以任何形式泄露或向第三人提供。协议终止后，乙应无条件删除甲的上述个人信息。协议中约定了违约金条款，具体内容为：任何一方违反本协议约定的义务，应向对方支付10万元违约金。协议签订后半年，乙公司的工作人员丙违反公司内部管理要求，将公司要求涉密管理的移动硬盘（存有大量公司签约模特的裸露照片和其他资料）接入自己的私人电脑，导致该移动硬盘上的大量数据被泄露。几天后，甲的上身裸照及三围等个人信息被放到某网络论坛中，一天之内点击量过万。甲得知后产生巨大的心理压力，以至于长期焦虑、失眠，后来患上抑郁症，一年内连续就医花费13万元，并因严重精神抑郁无法正常工作。后因违约赔偿问题，双方不能达成一致，甲遂诉至法院，请求：确认解除合同，乙公司支付违约金10万元，赔偿就医花费13万元，收入（一年半）损失54万元，精神损害赔偿金5万元。

◎ 法官评析

1.因违约而解除合同不影响违约责任的承担

违约责任制度和合同解除制度是合同法中的两项重要制度，二者之间有各自的规范目的。违约责任是民事责任的一种类型，是为确保合同债务的履行而设置的措施。它以合同债务的存在为前提，以督促合同债务人履行债务并保障合同当事人的债权为宗旨。[①]而合同解除则是合同终止的一种事由，其以消灭既存的合同权利义务关系并处理合同关系终止的善后事宜为宗旨。因二者有如上所述的不同的规范目的，且其规范目的并不冲突，因而存在同时适用的可能。早在《民法通则》中就对此有专门规定。原《民法通则》第115条规定，合同的变更或者解除，不影响当事人要求赔偿损失的权利。原

① 参见梁慧星：《民法学说判例与立法研究》，中国政法大学出版社1993年版，第253页。

《合同法》第97条亦暗含此意。《民法典》第566条第2款更是明确规定，合同因违约解除的，解除权人可以请求违约方承担违约责任，但是当事人另有约定的除外。本案中，乙公司违反双方协议中关于个人信息保密的条款，构成违约。同时，甲因乙的违约行为导致精神抑郁无法工作，合同目的已经不能实现，根据原《合同法》第94条第4项，或根据《民法典》第563条第1款第4项，甲当然可以解除合同。并且，甲解除合同系因乙公司的违约行为而实施，故甲作为解除权人可以同时要求乙公司承担违约责任。

2.承担违约责任应达到使非违约方处于合同完全履行的状态

违约责任的目的在于确保债权人债权的实现，一旦发生违约行为，即使合同被解除，也应确保债权人的合同债权处于被实现的状态，这就是所谓期待利益损失的赔偿。也就是说，违约责任的赔偿范围包括期待利益损失的赔偿。在赔偿期待利益后，非违约方的利益就达到了如同合同完全履行的状态。正因如此，赔偿期待利益损失，可以作为实际履行的替代方法而使用。[①]本案中，乙公司违约，应依约向甲支付违约金10万元。同时，如果涉案协议被完全履行，则甲可以获得正常的，一年半的收入为54万元（3万元×18个月=54万元），这是甲的期待利益，乙公司应予赔偿。此外，甲为就医而支出的13万元，也是因乙公司违约而产生的损失。也就是说，甲因乙的违约行为而产生的物质损失就是13万元医疗费和54万元的收入损失，共计67万元。本案中，即使约定了违约金，且违约金责任和损失赔偿责任可以并用，但违约金责任和赔偿损失责任的承担只要使非违约方处于合同被完全履行的状态即为已足，原则上不宜超过非违约方所受损失的总和。[②]因此，虽然合同中约定的违约金是10万元，但将违约金10万元、医疗费支出13万元和收入损失54万元简单相加后的总和为77万元，已经完全超过了甲的物质损失总和67万元。所以，甲最终应获得的物质损失以不超过67万元为宜。

---

① 参见王利明：《合同法研究》（第1卷）（第3版），中国人民大学出版社2015年版，第360页。

② 参见王利明：《合同法研究》（第2卷）（第3版），中国人民大学出版社2015年版，第709页。

3.承担违约责任不影响受害人请求精神损害赔偿

我国民法传统理论与实务界均认为，精神损害赔偿只适用于侵权责任领域，在违约责任领域不适用精神损害赔偿。最高人民法院原《关于审理旅游纠纷案件适用法律若干问题的规定》（法释〔2010〕13号）第21条明确指出，旅游者提起违约之诉，主张精神损害赔偿的，人民法院应告知其变更为侵权之诉；旅游者仍坚持提起违约之诉的，对于其精神损害赔偿的主张，人民法院不予支持。这一情况虽曾在实践中有一些突破，[①]但在绝大多数的合同纠纷中，法院都会驳回原告精神损害赔偿的诉讼请求。然而，这一传统在《民法典》中发生了变化。《民法典》第996条规定，因当事人一方的违约行为，损害对方人格权并造成严重精神损害，受损害方选择请求其承担违约责任的，不影响受损害方请求精神损害赔偿。也就是说，在《民法典》实施之后，如果违约行为造成非违约方严重精神损害的，非违约方在主张违约责任的同时，仍然可以主张精神损害赔偿。据此，本案中，甲向乙公司主张违约责任获得物质损害赔偿之后，还可就乙公司违约行为所导致的甲的严重精神损害，请求精神损害赔偿金。所以，甲主张5万元的精神损害赔偿金，应该得到支持。

◎ 规范指引

《民法典》

第563条　有下列情形之一的，当事人可以解除合同：

（一）因不可抗力致使不能实现合同目的；

（二）在履行期限届满前，当事人一方明确表示或者以自己的行为表明不履行主要债务；

（三）当事人一方迟延履行主要债务，经催告后在合理期限内仍未履行；

（四）当事人一方迟延履行债务或者有其他违约行为致使不能实现合同目的；

（五）法律规定的其他情形。

---

① 参见上海市黄浦区人民法院（2017）沪0101民初18493号民事判决书，河北省唐山市中级人民法院（2018）冀02民终252号民事判决书。

以持续履行的债务为内容的不定期合同，当事人可以随时解除合同，但是应当在合理期限之前通知对方。

第996条 因当事人一方的违约行为，损害对方人格权并造成严重精神损害，受损害方选择请求其承担违约责任的，不影响受损害方请求精神损害赔偿。

第二节 合同中未订入个人信息保护条款时的保护

基本原理

一、先合同义务：违反个人信息保护法定义务时的缔约过失责任请求权

正常情况下，合同成立生效后当事人的权利一般可以通过合同条款予以保障。如果有违约行为，可以通过违约责任获得救济。但是，在合同不成立、无效、被撤销或不被追认的情形下，没有有效的合同可以依托，便无从要求对方按照合同条款履行以保障权利，也无从追究违约责任来保障权利。此时，为了更周全地保护当事人的权利，法律特设了一种法定义务，即先合同义务。所谓先合同义务，就是当事人在缔约接触阶段，基于诚实信用原则而产生的各种说明、照顾、注意、保护等义务。《民法典》第501条规定，当事人在订立合同过程中知悉的商业秘密或者其他应当保密的信息，无论合同是否成立，不得将其泄露或不正当地使用；泄露、不正当地使用该商业秘密或信息，造成对方损失的，应当承担赔偿责任。该条中的“信息”应解释为包括个人信息。也就是说，当事人对于在合同订立过程中所知悉的对方当事人的个人信息，负有保护的义务。如果故意或过失泄露对方个人信息，造成损害的，应承担损害赔偿责任。这里的损害赔偿责任，性质上属于缔约过失责任。由此可见，在缔约过程中因其个人信息被对方泄露而产生损害的当事人，在合同成立生效之前，就可以受到合同法提供的保护，向对方主张缔约过失责任请求权。该项缔约过失责任的请求权基础是《民法典》第501条的后半句。

二、合同履行中的法定义务：未约定个人信息保护条款时债务不履行合同债务的损害赔偿请求权

《民法典》合同编第四章合同履行第509条第2款规定，当事人应当遵循诚信原则，根据合同的性质、目的和交易习惯履行通知、协助、保密等义务。据此，在合同履行过程中，即使合同中没有约定专门的个人信息保护条款，当事人也不能泄露其在合同履行过程中所知悉的对方个人信息。比如，在电脑维修合同的履行过程中，维修人获悉电脑主人在电脑中存储的大量敏感个人信息，如果维修人将这些敏感个人信息泄露，导致电脑主人权益受到损害，则应承担损害赔偿责任。虽然，这里的合同没有明确约定个人信息保护条款，但这里的保密义务是民法典直接规定的合同义务，违反这一义务仍然要承担不履行合同债务的损害赔偿责任。同时，这种情况属于合同履行过程中知悉的个人信息，《民法典》第509条第2款虽有涉及，但该条并非完全性规范，不能独立作为请求权基础。所以，电脑主人主张损害赔偿时需类推适用《民法典》第501条的规范作为请求权基础，即订立（类推适用于履行）合同过程中知悉个人信息后若泄露、不正当地使用该信息，造成对方损失的，应当承担赔偿责任。

三、后合同义务：违反个人信息保护法定义务时的损害赔偿请求权

合同履行完毕后，双方权利义务终止。但即便此时，若一方泄露其掌握的对方个人信息导致对方权益受到损害的，泄露一方仍然可能承担损害赔偿责任。《民法典》第558条规定，债权债务终止后，当事人应当遵循诚信等原则，根据交易习惯履行通知、协助、保密、旧物回收等义务。比如，甲（女）与乙（电商店铺主）的网络买卖合同履行完毕后，甲与乙在网络交流平台上交流购物体会时发生争执。随后，乙将甲的姓名、手机号、住址（网络购物收货地址）提供给某色情服务网站，导致甲接到无数骚扰电话，且产生了严重失眠、焦虑、抑郁等症状，花去医疗费1万元。在此情况下，甲可以请求乙赔偿其医疗费损失。因合同权利义务已经终止，故该损害赔偿的性质并不是违约损害赔偿，而是已经脱离合同领域，

实质上成为一种侵权责任。不过，因为《民法典》合同编第558条专门将这种保密义务规定为合同当事人的一项后合同义务，故而也可以将此处的损害赔偿责任视为违约责任的扩张。同时，因《民法典》合同编对于这种情形下的损害赔偿责任没有直接规定，所以实践中仍然可以类推适用《民法典》第501条作为请求权基础。但本书认为，另外还可以考虑的一种请求权进路是，直接依据《民法典》第1165条第1款规定，主张侵犯损害赔偿请求权。[①]

专题37 合同磋商时泄露个人信息可否要求承担合同法上的责任

◎ 案例简介

甲生物制药公司为研制乙肝新药而通过丙医院征集新药试用患者。乙为乙肝患者，并常年在丙医院治疗，看到甲公司的征集广告后通过丙医院报名。在甲公司对被试患者做试验调查时，甲公司工作人员详细询问了乙患者的乙肝病史及治疗史，并在电脑上做了非常详细的记载。在将要签订《新药试用合同》时，乙看到合同中的免责条款，内容为：因本药处于试验阶段，尚不明确对人体的副作用，签字前请慎重考虑。乙犹豫再三后未予签字。后来，乙在甲公司的网页上赫然发现了关于自己的乙肝病史及治疗史的内容，网页上只是显示了自己的姓，隐去了自己的名，并且显示了自己的工作单位。乙认为自己的姓氏非常少见，在显示工作单位的情况下，同事很容易判断出来网页中的乙肝患者就是自己。为此，乙茶饭不思，精神焦虑，就医花费1800元。后乙以甲公司违反法定义务为由诉至法院，请求甲赔偿1800元医疗费。

◎ 法官评析

1.先合同义务应当包括个人信息保护业务

《合同法》第43条规定，当事人在订立合同过程中知悉的商业秘密，无

---

① 参见丁宇翔：《民法典保护个人信息的三种请求权进路》，载《人民法院报》2020年9月25日，第5版。

论合同是否成立，不得泄露或者不正当地使用。泄露或者不正当地使用该商业秘密给对方造成损失的，应当承担损害赔偿责任。该条规定将合同磋商订立过程中，合同当事人的先合同义务限定为商业秘密保护。《民法典》第501条是对该条款的继受。在《民法典》第501条中，先合同义务的范围从商业秘密扩展到“其他应当保密的信息”。这里的“信息”是否包括“个人信息”呢？有意见引用王泽鉴先生的观点认为，“其他应当保密的信息”是指未经明示应予保密的秘密，如投资计划、新商品的制造方法等。[①]从本质上看，投资计划、新商品的制造方法等还是商业秘密，不应包括在“其他应当保密的信息”中，否则《民法典》第501条在原《合同法》第43条基础上增加“其他应当保密的信息”就没有意义了。基于此，《民法典》第501条中“其他应当保密的信息”应作另外的解释。本书认为，这里的“其他应当保密的信息”应指非商业秘密的其他信息，包括“个人信息”。其理由在于：其一，从文义上看，“信息”的外延更广，而“个人信息”就是“信息”的一种，前者包含后者。其二，从体系解释上看，《民法典》第1034条第2款明确规定了“个人信息”的定义，其列举的“身份证件号码”“生物识别信息”“住址”等信息，显然应当包括在第501条的范围。既然如此，第1034条中的“其他个人信息”也应包括在第501条的范围。其三，从立法目的上看，第501条中的“其他应当保密的信息”是一个概括性条款，其意在收纳其他无法一一列举的信息，以避免挂一漏万。将“其他应当保密的信息”解释为包含“个人信息”正好符合这一立法目的。基于以上分析，本案中乙患有乙肝病的情况属于乙的“个人信息”，属于先合同义务的保护范围，应受到合同法的保护。

2.泄露缔约磋商时获取的个人信息发生损失的，应予赔偿

根据上面的分析，当事人在订立合同中知悉的对方的个人信息，也受《民法典》第501条的保护。如果一方泄露或不当使用缔约时知悉的对方个人信息，造成对方损失，应承担赔偿责任。本案中，甲公司在缔约磋商过程中

① 参见最高人民法院民法典贯彻实施工作领导小组主编：《中华人民共和国民法典合同编理解与适用》（一），人民法院出版社2020年版，第282页。

收集和记录了乙的个人信息，其后又不慎泄露，导致乙为治疗心理疾病而支付医疗费，发生损失，甲公司应予以赔偿。

◎ 规范指引

《民法典》

第501条 当事人在订立合同过程中知悉的商业秘密或者其他应当保密的信息，无论合同是否成立，不得泄露或者不正当地使用；泄露、不正当地使用该商业秘密或者信息，造成对方损失的，应当承担赔偿责任。

第1034条第2款 个人信息是以电子或者其他方式记录的能够单独或者与其他信息结合识别特定自然人的各种信息，包括自然人的姓名、出生日期、身份证件号码、生物识别信息、住址、电话号码、电子邮箱、健康信息、行踪信息等。

专题38 合同履行过程中泄露个人信息可否要求承担违约赔偿责任

◎ 案例简介

2015年6月23日，黄某某在农行梅花园支行处申领卡号/账号为62×××78的借记卡，黄某某于同日就该借记卡向农行梅花园支行申请并成功办理电子银行及短信银行。同日，黄某某（甲方）、农行梅花园支行（乙方）签订《电子银行个人客户服务协议》。个人电子银行信息查询记载：涉案借记卡网上银行、掌上银行、短信银行开通标志均为已开通。2018年8月13日，涉案借记卡的合约名称为个人消息服务的状态为解约。同日，涉案借记卡的合约名称为个人消息服务的状态为签约。2018年8月14日10时19分，黄某某到广州市公安局天河区分局龙洞派出所报警。黄某某称，2018年8月13日之前，其从未使用涉案借记卡的手机银行进行过交易。2018年8月13日14时40分，其收到农行梅花园支行发送的个人信息服务功能被注销的短信，其致电农行梅花园支行的客服电话95××9就此询问，客户人员回复如果不是本人操作，应是系统错误，后其在ATM机向涉案借记卡现存30900元，发现没有收到存款变动提醒的短信，黄某某重新开通个人信息服务功能，此后，其通过网上银行向他人转账127000元，才发现涉案借记卡的余额有出入，有笔5万元交易是盗窃分子利用农行梅花园支行的安全系统漏洞盗取的款项。后黄某某诉至法院，请求：农行梅花园支行赔偿黄某某损失5万元及利息（利息以5万元为基数，从2018年8月13日起按年利率4.75%的1.5倍计算至赔付完成之日止）。

一审法院经审理后判决黄某某、农行梅花园支行双方对涉案借记卡中5万元存款的损失分别承担30%、70%的责任。二审法院判决认为，农行梅花园支行作为金融机构，对于网上银行交易信息应建立监控机制，发现和处置异常行为、套现或欺诈事件，其应对黄某某的账户异常、套现或欺诈事件等事实承担举证责任，但其目前提供的证据仅能证明借记卡资金交易信息，对于被盗用个人信息之后真实的操作记录、资金去向及流转等关键事实，均不能提供完整证据，亦不足以证实涉案交易系黄某某或其授权他人所为。因此，农行梅花园支行未尽安全保障义务是造成涉案借记卡资金损失的重要原因。同时，持卡人黄某某对身份信息、银行卡号、银行卡预留手机号均有妥善保管的义务，目前证据亦不能排除黄某某存在泄露上述信息的可能性。一审判决据此认定农行梅花园支行、黄某某分别按资金损失的70%、30%承担责任并无不当，予以维持。[①]

◎ 法官评析

在合同履行过程中，即使当事人并未将相关的个人信息保护条款明确记载于合同中，也并不意味着当事人可以任意将合同履行中所知悉的对方当事人的个人信息予以泄露。因为在合同履行中，当事人除了要履行合同约定的义务之外，还需要履行合同发展过程中基于诚实信用原则而产生的各种附随义务，包括合同关系存续及履行过程中的通知、协助、保密等义务。合同履行过程中违反附随义务的，对方当事人虽然不能诉请继续履行，原则上也不能解除合同，但可以依照不完全履行的规定，请求损害赔偿。[②]从性质上看，这里的损害赔偿仍然是违反合同法上的义务而产生的违约责任。当然，如果

---

① 参见广东省广州市中级人民法院（2020）粤01民终15468号民事判决书。

② 参见韩世远：《合同法总论》，法律出版社2004年版，第283页。

将来《民法典》合同编的司法解释增加“合同有效情况下的缔约过失责任”，则合同履行过程中因过失泄露个人信息的，应属于合同有效情况下的缔约过失责任。在目前的法律框架下，只能认定为违反合同法上的义务而产生的违约责任。

本案中，农行梅花园支行作为合同一方当事人，应对履行合同中所获取的储户的身份信息、银行卡号、密码等个人信息负有保密义务，在其未能对黄某某的账户异常、套现或欺诈事件等事实予以证明的情况下，法院认定银行对黄某某的损失承担部分责任，实际上就是认定了银行存在泄露黄某某个人信息的事实。而银行泄露储户个人信息的行为，实际上就违反了合同履行中的附随义务，从而应当承担违约损害赔偿责任。

◎ 规范指引

《民法典》

第501条 当事人在订立合同过程中知悉的商业秘密或者其他应当保密的信息，无论合同是否成立，不得泄露或者不正当地使用；泄露、不正当地使用该商业秘密或者信息，造成对方损失的，应当承担赔偿责任。

第509条第1款、第2款 当事人应当按照约定全面履行自己的义务。

当事人应当遵循诚信原则，根据合同的性质、目的和交易习惯履行通知、协助、保密等义务。

专题39 合同履行完毕后泄露个人信息可否要求承担违约赔偿责任

◎ 案例简介

甲17岁时曾因琐事与人争执并互殴，不慎将对方打伤，被判过失致人重伤罪，判处有期徒刑3年。因其犯罪时不满18周岁，且被判处了5年有期徒刑以下刑罚，符合《最高人民法院关于适用〈中华人民共和国刑事诉讼法〉的解释》第490条的规定，其犯罪记录予以封存。2017年1月1日，甲与乙演艺经纪公司签约，为了争取一个少年犯题材影片中的小角色，甲如实将自己曾经被判刑的情况向乙公司做了陈述，从而获得出演机会。

2019年12月31日，甲与乙演艺经纪公司的合同到期，因甲对乙公司的续约条件不满意，遂没有再与乙公司续约。乙公司不满于甲拒绝续约，遂将甲曾在少年时被判刑的情况向同行披露，导致甲无法在圈内找到任何工作，失业达一年之久。后甲以乙公司泄露其个人信息导致其收入损失（按照前三年在乙公司年薪15万元计算，要求支付15万元的损失）为由，诉至法院请求赔偿。

◎ 法官评析

1. 合同履行完毕意味着约定义务的终止，但不意味着法定义务的终止

合同履行完毕会导致合同约定的权利义务的终止，但是合同当事人仍需要负担约定之外的其他义务。原《合同法》第92条曾规定，合同的权利义务终止后，当事人应当遵循诚实信用原则，根据交易习惯履行通知、协助、保密等义务。《民法典》第558条予以继受。根据前文的阐述，这里的通知、协助、保密等义务属于后合同义务，是法律（原《合同法》、《民法典》）明确规定的义务，即使合同中没有任何涉及，当事人也需要根据法律规定履行该项义务。本案中，虽然双方的演艺合同已经到期，但乙公司仍负有对甲的个人信息予以保密的义务。

2. 当事人在合同履行完毕后泄露个人信息造成损失的应予赔偿

既然合同履行完毕后当事人也需要依法对个人信息予以保密，则违反这一法定义务给对方造成损失的，当然应该赔偿。从性质上看，这里的损害赔偿责任不是基于合同约定，而是基于原《合同法》的规定，因此可以视为一种违约责任的扩张。同时，由于行为人违反的是法定义务，并且主观上具有过错，造成了对方的损害，已经符合一般侵权损害赔偿责任的构成要件。因此，行为人的泄露个人信息导致损害的行为可以产生违约责任和侵权责任的竞合，根据《民法典》第186条（原《合同法》第122条），被泄露个人信息而导致损害的一方，可以选择主张违约损害赔偿或侵权损害赔偿。本案中，乙公司故意泄露甲个人信息的行为给甲造成了15万元的损失，甲可以通过违约之诉或侵权之诉，要求乙赔偿15万元的损失。

◎ 规范指引

《民法典》

第186条 因当事人一方的违约行为，损害对方人身权益、财产权益的，受损害方有权选择请求其承担违约责任或者侵权责任。

第558条 债权债务终止后，当事人应当遵循诚信等原则，根据交易习惯履行通知、协助、保密、旧物回收等义务。

第七章

个人信息侵权的责任抗辩

第一节　个人信息侵权责任抗辩中的外来原因抗辩

基本原理

一、个人信息侵权责任抗辩的类型

从广义上看，责任抗辩是所有可以减轻或免除行为人侵权责任的事由，包括来自侵权责任构成要件本身的因素，比如，行为人不具备过错的要件，则不应承担侵权责任；再如，损害是由第三人造成的，则被告行为和原告的损害之间不具备因果关系，因而也不能要求被告承担责任。从狭义上看，责任抗辩则仅指侵权责任构成要件之外的可以减轻或免除行为人侵权责任的那些因素，[①]这些因素一般都是法律专门规定的。在民法理论中，对于责任抗辩事由的分类主要有：一般责任抗辩事由和特别责任抗辩事由，外来原因抗辩事由和正当理由抗辩事由等。[②]关于一般责任抗辩事由和特别责任抗辩事由的内涵，学者之间的意见并不统一，[③]且一般抗辩事由与特别抗辩事由的表述不能直接表明其核心元素，比如，被归为一般抗辩事由的有正当防卫、紧急避险等，但从其“一般抗辩事由”的表述上无法得出正当防卫和紧急避险的“一般性”。而外来原因的抗辩事由和正当理由的抗辩事由，则是从抗辩事由的来源所作的分类，正当理由的抗辩事由都是来自侵权法律关系的当事人双方，比如，正当防卫、紧急避险是来自行为人方面而产生的抗辩；受害人同意则是来自受害人方面而产生的抗辩。外来原因的抗辩事由则是来自侵权法律关系当事人以外，最典型的就是不可抗力。从以上分析可以看出，外来原

① 参见张新宝:《侵权责任法》(第3版)，中国人民大学出版社2013年版，第57页。

② 参见王利明、杨立新:《侵权行为法》，法律出版社1997年版，第76—77页。

③ 参见杨立新:《侵权责任法》，法律出版社2010年版，第177页；张新宝:《侵权责任法》(第3版)，中国人民大学出版社2013年版，第58页。

因抗辩事由与正当理由抗辩事由的分类方法，更能准确地概括和表达该种抗辩事由的核心元素，可以观文见义。基于此，本书采外来原因的抗辩事由和正当理由的抗辩事由的分类。外来原因的抗辩事由主要是不可抗力，正当理由的抗辩事由主要是正当防卫、紧急避险、自助、依法保护合法权益、依法执行职务、受害人同意等。本节主要讨论不可抗力作为个人信息侵权责任抗辩事由的相关问题。

二、不可抗力作为个人信息侵权责任的抗辩事由

《民法典》第180条第2款规定，不可抗力是不能预见、不能避免且不能克服的客观情况。个人信息的常见侵害类型有泄露，拒绝向信息主体提供其收集的个人信息，信息记载错误而拒绝更正或删除等。以上类型中，最为常见的是泄露。而正是在个人信息的泄露环节，可能有不可抗力的介入，也即，个人信息的泄露是由于不可抗力所造成的。此时，不可抗力则可成为个人信息侵权责任的抗辩事由。比较典型的场景有，信息处理者保存海量个人信息的存储库因地震、海啸等不可抗力而崩塌，导致存储大量个人信息的介质（纸质档案、电子介质等）散落于世，从而发生大面积的个人信息泄露等。

三、不可抗力抗辩的若干程序规则

不可抗力发生后并不当然成为责任抗辩的事由，而是需要履行一定的程序性义务后才能真正发挥效用。具体而言，不可抗力作为责任抗辩事由要真正发挥作用，还需要遵守如下的程序性规则。其一，因不可抗力而泄露个人信息的当事人要将这一情况通知到被侵权人。至于通知应采取书面方式还是口头方式，并无定式，只要使通知内容到达被侵权人即可。实践中，媒体对不可抗力事件的报道，也可以认为是通知。其二，通知应当及时。不可抗力的通知，是以当事人自身对不可抗力这一特定事实的认知观念为内容的通知，[①]如果通知不及时，将直接导致被侵权人的信息不对称。在

① 参见常鹏翱：《事实行为的基础理论研究》，北京大学出版社2016年版，第100页。

信息不对称的情况下，被侵权人无法做任何止损的准备。因此，如果不可抗力的通知没有及时到达被侵权人导致其损失扩大的，即使通知一方可以不可抗力免除自己的赔偿责任，但也不能免除因通知不及时给对方造成扩大损失的赔偿责任。不过，通知不及时是不可抗力本身或其他客观原因所导致，则不承担赔偿责任。比如，海啸发生导致某银行的数据存储库中大量存储介质飘落水面，但因海啸导致通信中断，该银行亦未能及时通知受害人。在此种情况下，即使迟延通知，该银行也不负赔偿责任。其三，不可抗力的通知应该附有证据。该证据可以由公证机关出具，也可以由相关组织出具。比如，2020年的新冠肺炎疫情发生之后，商务部曾于2020年2月5日发布通知，要求各商会协助有需求的企业，无偿出具不可抗力事实性证明。实践中，法院对提供证明也非常重视。如果当事人不能提供相关证明，可能承担不利后果。[①]

专题40 不可抗力作为个人信息侵权责任的抗辩事由

◎ 案例简介

某海滨城市的甲银行在一次百年不遇的海啸中被摧毁，其档案库中存储的上万人的金融资料档案散落遗失，甲银行随即在当地省级报纸上连续一周进行公告，并提示广大客户立即核对银行卡及与该银行卡相关联的账户内余额变动情况，如有异常变动，建议立即致电银行客服采取冻结措施。乙系甲银行的VIP客户，此次海啸之后的若干天，乙在散步时无意间拾得几页纸，正是他人在甲银行的账户资料记录（包括身份证号、银行卡号即电子银行预留的手机号等信息）。乙立即联想到自己也是这家银行的VIP客户，并联想到自己的银行卡资料可能也已经被泄露，于是立即致电银行客服询问相关情况。银行客服人员告知乙，其银行卡已于前一日通过支付宝被转走2万元。并告知乙，很可能是有人获取了乙的电话号码和身份证号码，通过非法手段制造另一张同号码的移动电话卡，并以乙

① 参见山西省高级人民法院（2017）晋民终93号民事判决书。

的名义（身份证）更改支付宝账号后进入乙的支付宝账号进行转账所致。乙认为，是由于甲银行泄露自己的个人信息才导致发生的财产损失，故请求损害赔偿。

◎ 法官评析

1.不可抗力与个人信息的泄露有因果关系

不可抗力是不能预见、不能避免并不能克服的客观情况。民法理论与实务界通说认为，不可抗力可以来自自然力，比如地震、海啸、洪水等，也可以来自社会力，比如战争、武装冲突等。海啸属于典型的由于自然力而发生的不可抗力。也正是由于海啸的发生，才导致本案中大量个人信息遗失散落，造成个人信息的泄露。

2.不可抗力发生后信息处理者及时履行了相关通知止损义务，抗辩成立

不可抗力虽然是侵权责任的抗辩事由，但并不绝对成立，而是需要满足一些条件。首先，不可抗力必须与权益侵害之间有因果关系。这一点，在本案中是成立的，不再赘述。其次，不可抗力发生后被告履行了及时通知的义务。也就是，原告不致因不知道发生不可抗力事件而使潜在的风险现实化，或使得本来就已经发生的损失扩大化。本案中，甲银行虽未一对一通知到所有的客户（包括乙），但其在当地省级媒体上连续一周刊登公告的行为应视为其已经尽到了通知义务。最后，不可抗力的通知应附有证据。本案中，甲银行所在地发生海啸属于众所周知的事实，至少对于乙而言，是已知的事实，不需要证明。基于以上三点理由，甲银行关于不可抗力的责任抗辩是成立的，应该予以免责。

◎ 规范指引

《民法典》

第180条 因不可抗力不能履行民事义务的，不承担民事责任。法律另有规定的，依照其规定。

不可抗力是不能预见、不能避免且不能克服的客观情况。

第二节　个人信息侵权责任抗辩中的正当理由抗辩

基本原理

一、正当理由抗辩在个人信息侵权中的可能范围

正当理由的抗辩事由主要包括正当防卫、紧急避险、自助、依法保护合法权益、依法执行职务、受害人同意等。其中，正当防卫是指为了制止正在进行的针对本人、他人或社会公共利益所实施的不法侵害，从而采取的不得已的防卫行为，因其具有明显的正当合理性，因而被作为典型的责任抗辩事由，不需要承担责任，除非防卫行为超过必要的限度，造成不应有的损害。一般情况下，很少有什么正在实施的不法侵害行为是需要通过侵犯他人个人信息权益（泄露、非法提供等）去制止的。只是在某些极为特殊的情况下，存在以泄露侵害人个人信息的方式实施正当防卫的可能。比如，甲对乙实施殴打的过程中，乙拿出自己掌握的甲的私密信息资料夹扔向旁观人群，资料夹中有甲的私密照片，散落一地。甲为了及时抢回资料夹而暂停对乙的殴打。不过，这种情况在实际生活中极为少见，本书不予专门讨论。自助是指权利人为保护其权利而在情势紧迫来不及请求公权机关予以救济的情况下，针对义务人人身或财产所施加的扣押、约束或其他措施。[①]从自助的上述特点看，行为人实施自助行为直接针对请求权的义务人人身或财产进行，而对个人信息的泄露或其他侵害不符合自助行为的这一本质特征。因此，尽管自助行为是一般侵权责任的抗辩事由，但却不适合作为个人信息侵权责任的抗辩事由。基于上述理由，本书认为，正当理由抗辩在个人信息侵权中的范围主要是：紧急避险、依法保护合法权益、依法执行职务、受害人同意等。

---

① 最高人民法院民法典贯彻实施工作领导小组主编：《中华人民共和国民法典侵权责任编理解与适用》，人民法院出版社2020年版，第123页。

二、紧急避险作为个人信息侵权责任的抗辩事由

紧急避险是指为了使本人、他人的人身或财产权益免受正在遭受的紧迫危险，从而实施的不利于他人人身或财产的侵害行为。我国在原《民法通则》第129条就曾规定，因紧急避险造成损害的，由引起险情发生的人承担民事责任。如果危险是由自然原因引起的，紧急避险人不承担民事责任或者承担适当的民事责任。其后，原《侵权责任法》、《民法典》都明确规定紧急避险作为侵权责任的抗辩事由。在个人信息侵权的情况下，作为责任抗辩事由的紧急避险比正当防卫具有更多的适用可能。因为，正当防卫行为是针对正在实施不法侵害的行为人而实施的，而紧急避险则是针对行为人之外的第三人。而正是由于紧急避险针对第三人，这就可能使得泄露或提供第三人的个人信息成为紧急避险最有可能的情景。比如，甲欲获取乙的行踪信息，在多方寻找无果的情况下胁迫乙的服务人员丙，在此紧急情况下，丙为了确保自身的安全而不得不将乙的行踪信息提供给甲，导致甲找到乙实施侵害行为。此种情况下，丙泄露乙的个人信息的行为构成紧急避险。根据上述法律规定，丙可以此作为乙向其主张侵权责任时的抗辩事由。丙的紧急避险行为虽然是乙受到损害的因素之一，但此时乙的损害应由引起险情发生的甲承担赔偿责任。

三、依法保护合法权益作为个人信息侵权责任的抗辩事由

依法保护合法权益作为责任抗辩事由有两种情况。一种情况是，行为人为维护自身生命健康和财产安全而依法行使权利，造成了对信息主体个人信息权益的侵害。比如，甲、乙为夫妻，在离婚诉讼期间有种种迹象表明乙正试图将夫妻共同存款转移给插足的第三者丙，为确定此事，甲无奈之下暗地里将乙手机中的微信记录予以复制，证实乙、丙之间正在合谋转移甲乙共同存款。在这种情况下，甲为保护自己的财产安全这一合法权益，对乙和丙的个人信息权益造成了一定程度的侵害，由此获得的微信记录亦可以作为嗣后诉讼的证据，即使按照《最高人民法院关于适用〈中华人民共和国民事诉讼法〉的解释》（法释〔2020〕20号）第106条“对以严重侵害他人合法权益、

违反法律禁止性规定或者严重违背公序良俗的方法形成或者获取的证据，不得作为认定案件事实的根据”的规定，也不至构成严重侵犯他人合法权益或严重违背公序良俗。因此，甲的行为属于依法行使权利保护自身合法权益，可以成为合法的抗辩事由。另一种情况是，他人为维护信息主体的生命健康和财产安全而收集、处理其个人信息。比如，对于因意外事故而受重伤的伤者实施紧急救治时，医院无法征得伤者本人或其监护人的同意。但为了及时救治伤者而对其进行各种检查，收集伤者的各种身体、生理健康信息。为依法保护信息主体自身合法权益而实施的行为难以一一列举，实践中，法官必须根据个案具体情况，对是否有利于信息主体自身合法权益进行仔细甄别，方可作出妥当的判断。以上两种情况在《个人信息保护法》中亦有明确规定。根据《个人信息保护法》第13条第1款第4项，为应对突发公共卫生事件，或者紧急情况下为保护自然人的生命健康和财产安全所必需，个人信息处理者方可处理个人信息。

四、受害人同意作为个人信息侵权责任的抗辩事由

受害人同意是侵权责任的一般免责事由。[①]在个人信息的收集、处理行为中，如果该行为是经过信息主体同意，或者是在信息主体同意的范围内实施的，则阻却违法，不需要承担侵权责任。我国《个人信息保护法》第13条第1款第1项规定，取得个人同意的，方可处理其个人信息。另外，基于对无行为能力和限制行为能力人的保护，涉及无行为能力人和限制行为能力人的个人信息的收集、处理行为需征得其监护人的允许，并在其允许的范围内实施。因此，无行为能力人和限制行为能力人的监护人的同意，也是个人信息侵权的抗辩事由。需要明确的是，这里的“同意”，需要接受公序良俗原则的限制。也就是，同意不能违背善良风俗，否则，同意是不生效的。[②]比如，监护人以获益为目的将未成年女童星身体隐私信息授权他人使用。

---

① 参见程啸：《侵权责任法》（第2版），法律出版社2015年版，第301页。

② Vgl. Deutsch / Ahrens, *Deliktsrecht: Unerlaubte Handlungen, Schadensersatz, Schmerzensgeld*, 4. Auflage, Carl Heymanns Verlag, 2002, S. 50.

在司法实践中认定是否构成“同意”，需要根据案件的具体情况进行具体分析。一般而言，除了明示的同意之外，如果信息主体以其行为表明其已经授权他人使用该信息，则其后不能以其未同意为由主张侵权，这就是默示的同意。

专题41 为获取政府救济而提交个人信息应视为同意，政府可以免责

◎ 案例简介

2018年3月，金阊街道金夏社区居民张某某以患病、离异、失业，无力承担医疗费用为由向金阊街道申请免费医疗保险、最低生活保障，而且张某某提交了自己的体检报告。2018年4月27日，金阊街道金夏社区相关工作人员及社区部分党员、部分居民共计17人对张某某申请最低生活保障进行民主评议。在查看张某某的申请、体检报告后，14人反对、3人弃权，张某某的最低生活保障申请未获通过。张某某以金阊街道在民主评议过程中未经其准许公开、评议其患疾病侵犯其隐私权为由提起诉讼，请求判定被告金阊街道办事处赔礼道歉、消除影响并赔偿精神损失费4000元。

法院判决认为，当事人对自己提出的诉讼请求所依据的事实有责任提供证据加以证明。没有证据或者证据不足以证明当事人的事实主张的，由负有举证责任的当事人承担不利后果。本案中，原告在申请最低生活保障时提交了体检报告作为依据，但又认为在民主评议过程中公开其疾病属于侵权，原告前述逻辑自相矛盾。另，对原告提及的材料进行评议属被告的履职行为，原告主张该行为构成侵权无事实依据。最终，判决驳回原告的诉讼请求。[①]

◎ 法官评析

1.为获取行政给付需要提供必要的个人信息

所谓行政给付，就是指行政主体依照有关法律、法规，向符合条件的申

---

① 参见江苏省苏州市姑苏区人民法院（2019）苏0508民初4892号民事判决书。

请人提供物质利益或者赋予其与物质利益有关的权益的具体行政行为。行政给付体现了国家对于社会特殊群体、弱势群体的关心和帮助。行政给付的对象是具有特定情形的行政相对人；行政给付是行政机关通过行政给付行为赋予给付对象一定的物质上的权益或与物质相关的权益，物质上的权益表现为给付相对人一定数量的金钱或实物；与物质有关的权益主要表现为让相对人免费入学接受教育、享受公费医疗待遇等。本案中，张某某申请免费医疗保险、最低生活保障，就是在向行政机关申请行政给付。而政府机关在决定是否提供行政给付时，必须对申请行政给付的行政相对人是否符合相关条件进行审查，这就需要获取行政相对人的相关信息（如是否存在需要救助的疾病、收入状况、工作状况）。因此，本案中的张某某向街道办提供其包括体检报告在内的相关资料是有必要的。

2.为决定是否给予行政给付而处理个人信息可以免责

行政机关在决定是否提供行政给付时并非随意而为，而需要遵守特定的程序。本案中，街道办需要按照程序对张某某的申请及所附材料进行审核。审核的程序之一就是进行民主评议。而民主评议必然需要让所有参与民主评议的人知晓张某某的上述信息。就此而言，街道办对张某某个人信息在完成民主评议目的范围内的公开是必要的。也可以认定，街道办的处理行为属于《个人信息保护法》第13条第1款第3项规定的“为履行法定职责或者法定义务所必需”，此时，个人信息处理者可以处理个人信息。张某某既然申请行政给付，就应遵循行政给付的程序要求，容忍其个人信息在决定是否向其提供行政给付的目的范围内公开。在此，张某某申请行政给付的行为即表明其同意街道办在处理行政给付目的范围内合法公开并使用其个人信息，这一同意是个人信息侵权责任中的抗辩事由，街道办可以免责。正因如此，法院最终判决驳回张某某的诉讼请求。

◎ 规范指引

《民法典》

第1035条　处理个人信息的，应当遵循合法、正当、必要原则，不得过度处理，并符合下列条件：

（一）征得该自然人或者其监护人同意，但是法律、行政法规另有规定的除外；

（二）公开处理信息的规则；

（三）明示处理信息的目的、方式和范围；

（四）不违反法律、行政法规的规定和双方的约定。

个人信息的处理包括个人信息的收集、存储、使用、加工、传输、提供、公开等。

《个人信息保护法》

第13条第1款 符合下列情形之一的，个人信息处理者方可处理个人信息：

……

（三）为履行法定职责或者法定义务所必需；

……

专题42 信息主体没有明确拒绝可否视为同意

◎ 案例简介

2017年11月21日，第三人黄平县人民医院通过州红十字会获赠了一台由东莞麦可龙集团提供的"安媛计划"麦可龙直视人流系统设备一套。2019年12月6日被告黄平县红十字会电话通知黄平县人民医院该设备的专家要到黄平县人民医院进行培训后，又通知被告黄平县融媒体中心一同前往进行采访报道。培训会上，设备专家通过APP对设备的运行讲解后要求县医院安排1—2例人流手术进行现场教学。随后，该医院妇科主任杨某某通知原告时某到县医院做人流手术。当天12点，县医院妇科医生将时某带到手术室，其丈夫王某俊在手术室外等候。原告时某进入手术室后，麦可龙设备的二位专家及县红十字会的副会长杨某也进入了手术室，县融媒体中心的一位工作人员也提着摄像机进入手术室。其间，原告丈夫多次交涉不准县融媒体中心的工作人员进入手术室拍摄。当天，麦可龙设备的二位专家、县红十字会的副会长杨某、县融媒体中心的一位工作人员、县医院妇科主任杨某某及部分医护人员现场观看了时某的人流手术。事后，县融媒体中心还对该设备的投放和运行进行了跟踪采访和新闻报道。现原告以二被告侵犯其隐私权诉至法院，请求赔礼道歉和精神损害赔偿。黄平县融媒体中心则抗辩称，时某及其丈夫当时并没有向采访人员提出质疑、反对和拒绝，综合医院和时某的具体表现，可视其为知晓和同意进入手术室。

法院判决认为，隐私权是自然人享有的对其个人与公共利益无关的个人信息、私人活动和私人领域进行独立支配的一种人格权，现原告以其隐私权受到侵害为由向人民法院起诉请求赔偿精神损害，应当予以支持。被告县红十字会派员跟踪“麦可龙直视人流系统”设备使用情况，在原告时某做人流手术时，没有经过原告时某同意进入人流手术现场，并通知县融媒体中心对设备跟踪采访报道，这一系列行为已经侵犯原告时某的隐私权，应承担主要民事侵权责任；第三人黄平县人民医院用麦可龙直视人流系统在为原告做人流手术时，没有告知原告该手术还有专家现场教学，在没有征得原告同意的情况下把不是该医院的医务人员带入手术室，第三人也侵犯原告的隐私权，应承担次要民事侵权责任，鉴于第三人与原告在本案诉前已经达成赔偿协议，本案中第三人不再承担赔偿责任；被告县融媒体中心未经原告时某同意，擅自派员携带摄录采访设备进入手术室，同样也侵犯了原告的隐私权，也应承担一定的侵权民事责任。最终判决黄平县红十字会赔偿时某精神抚慰金人民币18000元；黄平县融媒体中心赔偿时某精神抚慰金人民币5000元。①

◎ 法官评析

做人流手术的过程既涉及患者的身体信息，也涉及患者的健康信息，都属于非常敏感的个人信息。《民法典》第1035条第1款第1项规定，处理个人信息的，应当遵循合法、正当、必要原则，不得过度处理，并需征得该自然人或者其监护人同意。《个人信息保护法》第13条也坚持这样的主张。本案中，县融媒体中心虽然抗辩时某及其丈夫当时并没有向采访人员提出质疑、反对和拒绝，但原告没有质疑和反对不等于原告同意。在被告不能举证证明原告明确同意的情况下，不能将原告没有反对和质疑的行为视为同意。判决中虽然没有直接对县融媒体中心的这一抗辩进行回应，但从判决理由可以看

① 参见贵州省黔东南苗族侗族自治州中级人民法院（2020）黔26民终1623号民事判决书。

出，法院对于县融媒体中心的抗辩并未采纳。除了做人流手术所必要的医务工作之外，黄平县红十字会、黄平县人民医院及黄平县融媒体中心工作人员在未经原告同意的情况下进入手术室，观看原告人流手术，已经侵犯原告个人信息权益，理应承担相应的侵权责任。

◎ 规范指引

《民法典》

第1035条 处理个人信息的，应当遵循合法、正当、必要原则，不得过度处理，并符合下列条件：

（一）征得该自然人或者其监护人同意，但是法律、行政法规另有规定的除外；

（二）公开处理信息的规则；

（三）明示处理信息的目的、方式和范围；

（四）不违反法律、行政法规的规定和双方的约定。

个人信息的处理包括个人信息的收集、存储、使用、加工、传输、提供、公开等。

《个人信息保护法》

第13条第1款 符合下列情形之一的，个人信息处理者方可处理个人信息：

（一）取得个人的同意。

……

专题43 原告对信息泄露有过错的可否减轻被告责任

◎ 案例简介

2018年4月27日，陕西榆林市米脂县发生恶性砍杀学生事件，被告腾讯公司在其“腾讯新闻”对此案进行了报道，并在网页中将原告薛某本人的微信头像照片予以配图，并标注为“嫌疑人照片”。该新闻发布后，给原告薛某的名誉造成一定损害，也对其精神造成一定伤害。5月1日，被告对原告进行专访，对上述报道中的错误予以澄清，但关于赔偿问题协商未果，原告诉至法院，请求赔礼道歉，赔偿经济损失7000元，精神损害抚慰金10000元。被告辩称，原告在米脂恶性事件发生后，在舆论一片哗然、社会高度关注、百姓诸多不安的情况下随意评论“没毛病”，导致被各大媒体搜索并误发，原告自身存在过错，故应当驳回原告的诉讼请求。

法院判决认为，自然人享有名誉权。被告腾讯公司作为专业从事新闻传媒工作的单位，在对新闻事件的报道中以讹传讹，将未经证实的且与案件毫不相干的原告照片作为配图使用，并标注为“嫌疑人照片”，虽然在该照片中将原告的眼部做了薄码处理，但对熟识原告的人来说仍然有极高的辨识度，容易让人产生误解，且对原告本人的名誉及精神势必会造成一定损害，存在一定过错，故对原告的合理诉讼请求依法应予支持。被告辩称在新闻报道中虽然使用过被告照片但未披露其个人信息，也未给原告造成损害，无足够有效证据予以反驳，故对其辩称理由法院不予采信。被告虽有过错，但并非故意为之，综合分析，原告本人此前曾在微信聊天中发表不当言论也是导致其照片及个人信息泄露的原因之一，且被告在发现错误后第一时间出面澄清，避免了损失的进一步扩大，挽回了部分影响，故应适当减轻被告的侵权责任，对原告请求赔礼道歉的诉讼请求依法不予支持。对原告的损害赔偿应根据其行业特点及当地收入水平等情况酌情予以认定。最终判决由被告深圳市腾讯计算机系统有限公司一次性赔偿原告薛某经济损失及精神损害抚慰金共计人民币8000元。[①]

◎ 法官评析

实践中，因在2021年施行的《民事案件案由规定》修改之前没有“个人信息保护纠纷”这样的案由，涉及个人信息侵权的案件经常以隐私权纠纷、名誉权纠纷、一般人格权纠纷进入诉讼。本案虽然是名誉权纠纷，但同时也涉及个人信息权益的侵害。腾讯公司在未经薛某本人允许的情况下，使用其照片作为配图。虽然在使用时对原告眼部做了薄码处理，但对熟识原告的人来说仍然有极高的辨识度，可以通过该照片识别出原告的身份，构成对原告个人信息权益的侵犯。但是，由于原告自身对于其个人信息的泄露存在过错，这一点构成被告就其可能承担的责任的有效抗辩事由，故法院在判决腾讯公

---

① 参见陕西省神木市人民法院（2018）陕0881民初5797号民事判决书。

司承担赔偿责任的同时，也对其赔偿数额进行了酌减，在一定程度上减轻了被告的赔偿责任。需要指出的是，一般而言，肖像权与个人信息权益的界限是较为明显的，但在有的情况下，肖像的内容中包含面部识别特征甚至包括虹膜等其他生物识别信息。在这种情况下，存在侵犯肖像权和侵犯个人信息权益的竞合。就此而言，本案中，原告以肖像权被侵犯主张权利也是可以的。

◎ **规范指引**

《民法典》

第111条 自然人的个人信息受法律保护。任何组织或者个人需要获取他人个人信息的，应当依法取得并确保信息安全，不得非法收集、使用、加工、传输他人个人信息，不得非法买卖、提供或者公开他人个人信息。

第1173条 被侵权人对同一损害的发生或者扩大有过错的，可以减轻侵权人的责任。

第三节　个人信息侵权责任抗辩中的特有抗辩事由

基本原理

一、信息主体自行公开或合法公开其个人信息作为抗辩事由

以上两节所阐述的责任抗辩事由是侵权责任法的一般原理在个人信息侵权领域的具体化。然而，还有一种责任抗辩事由则是个人信息侵权领域的特有抗辩事由，这一抗辩事由在其他领域的侵权责任中很少有适用的空间。这一抗辩事由就是个人信息已由信息主体自行公开或合法公开。《个人信息保护法》第13条第1款第6项规定，个人信息处理者依照本法规定在合理的范围内可以处理个人自行公开或者其他已经合法公开的个人信息。这就明确肯定了个人信息处理者处理信息主体自行公开或者其他已经合法公开的个人信息可以作为抗辩事由。信息主体既然已经自行公开其个人信息，这就表明

其同意其被公开部分的个人信息可以由他人使用。这实际上是侵权法中“受害人同意”规则的进一步具体化，理应成为合法的抗辩事由。只是，信息主体自行公开其个人信息这一抗辩事由已经打上了深深的“个人信息领域”烙印，使其可以完全脱离“受害人同意”的传统抗辩事由范围，相对独立地成为极具个人信息领域特色的抗辩事由。同时，对于已经合法公开的个人信息而言，因其已经合法地进入公有领域，原则上不应再限制他人的合法使用。一旦他人将已经进入公有领域的个人信息进行处理，不应再视为侵权。除非，这一处理行为明显违法或违反公序良俗。因此，信息主体自行公开或合法公开其个人信息，应作为个人信息侵权责任的合法抗辩事由。

二、自行公开或合法公开抗辩事由的例外

然而，即使是收集、处理已由信息主体自行公开或合法公开的个人信息，也并非全部可以免责。至少在以下情形中，相关的收集、处理行为可能构成侵权。

（一）信息主体明确拒绝

自然人虽然自行公开了其个人信息，或者其个人信息此前已经被合法公开，但如果自然人明确对相应的收集、处理行为表示拒绝的，则表明信息主体又对此前默示的同意或合法公开重新施加了限制，个人信息的收集、处理者必须对此给予尊重。在最新修订的国家标准中也确认，个人信息主体有撤回授权同意的权利。《个人信息保护法》第15条第1款也明确个人可以撤回同意，个人信息处理者应当提供更便捷的撤回同意的方式。这就意味着，一方面，收集、处理者应向个人信息主体提供撤回收集、使用其个人信息的授权同意的方法。撤回授权同意后，个人信息处理者后续不应再处理相应的个人信息。另一方面，应保障个人信息主体拒绝接收基于其个人信息推送商业广告的权利。对外共享、转让、公开披露个人信息，应向个人信息主体提供撤回授权同意的方法。[①]

---

① 参见《信息安全技术·个人信息安全规范》（GB/T 35273-2020）第8.4条。

（二）处理该信息侵犯信息主体重大利益

虽然自然人自行公开了其个人信息，或者其个人信息此前已经被合法公开，但如果处理上述合法公开信息可能侵犯信息主体重大利益的，也应被视为侵权行为而予以禁止。比如，针对自然人已经合法公开的各种信息进行社会分选，即收集个人信息，再依据年龄、教育背景、籍贯、经济实力等标准，将目标人群进行分类，通过大数据分析由系统自动化决定谁应当享受何种待遇。[①]在这种情况下，信息的收集和处理虽然使用的是已经合法公开的个人信息，但其处理的结果很可能产生社会歧视，侵犯信息主体的重大利益，因而不应作为侵权责任的抗辩事由。

（三）以违反社会公共利益、社会公德的方式再次公开

虽然是此前已经合法公开的个人信息，但如果行为人以违反社会公共利益、社会公德的方式再次公开，则仍然构成侵权，不得以其信息已经公开而为抗辩。这种情况最典型的是人肉搜索，其所收集的信息基本都是此前已经公开的，但其信息收集的方式很容易使得被收集者迅速成为没有任何个人隐私的“透明人”，明显违反善良风俗。在冉某某与厦门外服人力资源服务有限公司、张某名誉权纠纷案中，法院判决认为，私力救济也应在法律允许限度内通过合法手段行使，张某通过在网络上披露原告个人信息、发起人肉搜索之方式要求原告履行合同义务，显属不当，且张某在取得所购车辆后近两年时间里也未及时删除上述网帖，综上，法院认定被告张某的行为已构成对原告名誉权的侵害。[②]

三、重复传播作为抗辩事由

重复传播作为抗辩事由，是指当涉诉的侵权言论只是合理引用或重复传播了权威媒体发布的信息时，侵权人即可以此进行抗辩主张免责，除非该权

---

① 参见叶名怡：《个人信息的侵权法保护》，载《法学研究》2018年第4期。

② 参见福建省厦门市思明区人民法院（2014）思民初字第2807号民事判决书。

威媒体发布的信息一看便知并不属实。这其实也就是日本法上所谓的“配信服务抗辩”。[①]在实践中，涉及个人信息的文章或报道经常被媒体相互引用或重复传播，因而在涉及个人信息侵权的案件中，常常存在这一抗辩之可能。然而，需要注意的是，并非只要是重复在先报道媒体的内容，就可以主张重复传播这一抗辩。主张重复传播抗辩，至少需要满足以下几个条件：第一，信息的来源必须是权威的。国家机关的报纸、门户网站，法院的生效判决，仲裁机构的仲裁裁决等渠道来源的信息，属于权威信息。行为人所重复传播的信息如果是小道消息或者毫无权威性可言的娱乐八卦媒体，则行为人应负有较重的审查义务。第二，行为人对来自权威渠道的信息内容没有进行实质性修改。如果行为人对来自权威渠道的信息内容进行了实质性修改，则相当于其自身成了实质修改后信息的源头。如此，其发布信息的行为就不再是重复传播，而是在某种程度上成为原发。第三，原信息若已被更正，则行为人发布的信息也应是更正过的信息。如果原信息已经被发布者更正，而行为人发布的信息则是更正前的信息，如果构成对信息主体的侵权，则行为人不能以重复传播作为侵权责任的抗辩事由。

专题44　公开渠道获取个人信息后再利用是否构成侵权

◎ 案例简介

2017年5月2日，某奇公司在其网站中金网（网址为www.××.com.cn）上转载题为《知名IT记者刘某涉嫌金融诈骗曾因敲诈勒索被判刑三年》的涉案文章，涉案文章称“据微信公众号‘红色参考’消息，知名IT记者刘某涉嫌操控安徽文交所交易，诈骗700多人，报警人挤满了合肥市公安局大堂。据悉，刘某是前IT写作社区××的创始人，曾因敲诈勒索被判刑三年”“刘某利用安徽文交所做了一单大生意，以培训学员参加文交所平台投资的方式启动骗局”“2016年6月刘某密谋坑杀学员”“2016年11月27日刘某指使手

---

① （日）五十岚清：《人格权法》，铃木贤、葛敏译，北京大学出版社2009年版，第46页。

下林某继续欺骗学员买入，结果又是连续三年跌停，最低跌到380元”。原告认为上述信息严重侵害了其名誉权，对其工作及生活造成巨大影响。为维护自身合法权益，故诉至法院，请求被告赔礼道歉，赔偿经济损失及精神损害抚慰金各10万元。被告抗辩称，有关原告涉嫌文交所诈骗的文章，至今在搜狐、新浪等具有新闻采编权的网站仍有刊发，即使原告的社会评价贬损，其与被告的转载行为亦没有关联。

法院判决认为，涉案文章是否侵犯原告名誉权，关键在于其内容是否真实，是否存在侮辱、诽谤之词。被告认为涉案文章的内容并非虚假捏造、空穴来风，在其转载前类似的文章已在网络上广为流传，且涉案文章反映的事件与公开渠道反映的信息在一定程度上可以相互印证，被告作为转载者合理相信涉案文章的内容基本属实，法院向原告求证涉案文章的事件是否属实时，原告拒绝予以答复，故法院对被告的意见予以采信，认定涉案文章的内容不存在虚假捏造的情况。本案中，涉案文章中的事件均可通过网络公开检索到，原告作为公众人物理应接受舆论监督，故法院难以认定涉案文章的内容构成侵权。因涉案文章系被告转载，原告未能举证证明涉案文章系被告网站用户撰写，故对原告请求公开侵权文章作者的身份信息的请求，法院不予支持。现被告已主动删除了涉案文章，原告对此予以确认，故原告要求删除文章的诉讼请求，无事实依据，法院不予支持。[①]

◎ 法官评析

由于互联网信息技术的迅猛发展，人们获取信息的能力大大提高，通过互联网搜索等渠道获取他人的个人信息，或者通过其他渠道获取个人信息，例如依据网络报道、企事业单位依法公示等方式获得个人信息，实际上是对已经公开的信息的合理利用，即使再次传播或公开，一般都不应认定为侵害个人信息权益。否则，正常的信息流通和社会交往都将受到极大的限制，有碍社会的发展进步。本案中，被告公司对涉及原告刘某个人信息的涉案文章进行转载，是社会信息流通和资讯交流的正常合理行为，法院认定不构成侵

① 参见上海市第一中级人民法院（2018）沪01民终12188号民事判决书。

权是妥当的。但是，并非所有公开渠道获取的信息的利用都不构成侵权。在一些情况下，信息虽然是从公开渠道获取，但如果该渠道明显不具有权威性，或者即使该渠道是权威的，但信息发布者早已将先前发布的信息予以更正，而行为人仍然转载之前的错误信息，则仍然有可能构成侵权。下面的案例，将专门讨论这一问题。

◎ 规范指引

《民法典》

第1036条　处理个人信息，有下列情形之一的，行为人不承担民事责任：

（一）在该自然人或者其监护人同意的范围内合理实施的行为；

（二）合理处理该自然人自行公开的或者其他已经合法公开的信息，但是该自然人明确拒绝或者处理该信息侵害其重大利益的除外；

（三）为维护公共利益或者该自然人合法权益，合理实施的其他行为。

《个人信息保护法》

第13条第1款　符合下列情形之一的，个人信息处理者方可处理个人信息：

……

（六）依照本法规定在合理的范围内处理个人自行公开或者其他已经合法公开的个人信息。

……

专题45　公开渠道获取个人信息后再利用应该把握什么限度

◎ 案例简介

2014年5月12日，《中国经营报》刊登了一篇由记者柴某撰写的题为《举报称晋商吕某某豪赌欠债遭追索》的报道（以下简称报道），该报道中涉及内容如下：1.吕某某拖欠巨额赌债的事实。报道称“多位商界人士举报吕某某赴港澳赌博，并称其与多人存在数十亿元的债务纠纷，其中部分为赌债。纠纷涉及5名债权人。举报还称，因欠债澳门博彩4.5亿港元，吕某某被澳门博彩业列入追债名单”“武某某向记者介绍，自2012年7月至今，吕某某欠赌资共35.3亿港元，涉及5名债权人、博彩公司”。2.吕某某与武某某合作赌博并拖欠武某某分成款的事实，报道称“武某某回忆称，两人最初合作，并达成了‘盈利分款’的口头协议，随后两人相互配合，开始在博彩业屡战屡赢，吕某某因此很快还上了以往的欠债。到2013年2月左右，两人在一年时间内共赢取24亿港元”。吕某某认为上述内容与事实完全不符，《中国经营报》的记者并未作进一步调查，即全文刊登武某某的所谓举报材料，客观上急剧扩大了武某某诽谤吕某某名誉这一严重损害后果，故诉至法院请求武某某和《中国经营报》停止侵害、赔礼道歉，赔偿精神损害抚慰金50万元。

法院判决认为，在侵犯名誉权诉讼中行为人要主张“合理引用或重复传播”抗辩，则必须保证所引用或重复传播的“事实”或“信息”是权威的或可信的。判断哪些“事实”或“信息”是权威的或可信的，应结合“事实”或“信息”的形成时间、来源、发布机关、发布渠道等多种因素综合判定。一般而言，生效的裁判文书、仲裁裁决书中确定的事实或信息，有权机关发布的正式文件、出版物中的事实或信息，有权机关在记者招待会、新闻发布会上公布的事实或信息，有权机关的官方媒体发布的事实或信息，或者其他非官方媒体发布但已经被涉事当事人本人确认的事实或信息等。本案中，武某某主张，在《中国经营报》采访其之前，已有相关负面报道。但从本案现有证据看，武某某所说的这些在其接受采访之前的报道主要来自百度快照和天涯社区的BBS。而从百度快照中，看不出其报道的确切来源，因而无法判断其是否属于权威的或可信的“事实”。而天涯社区BBS中的内容，却恰恰是落款为“武某某”的人的陈述。法院虽无法确定该“武某某”是否为本案上诉人武某某，但可以认定落款为“武某某”的人的陈述尚不构成权威的或可信的“事实”。因此，武某某主张的“重复传播”抗辩不能成立。最终，判决《中国经营报》删除涉案文章，武某某在《中国经营报》上向吕某某赔礼道歉，并赔偿吕某某精神损害抚慰金2万元。[1]

---

① 本案判决书较长，分别论述了何为权威信息和将举报内容公布于互联网是否构成侵权的问题，本专题主要讨论第一个问题。参见北京市第一中级人民法院（2015）一中民终字第08708号民事判决书。

◎ 法官评析

本案涉及的法律问题主要有两个：一是，从已经公开的渠道获取的他人个人信息可否任意转载利用；二是，行使检举控告权利可否将被检举人的个人信息公布于互联网。第二个问题将在下一专题讨论，此处专门讨论第一个问题。

从公开渠道获取他人个人信息后再利用虽然是个人信息侵权责任的抗辩事由，但这个抗辩事由并非绝对适用于所有的个人信息侵权案件，而是有具体的适用条件，那就是公开渠道获取的他人个人信息必须是权威信息，方才可能成为有效的抗辩事由。关于“权威”应当如何认定，本案判决确定了如下几种情形：1.裁判文书、仲裁裁决书中确定的事实或信息；2.有权机关发布的正式文件、出版物中的事实或信息；3.有权机关在记者招待会、新闻发布会上公布的事实或信息；4.有权机关的官方媒体发布的事实或信息；5.其他非官方媒体发布但已经被涉事当事人本人确认的事实或信息。符合上述情形中的任何一种情形，都可以认定为权威的信息。而本案中的情形，恰恰不符合以上几种情形，因而不构成权威信息，不能作为责任抗辩事由。

◎ 规范指引

《最高人民法院关于审理利用信息网络侵害人身权益民事纠纷案件适用法律若干问题的规定》(法释〔2020〕17号)

第9条　网络用户或者网络服务提供者，根据国家机关依职权制作的文书和公开实施的职权行为等信息来源所发布的信息，有下列情形之一，侵害他人人身权益，被侵权人请求侵权人承担侵权责任的，人民法院应予支持：

（一）网络用户或者网络服务提供者发布的信息与前述信息来源内容不符；

（二）网络用户或者网络服务提供者以添加侮辱性内容、诽谤性信息、不当标题或者通过增删信息、调整结构、改变顺序等方式致人误解；

（三）前述信息来源已被公开更正，但网络用户拒绝更正或者网络服务提供者不予更正；

（四）前述信息来源已被公开更正，网络用户或者网络服务提供者仍然发布更正之前的信息。

专题46 检举控告人将被检举人的个人信息（包括检举的涉嫌违法犯罪的信息）公布于互联网是否承担责任

◎ 案例简介

继续上一专题中的吕某某案。

法院判决认为，本案中，武某某所持有的证据恰恰不能证明其陈述内容的真实性，其陈述内容属于没有证据证实的事实，因此可以构成侵犯名誉权。然而，考虑到保证公民依法行使检举、揭发、申诉、控告等权利的需要，依法向纪检、监察等有权机关举报违法犯罪事实，即使没有有力证据支持，只要不是捏造事实有意诬陷他人的，亦应免责。但必须指出，这种免责必须限定到“向纪检、监察等有权机关检举、举报、申诉、控告”的范围内，如果超出这一范围，免责就不再适用。本案中，武某某向有权机关举报吕某某的相关事实，即使没有有力证据支持，亦属正常行使申诉、控告权，理应免责。但是，武某某却将举报内容向媒体陈述并扩散到社会，已经超出了纪检、监察等有权接受举报的机关的范围，此时，免责就不再适用。而武某某又不能证明其陈述内容的真实性，因此应承担侵权责任。[①]

◎ 法官评析

实践中，宪法所规定的检举申诉控告的权利与人格权受保护的权利偶尔也会发生冲突，最典型的情形就是检举控告他人涉嫌违法犯罪的权利与涉嫌违法犯罪的人的人格权保护之间的冲突。一方面，检举控告他人涉嫌违法犯罪的事实，需要利用他人（信息主体）的个人信息，且这种利用不可能经得信息主体本人的同意，这就存在侵犯他人个人信息权益的可能。另一方面，要检举他人的违法犯罪事实，又必然涉及他人的个人信息，否则，检举控告也就因没有具体的指向而没有价值。而从权利保护的逻辑来看，以上两种情

① 本案判决书较长，分别论述了何为权威信息和将举报内容公布于互联网是否构成侵权的问题，本专题主要讨论第二个问题。参见北京市第一中级人民法院（2015）一中民终字第08708号民事判决书。

形都有予以保护的重要价值，这就需要寻找一条妥当的路径，在最大程度上兼顾二者的权利保护。本案中，法院肯定了武某某有检举控告的权利，但将其限定在向有权机关检举控告的范围内。根据判决理由，法院确定的兼顾检举控告和个人信息权益保护双重价值的裁判规范是：1.当事人有权向纪检、监察、检察、公安等有权机关检举控告他人涉嫌违法犯罪的行为；2.检举控告他人涉嫌违法犯罪原则上只能向纪检、监察、检察、公安等有权机关进行，不宜任意扩散；3.检举控告人通过互联网或其他方式将只能向有权机关检举控告的他人涉嫌违法犯罪的信息扩散于社会，造成他人权益侵害的，应当承担相应的侵权责任，除非该检举控告人能够证明其检举控告的他人涉嫌违法犯罪的事实基本属实。根据以上规范，本案中武某某通过互联网向有权机关之外的范围扩散了吕某某涉嫌赌博等信息，但武某某又不能证明这些信息属实，应当承担相应的侵权责任。

◎ 规范指引

《民法典》

第1165条第1款 行为人因过错侵害他人民事权益造成损害的，应当承担侵权责任。

专题47 通过互联网发布未成年人受伤害信息是否侵犯该未成年人个人信息权益

◎ 案例简介

参见本书专题“未成年人的个人信息权益受损由谁做原告”的案例。[①]该案后被最高人民法院作为公报案例予以发布。

在该案中，就发布未成年人受伤害信息是否构成侵权的问题，法院判决认为，关于被告徐某某是否侵害原告施某某肖像权，《民法通则》第100条规定，公民享有肖像权，未经本人同意，不得以营利为目的使用公民的肖像。

① 参见江苏省南京市江宁区人民法院（2015）江宁少民初字第7号民事判决书。

《未成年人保护法》(2012年)第6条第2款规定，对侵犯未成年人合法权益的行为，任何组织和个人都有权予以劝阻、制止或者向有关部门提出检举或者控告。本案中，徐某某在知晓施某某被伤害后，为揭露可能存在的犯罪行为和保护未成年人合法权益不受侵犯而使用施某某受伤的九张照片，虽未经施某某同意，但其使用是为了维护社会公共利益和施某某本人利益的需要，也没有以营利为目的，且使用时已对照片脸部进行了模糊处理，应认定该使用行为不构成对施某某肖像权的侵害。

◎ 法官评析

1.未成年人个人信息权益应受特殊保护

未成年人作为民事主体具有特殊性，即未成年人从智力、体力上都较成年人处于明显劣势，因而容易成为受侵害对象。为此，各国都对未成年人给予特别保护，我国也专门制定了《未成年人保护法》贯彻这一立场。我国2020年修订的《未成年人保护法》第72条第1款规定，信息处理者通过网络处理未成年人个人信息的，应当遵循合法、正当和必要的原则。处理不满14周岁未成年人个人信息的，应当征得未成年人的父母或者其他监护人同意，但法律、行政法规另有规定的除外。在个人信息权益保护方面，《个人信息保护法（草案）》第15条明确规定，个人信息处理者知道或者应当知道其处理的个人信息为不满14周岁未成年人个人信息的，应当取得其监护人的同意。2021年4月29日公布的《个人信息保护法（草案二次审议稿）》第15条继续坚持这一立场，但是将条文内容调整为："个人信息处理者处理不满十四周岁未成年人个人信息的,应当取得未成年人的父母或者其他监护人的同意。"最终通过的《个人信息保护法》在第31条分两款对此作出明确规定：个人信息处理者处理不满14周岁未成年人个人信息的，应当取得未成年人的父母或者其他监护人的同意。个人信息处理者处理不满14周岁未成年人个人信息的，应当制定专门的个人信息处理规则。

《个人信息安全规范》中提出了更高的标准，要求收集年满14周岁未成年人的个人信息前，应征得未成年人或其监护人的明示同意；不满14周岁的，应征得其监护人的明示同意。[①]处在全球个人信息保护前沿的欧盟《一般数据保护条例》第8条也明确规定，如果未成年人为16周岁以下，数据处理若要合法，唯一前提是该未成年人的合法监护人同意或授权。可见，对于未成年人的个人信息权益给予特别的保护，已经是较为普遍的共识。

2. 为保护未成年人而发布其受伤害的信息应构成有效的抗辩事由

未成年人个人信息受特别保护，本质上是未成年人本身受特别保护的一部分。有时，在未成年人的各项合法权益之间也会存在竞争。本案中，施某某被伤害，其中极有可能存在虐待未成年人等严重违法犯罪行为。揭露这一可能的犯罪行为，本质上是在维护受害未成年人的合法权益。而要揭露这一犯罪行为，难免对未成年人本人受伤害的相关主要事实进行披露。这一披露行为必然会涉及未成年人本人的个人信息。徐某某通过互联网的揭露行为，虽然未经未成年人或其监护人同意，但正如《最高人民法院公报》中所指出的，发帖人在微博中发表未成年人受伤害信息，所发微博的内容与客观事实基本一致，符合社会公共利益和儿童利益最大化原则。[②]因此，徐某某发表未成年人受伤害信息虽然未经其监护人同意，但本质上是为了保护该未成年人合法权益，因此不应承担侵权责任。

◎ 规范指引

《民法典》

第1036条　处理个人信息，有下列情形之一的，行为人不承担民事责任：

（一）在该自然人或者其监护人同意的范围内合理实施的行为；

（二）合理处理该自然人自行公开的或者其他已经合法公开的信息，但是该自然人明确拒绝或者处理该信息侵害其重大利益的除外；

（三）为维护公共利益或者该自然人合法权益，合理实施的其他行为。

---

① 参见《信息安全技术个人信息安全规范》（GB/T 35273-2020）第5.4条。

② 参见施某某、张某某、桂某某诉徐某某肖像权、名誉权、隐私权纠纷案，载《最高人民法院公报》2016年第4期。

《个人信息保护法》

第31条 个人信息处理者处理不满十四周岁未成年人个人信息的，应当取得未成年人的父母或者其他监护人的同意。

个人信息处理者处理不满十四周岁未成年人个人信息的，应当制定专门的个人信息处理规则。

专题48 “人肉搜索”是否属于合法利用已公开的个人信息

◎ 案例简介

熊某某系南京市栖霞区某服装店业主，自2013年12月起，杨某某以“上莹大小姐”网名多次在熊某某开设的网店购买汉服。2014年5月，熊某某无端猜疑杨某某高价倒卖其所购买的品名为“长相守”的汉服，并以“清辉阁媛媛”的网名不断在“清辉阁官群”发送侵害杨某某名誉的信息，指责杨某某系倒卖汉服的“黄牛”。针对熊某某的指责，杨某某多次试图通过QQ以“上莹大小姐”之网名与网名为“步光步光媛媛”“清辉阁媛媛”的熊某某进行解释、沟通，同时杨某某在“汉服商家”吧贴出其所购买的汉服照片，澄清熊某某所述的不实事实。但熊某某全然不顾杨某某的申辩、解释，继续煽动且以悬赏的方式要求QQ群的会员对杨某某进行人肉搜索，意图查出杨某某的IP地址和个人信息予以爆料。在查出杨某某部分信息的同时，部分不明真相的会员采用侮辱性的语言对杨某某进行人身攻击，使得杨某某的名誉再次遭到侵害。后杨某某向法院起诉，请求判令熊某某在“百度贴吧”的“汉服商家吧”及“清辉阁官群”中公开向杨某某赔礼道歉、消除影响、恢复名誉；赔偿杨某某精神损害抚慰金1000元。

法院判决认为，熊某某虽在“清辉阁官群”不指名贬称杨某某为不承认倒卖汉服的“嫌疑黄牛妹子”，并向会员悬赏进行人肉搜索，但其行为具有明显的针对性，主观上存在损害杨某某名誉的故意，客观上亦造成杨某某的部分个人信息经熊某某悬赏进行人肉搜索后在一定范围内公开，导致杨某某被迫在“汉服商家吧”澄清熊某某怀疑的其倒卖汉服的不实事实时，又遭到部分会员不分青红皂白的辱骂，致使杨某某的名誉再次受损。因网络侵权较之现实生活中的侵权更具传播性、扩散性、影响范围不可控制性，故杨某某的该损害后果，与熊某某的网络侵权行为具有关联性。根据《最高人民法院关于审理利用信息网络侵害人身权益民事纠纷案件适用法律若干问题的规定》第12条第1款规定，熊某某的上述行为构成对杨某某名誉权的侵害，其应当承担侵权责任。①

◎ 法官评析

1.人肉搜索的实质是对已公开的个人信息的滥用

本案是因人肉搜索导致的侵权纠纷。所谓人肉搜索，就是利用计算机信息网络技术，由网络用户发起的针对特定个人信息的搜索提议，吸引大量网络用户分别提供该特定人的某方面信息，并由发起人最终归集综合，获取被搜索人全面个人信息的现象。②在人肉搜索模式下，被搜索人的信息是被成千上万的网民贡献出来的，其中很多人或许就是被搜索人的同学、同事等认识的人。也因此，人肉搜索所获取的信息中有很多都是被搜索人已经公开的个人信息，如学历、职业、履历、电话号码等。这些散落在各处的零星的个人信息对于被搜索人而言，并不构成威胁。但是，一旦这些零星的个人信息被汇聚到一处，由一个人掌握，之后再将这些汇聚在一起的信息整体公布，则被搜索人的所有个人信息就被曝光，成为毫无隐私可言的“透明人”。所以，人肉搜索所搜索的个人信息即使都是此前合法公布的个人信息，但将这些个人信息汇聚在一起并予以公布的行为，也已经构成对他人个人信息的恶意利用，也就是滥用，应该予以规制。

2.实施人肉搜索的行为人应当承担侵权责任

通过人肉搜索恶意利用他人个人信息有两种可能的后果：其一是公布人肉搜索所获取的全面个人信息，没有对被搜索人（信息主体）造成物质损害和精神损害。这种情况，虽然没有损害结果的发生，但将他人整体的个人信

① 参见江苏省南京市中级人民法院（2015）宁民终字第322号民事判决书。

② 参见齐鹏、崔淑洁、邬彧：《以“人肉搜索”为视角对我国个人信息权保护的反思》，载《兰州大学学报》（社会科学版）2016年第4期。

息予以公开，本身就是一种违背社会公德的行为，符合当时生效的《最高人民法院关于审理利用信息网络侵害人身权益民事纠纷案件适用法律若干问题的规定》(法释〔2014〕11号)第12条第2款前半句规定的情形，应当承担责任。例外情况下，即使公开他人整体的个人信息没有违反社会公共利益或社会公德，但由于人肉搜索所获取的是他人较为全面的个人信息，足以与现实中特定的人对应起来，[①]一旦公开将使他人毫无隐私可言，因而可以认为这种公开他人整体信息的行为，已经侵害了被搜索人值得保护的重大利益，符合原《最高人民法院关于审理利用信息网络侵害人身权益民事纠纷案件适用法律若干问题的规定》第12条第2款后半句规定的情形，应当承担责任。此外，根据《个人信息保护法》第13条第1款第6项规定的个人信息处理者可以处理个人信息的情形，依照《个人信息保护法》规定在合理的范围内处理个人自行公开或者其他已经合法公开的个人信息才是可以免责的。人肉搜索虽然是收集可用已经公开的信息，但明显超出了《个人信息保护法》第13条第1款第6项要求的"合理"的范围，因而也是明显违背《个人信息保护法》的。

其二是公布人肉搜索所获取的全面个人信息，已经对被搜索人（信息主体）造成物质损害和精神损害，则不论是依据原来的《侵权责任法》第6条第1款、第16条、第20条、第22条规定，还是按照《民法典》第1165条、第1179条、第1182条、第1183条，均应承担损害赔偿责任。

根据以上分析，本案中，熊某某的行为符合人肉搜索的法律特征，应当对杨某某承担侵权责任。

◎ 规范指引

《民法典》

第1165条第1款 行为人因过错侵害他人民事权益造成损害的，应当承担侵权责任。

第1182条 侵害他人人身权益造成财产损失的，按照被侵权人因此受到的损失

① 参见最高人民法院民一庭编著：《最高人民法院利用网络侵害人身权益司法解释理解与适用》，人民法院出版社2014年版，第185页。

或者侵权人因此获得的利益赔偿；被侵权人因此受到的损失以及侵权人因此获得的利益难以确定，被侵权人和侵权人就赔偿数额协商不一致，向人民法院提起诉讼的，由人民法院根据实际情况确定赔偿数额。

第1183条第1款　侵害自然人人身权益造成严重精神损害的，被侵权人有权请求精神损害赔偿。

《个人信息保护法》

第13条第1款　符合下列情形之一的，个人信息处理者方可处理个人信息：

……

（六）依照本法规定在合理的范围内处理个人自行公开或者其他已经合法公开的个人信息；

……

第八章

个人信息保护中的权益冲突与平衡

第一节　个人信息保护与公民正当表达的冲突和协调

基本原理

一、公民表达权利的内容

我国《宪法》第35条规定，中华人民共和国公民有言论、出版、集会、结社、游行、示威的自由。该条规定的公民的言论、出版等权利，都是公民表达权利的内容。从表达内容的侧重点看，公民的表达基本可以划分为两大类：事实陈述和意见表达。[①]前者是对某一事物或现象的客观描述，重在呈现客体本来的状况；后者是对某一事物或现象的主观评价意见，重在反映主体对客体的感受。实践中，绝大部分表达内容都是既包括事实陈述，也包括意见表达。

二、表达权利与个人信息权益保护中可能发生的冲突

一般的表达内容中，不论是事实陈述，还是意见表达，都将不可避免地涉及他人的个人信息。在事实陈述的情况下，除了纯粹自然现象的描述之外，社会现象和精神现象的描述几乎都会涉及人。而只要是涉及人的描述，就或多或少地会在表达中披露涉及人的个人信息。当然，在坚持匿名化原则的前提下，即使在事实陈述中披露了涉及个人的一些信息，但未必具有识别性，也未必会与特定的个人建立对应关系，因而也就不会对个人信息造成威胁。但是，即便是被匿名化处理的信息，也并非坚不可破，现代科技的迅猛发展已经使得匿名信息的再识别成为可能。2019年，伦敦帝国理工学院的研

---

① 参见王泽鉴：《人格权：法释义学、比较法、案例研究》，北京大学出版社2013年版，第307页。

究人员曾宣称，机器学习算法可识别任意匿名数据库中99.98%的用户真实身份。[①]由此可见，即使在坚持匿名化原则的情况下，事实陈述行为也可能使得他人的个人信息面临潜在的威胁。

在意见表达的情况下，即使对纯自然现象的意见表达，也可能涉及对人的意见表达。比如，对地震、海啸等纯自然现象的事实陈述可能不涉及人的问题，但一旦进入意见表达环节，则可能因地震、海啸预防不力或善后不力的问题转归到人的问题上，从而涉及对人的意见表达。而对社会现象和精神现象的意见表达，则更可能涉及对人的意见表达。只要是涉及人的表达，则对人的信息的不同程度的披露，将是不可避免的。

另外还需要注意的问题是，不论是事实陈述还是意见表达，如果仅仅是对自己实施，则不会涉及他人个人信息的问题。但如果仅仅是对自己进行表达，则表达的价值就没有了。因此，一般意义上的表达，基本上是社会性的，即表达的过程必定有他人的参与。他人可能是单纯的听众或读者，更可能是表达中互动的参与者。在此过程中，媒体的作用举足轻重。媒体是扩大表达效果、强化表达社会性的最有力的武器。而一旦有了媒体的介入，个人信息在非媒体参与的事实陈述或意见表达中的披露范围，会被几何级地放大。由此可见，一方面，个人信息保护与公民的表达天然存在冲突；另一方面，媒体介入表达后，在强化表达权利的同时，也加剧了个人信息保护与公民表达两项权利和价值之间的冲突。媒体一方报道的自由，与个人信息保护要求之间的矛盾如何协调，就成为需要认真考虑的重要问题。[②]

三、媒体参与的正当表达中如何容纳个人信息权益保护

既然个人信息保护与公民表达权利之间存在冲突，而媒体又加剧了这种冲突，那么到底该如何限定各自的界限，使得潜在的冲突能够消弭在萌芽中

---

① 参见Nana:《匿名数据可被去匿名化揭示用户真实身份》，载https: //www.aqniu.com/hack-geek/52919.html，2020年10月21日最后访问。

② 参见（日）五十岚清:《人格权法》，铃木贤、葛敏译，北京大学出版社2009年版，第35页。

呢？本书认为：应该从几个方面着力，确保媒体参与的表达中可以较好地容纳个人信息权益的保护，达成二者的平衡。

第一，事实陈述所援用的个人信息必须已经合法公开。关于这一点，上文在阐述个人信息侵权责任抗辩事由中已有论述。其中的道理同样适用于媒体报道的情况，此处不再赘述。

第二，事实陈述所援用的个人信息必须基本属实。要想不侵犯他人的个人信息权益，媒体的发布内容（媒体自己发布或其他作者在媒体上发布）如果涉及个人信息，则除了要求该个人信息是已经合法公开的信息之外，还必须确保个人信息所涉内容基本属实。一方面，不可能要求媒体对报道内容中涉及的个人信息进行类似于司法机关那样的调查，如果这样，媒体就将不复存在，包括个人信息权益在内的人格权就会沦为与社会利益极不协调的绝对化的极端个人权利，[①]在现代文明之下，这样的社会是不可能存续的。另一方面，也不可能放任媒体不负责任地报道毫无事实根据的内容，如果这样，则任何人的人格权益将无法得到保证，媒体也将因其自身的失范而失去大众的信任。因此，这里强调的是基本属实，即只要媒体报道中涉及的他人个人信息在基本面上是与实际情况相符的就可以了，至于某些细节方面的差异或错误，不应苛责。

第三，事实陈述所援用的个人信息应当全面。事实陈述中涉及的他人个人信息即使是真实的，但如果片面摘取，也会对他人的人格权益造成侵害。比如，报道中涉及一个人过去曾经犯罪的负面信息，但对其重返社会后在工作之余常年做义工帮助孤寡老人等正面信息只字不提，这样的报道即使是真实的，但并不全面，并可能引发社会对被报道的个人的误解，也会使其社会评价降低，侵犯其其他人格权益。

第四，事实陈述所援用的个人信息如果没有公开，则应取得信息主体本人的同意。信息主体本人的同意，是所有信息处理行为合法有效的重要前提。媒体报道中涉及他人个人信息的陈述，本身也是一种信息处理行为，当然也应遵守这一基本准则。

---

① 参见王利明：《人格权法研究》，中国人民大学出版社2005年版，第290页。

专题49 媒体新闻报道中涉及的个人信息没有禁区吗

◎ 案例简介

原告陈某某系李某某的亲生儿子。罗某某系李某某70岁左右再婚丈夫的儿子。2018年1月8日，绵阳市安州区电视台接到罗某某拨打的热线电话，希望媒体介入采访报告其与李某某之子即原告陈某某之间的家事纠纷。被告绵阳市广播电视台经研究决定，从弘扬社会主义核心价值观、帮扶弱势群体的角度出发对该事件进行采访。该台对口联系安州电视台的记者陈某承担了此次采访任务，并针对该事件先后对李某某、罗某某、原告陈某某及当地部分居民、村组干部进行了采访。2018年1月15日，腾讯“大成社区”网绵阳播报专栏以图片加文字的形式刊登了题目为《八旬老人称被亲儿子虐待住继子屋内不愿回家》的帖文，并对上述采访事件进行了报道。被告顶尖公司经营的“安州生活”微信公众号以《先林村亲儿子打继子八旬老母何去何从？》为题报道了该事件，并注明“来源：腾讯大成网”。2018年1月22日，绵阳广播电视台《天天800》栏目以《亲儿子打继子受伤的却是八旬老人》为题作出报道。该报道视频不仅包含原告不愿意被公开的记者在绵阳市安州区人民医院门口采访录制的视频，亦未对涉事人员的肖像作技术处理，同时披露了原告的住所地、姓名等个人信息。2018年3月1日，原告以二被告侵犯其隐私权诉至法院，要求二被告停止侵权，消除影响，并公开赔礼道歉。

法院判决认为，被告绵阳市广播电视台辩称其采访报道以弘扬社会主义核心价值观、传递社会正能量、帮扶弱势群体、倡导社会和谐为目的，且记者在采访时亦事先征得了原告的同意，该主旨及做法值得肯定。但是在公开报道前原告已经比较明确地向记者表达了不愿对外公开被采访内容的意愿，绵阳市广播电视台应当充分给予尊重，并采取有效措施保障其权益。但事实上被告绵阳市广播电视台不仅对原告不愿公开的采访内容进行了公开报道，而且该报道也未对原告姓名、住所地等个人信息及肖像进行技术处理，侵害了原告的隐私权。被告顶尖公司在转载报道记者撰写的涉事文稿前，没有尽到必要的审查注意义务，也未采取足以有效的措施对原告的隐私信息予以保护，其行为构成了对原告隐私权的侵害。最终判决二被告向原告赔礼道歉。[①]

◎ 法官评析

新闻媒体基于新闻报道的需要，在报道内容中涉及他人个人信息既是必要的，也是必然的，但并非没有禁区。对于那些以“弘扬社会主义核心价值观、传递社会正能量”之名，行侵害他人个人信息权益之实的新闻报道，更应仔细甄别。《个人信息保护法》第13条第1款第5项对于新闻报道和舆论监督而需要处理个人信息的情况，也是限制在为公共利益实施新闻报道、舆论监督等行为方面，并且还需要在合理的范围内。超出这一范围处理个人信息，就是对个人信息权益的侵害。

本案中，广播电视台对他人家事进行报道并无不可，但由于家事中存在大量涉及个人信息的内容，如果要报道，就必须同时兼顾被报道主体个人信息权益的保护。广播电视台在报道相关内容时，完全可以将报道内容中与特定个人相联系的所有个人信息（如姓名、住址、职业、相貌、特定社会关系等）予以隐去，所谓对事不对人，这样既可以达到其弘扬社会主义核心价值观、传递社会正能量的目的，又能保证不侵犯他人合法权益。但恰恰是因为广播电视台没有意识到这一点，才导致其报道内容与原告的身份建立起了联系，侵犯了原告包括个人信息权益在内的人格权益。基于此，法院判决被告承担赔礼道歉民事责任是妥当的。

◎ 规范指引

《民法典》

第111条　自然人的个人信息受法律保护。任何组织或者个人需要获取他人个人信息的，应当依法取得并确保信息安全，不得非法收集、使用、加工、传输他人个人信息，不得非法买卖、提供或者公开他人个人信息。

第132条　民事主体不得滥用民事权利损害国家利益、社会公共利益或者他人合法权益。

---

① 参见四川省绵阳市中级人民法院（2018）川07民终2957号民事判决书。

《个人信息保护法》

第13条第1款 符合下列情形之一的，个人信息处理者方可处理个人信息：

……

（五）为公共利益实施新闻报道、舆论监督等行为，在合理的范围内处理个人信息；

……

专题50 为制止他人正在实施的违法行为可以披露其个人信息吗

◎ 案例简介

甲为私营企业主，其经营的工厂离黄河不远，为降低生产成本，遂将其生产产品后的工业废水排入黄河中。乙为摄影记者，某天在黄河边摄影写生时拍摄到污水流入黄河的情景。于是，乙随着污水流向溯源找到甲的工厂。为调查事件的真相，乙暗地里收集了甲的很多个人资料，逐渐确定甲的确存在违法排污的行为。后来，乙将甲涉嫌违法排污的情况写成举报材料，邮寄给当地环保行政部门，并留下了自己的联系方式。但半年过去都没有得到回应，甲的工厂也没有受到任何处理。无奈之下，乙将自己掌握的甲的相关材料整理成一篇简短的文字，其中载明了甲的姓名、甲经营的工厂的坐落位置、工厂近年来排污的情况、甲从工厂每年获取的收入情况，在自己运营的微信公众号上予以公布。之后，引起社会关注，当地环保行政部门对甲进行了罚款60万元的行政处罚。后甲以乙侵犯其个人信息权益为由，诉至法院要求乙向其赔礼道歉，赔偿其60万元经济损失。

◎ 法官评析

1.为制止正在实施的违法行为可以披露违法行为人的个人信息

违法行为本身会对法律所保护的社会利益造成侵害，具有可责难性。因此，对违法行为的否定或制止就具有了正当性。实践中，对违法行为的否定或制止的方式很多，通过将违法行为的相关信息公之于众，引起社会的普遍谴责，形成对违法行为人的震慑，就是一种较为普遍且有效的方式。本书前面的专题已经阐述过，为了保护未成年人自身的合法权益而发布其自身受伤害信息，可以成为有效的侵权责任抗辩事由。举重以明轻，为了维护法律所保护的社会利益，对不法行为人的相关信息进行发布，就更应该成为侵权责任的抗辩事由。因此，为制止正在实施的违法行为，原则上应允许他人披露违法行为人的个人信息。当然，这一披露行为还应符合下面的条件。

2.披露违法行为人的个人信息应与所要达到保护合法利益的目的相适应

为制止正在实施的违法行为虽然可以披露违法行为人的个人信息，但这种披露并非无限度的。因为，违法行为人自身也有其合法权益，这些合法权益同样应受到法律的保护。如果为了维护一项合法权益而允许不加限制地侵犯其他合法权益，则必将产生社会秩序的失范。基于此，必须将为制止违法行为而披露违法行为人个人信息的范围作一定的限制。也就是，披露的违法行为人的个人信息必须是揭露违法行为所必需的，不能超出揭露违法行为，保护合法利益的目的范围。《个人信息保护法》第51条规定，个人信息处理者应当根据个人信息的处理目的、处理方式、个人信息的种类以及对个人的影响、可能存在的安全风险等，采取必要措施确保个人信息处理活动符合法律、行政法规的规定，并防止未经授权的访问以及个人信息泄露、篡改、丢失。本案中，乙为揭露甲的违法排污行为披露了甲的姓名和甲从违法排污企业中获取的收入信息。如果不披露甲的姓名，则违法行为人是谁就不明了；如果不披露甲从违法排污企业中获取的收入，就无法确定甲的违法排污所得。因此，虽然乙披露了甲的姓名和收入等个人信息，但这些披露是揭露违法行为所必需的，并未超出揭露违法排污行为保护生态环境的目的，因而是适度的、妥当的。如果乙在揭露材料中披露了甲的家庭成员情况、恋爱史、健康信息，则明显超出制止违法排污保护生态环境的目的，是不妥当的，可能构成侵犯甲的个人信息权益。

3.披露的主要违法事实应有适当的证据支撑

如果披露的他人违法事实没有任何证据支撑，则可能构成诬陷。那么，披露内容中如果涉及所谓“违法行为人”的个人信息，就构成不当披露，可能构成对个人信息权益的侵犯。本案中，如果乙在没有任何证据证明甲有违法排污行为的情况下，在其微信公众号发布包含甲的姓名和收入信息的个人信息，则大概率构成对甲个人信息权益的侵犯。其背后的法理，与本书前文“检举控告人将被检举人的个人信息公布于互联网是否承担责任”专题所阐明的法理相同。

◎ **规范指引**

《民法典》

第1036条 处理个人信息，有下列情形之一的，行为人不承担民事责任：

……

（三）为维护公共利益或者该自然人合法权益，合理实施的其他行为。

……

《个人信息保护法》

第51条 个人信息处理者应当根据个人信息的处理目的、处理方式、个人信息的种类以及对个人权益的影响、可能存在的安全风险等，采取下列措施确保个人信息处理活动符合法律、行政法规的规定，并防止未经授权的访问以及个人信息泄露、篡改、丢失：

（一）制定内部管理制度和操作规程；

（二）对个人信息实行分类管理；

（三）采取相应的加密、去标识化等安全技术措施；

（四）合理确定个人信息处理的操作权限，并定期对从业人员进行安全教育和培训；

（五）制定并组织实施个人信息安全事件应急预案；

（六）法律、行政法规规定的其他措施。

第二节　公众人物个人信息权益与公众知情权的冲突与协调

基本原理

各国的司法实践中，在涉及侵犯公众人物个人信息权益的案件中，侵权人（被告）经常以被侵权人（原告）为公众人物，因而应对侵犯其个人信息权益有更多的容忍义务为由而请求免除或减轻侵权责任，其实质是对公众人物人格权的限制。一般来说，在侵犯人格权的诉讼中，这也经常被称为公众人物抗辩。[①]在我国的司法实践中，随着侵权法与人格权法理论与实务的发展，公众人物抗辩已经逐步出现在侵犯个人信息权益的案件中，成为很多侵权人主张免责或减责的合法理由。然而，从更深层次上考察，所谓公众人物抗辩，实质上是公众知情权对公众人物个人信息权益的适度限制问题。探讨这一问题，需要从公众人物人格权益的限制说起。

一、公众人物人格权益限制的渊源

根据美国学者的研究，在英美法上，普通法中的书面诽谤规则（Libel Doctrine）在19世纪晚期就已随着公众官员和公众人物提起的诽谤之诉而大获发展。[②]但是，谈到“公众人物”理论的真正成型，却要追溯到美国联邦最高法院对《纽约时报》诉沙利文（New York Times v.Sullivan）一案的判决。1960年，一些人为了给马丁·路德·金的自由之战辩护，在《纽约时报》刊登了广告，广告中有内容指责亚拉巴马州蒙哥马利的警察参与了严重的不法行为，该指责后被证明为虚假。于是，负责督管警察部门的官员沙利文以诽谤起诉《纽约时报》。一审法院支持了沙利文的诉求，《纽约时报》提起上诉，案件最终被提交到联邦最高法院。由大法官布伦南（Brennan）撰写的多数判决意见指出，“一项重要的原则是：关于公众事务的辩论应该是无拘束的、健康的和完全公开的……对诚实的错误言论的保护非常重要……这项判决（原审判决）已经影响到政府行为的自由批评，是相当不妥的”[③]。美国学者引述布伦南的见解，既然民众被赋权批评政府，同样地，媒体也应该享有

---

① 参见丁宇翔：《侵犯人格权案件中“公众人物抗辩”的裁判基准》，载《法律适用》2016年第6期。

② See Samantha Barbas，“The Social Origins of the Personality Torts”，*Rutgers University Law Review*，Vol.67，（2015），p.428.

③ 邓冰、苏益群编译：《大法官的智慧》（第3版），法律出版社2012年版，第139—141页。

平行的豁免权。[①]因此,《纽约时报》最终胜诉。该案的判决赋予了美国社会批评公职人员的自由，除非这种批评是出自真实的恶意的虚假陈述，这就建立了美国诽谤法中非常著名的“真实恶意”(actual malice)原则。在其后的发展中，法院又将善意批评的对象从公职人员扩展到体育明星等其他公众人物。

在德国法上，卡洛琳案被认为是公众人物人格权益限制的里程碑案件。在该案中，摩纳哥公主卡洛琳的私人生活照片被德国的出版公司刊登。卡洛琳诉至德国法院，德国汉堡地方法院、汉堡上诉法院、德国联邦法院、德国宪法法院均认定，卡洛琳为绝对公众人物，允许反映其生活细节的照片继续发行。其后，卡洛琳公主又诉至欧洲人权法院，该法院于2004年6月24日作出判决，认定德国联邦宪法法院的判决违反了《欧洲人权公约》第8条，构成对卡洛琳公主“私人生活”的侵害。

我国《民法通则》(已废止)虽然在第100条和第101条规定了肖像权、名誉权等人格权，但对于公众人物人格权益限制并无规定。真正在我国司法实务中适用“公众人物人格权益限制”的是1999年杜春芳诉现代家庭杂志社侵犯名誉权案。在该案中，被告在辩护陈述中称：杜春芳作为大型国有企业总经理，曾被选为全国劳动模范、优秀企业家，又因受贿罪判刑入狱，其特殊的身份使其成为公众人物。随后，在2002年范志毅诉《东方体育日报》名誉权案中，法院认为，范志毅作为公众人物，对媒体在行使正当舆论监督的过程中，可能造成的轻微损害应当予以容忍与理解。[②]于是，我国法律中的公众人物人格权益限制逐渐进入司法审判的视野中。

二、公众人物人格权益限制是权利冲突之衡平的客观要求

对公众人物人格权进行适当限制，实际是权利运作中自身的逻辑理路在发挥作用，这就是人格权与其他权利或价值之间冲突之衡平的逻辑。具体而言，从权利运作逻辑上分析，之所以对公众人物的人格权益予以限制，

---

① Scott. J. Shackelford,“Fragile Merchandise: A Comparative Analysis of the Privacy Rights for Public Figures”, *American Business Law Journal*, Vol. 49, (2012), p. 144.

② 陈堂发:《10年：媒体侵权诉讼的公众人物理念》，载《新闻记者》2009年第12期。

主要基于以下几点理由：第一，衡平公共利益与私人利益的需要。“公众人物”中的政治人物，其个人经历、财产状况等虽属于个人信息因而属于个人人格利益，但因关乎社会公共利益，必须作出一定的让步，使其进入公众视野。如个人经历信息的公开，有助于人们更好地投票作出选择，这显然关乎公共利益。这时，即便有过分介入公众人物私人领域的行为，但在符合相关条件的情况下，公众人物也应予以适当容忍。第二，衡平公众人物社会影响力与普通人社会影响力的需要。公众人物基于其社会关注度、社会地位，一般更容易接近媒体，也更容易利用媒体发挥其社会影响作用。而普通人则不然，即便在当前自媒体非常活跃的情况下，也会经常因关注度不足而难以有效对社会产生影响。因此，当公众人物与普通人或机构因人格权而产生纠纷时，适当限制公众人物的影响力就成了理所当然的选择。也正因为此，美国法中有前文所述的“真实恶意原则”，即对于“公众人物”造成诽谤侵权时，必须要求行为人有“真实的恶意”，从而适用“真实恶意”的标准，而对于普通人造成诽谤侵权则无须适用这一标准。[①]第三，衡平舆论监督权和公众人物人格权的需要。众所周知，在一个民主法制健全的社会，新闻舆论监督须臾不可或缺。国外甚至将新闻舆论监督比喻为“看门狗”，并认为正是这种“看门狗”的角色使得新闻事业成为“防止自由溃败的堤坝”。[②]而新闻舆论监督难免会对私人权利形成干涉，尤其是对社会关注度较高的公众人物。为了寻求平衡，则在有力保障公众人物重大人格利益的前提下，对其部分人格利益进行限制。第四，衡平公众知情权与公众人物人格权的需要。公众人物凭借普通大众的支持、信赖，占有较多的社会资源。与之相对，普通大众则应有权知晓公众人物更多的个人信息，以更好地判断公众人物的行为、贡献、道德水准是否与被赋予的社会资源相当。因此，法律赋予普通人对公众人物的知情权，从而形成对公众人物人格权益的限制。

---

① See Friderick Schauer, “Public Figure”, *William and Mary Law Review*, Vol. 25, (1984), p.906.

② Bill Kovach & Tom Rosenstiel, *The Elements of Journalism: What Newspeople Should Know and the Public Should Expect*, New York, Crown Publishers, 2001, p.113.

三、个人信息权益保护纠纷中“公众人物”的构成要件及范围

理论上，“公众人物”有不同的分类，如“自愿的公众人物”与“非自愿的公众人物”之分，[①]再如“公务人物”与“知名人物”之分等；在域外法上，有些人，如政治家、官员、企业或宗教领袖是典型的“公众人物”。[②]但在我国的侵犯人格权案件审判实践中，更注重对“公众人物”构成要件的把握。一般而言，公众人物是指根据本人意愿或可得推知的意愿而成为公众关注对象，取得公众影响力的人物。据此，公众人物的构成要件有三，分别是主体要件、主观要件和客观要件。主体要件是指公众人物必须是自然人。这一要件把法人和非法人团体排除在“公众人物”的范围之外。主观要件是指受公众关注的主观愿望。这种主观愿望既包括本人自认的主观愿望，如本人自认系公众人物；也包括可得推知的本人的主观愿望，主要是从当事人行为、案件无争议事实或有效证据中可以推知的被侵权人的主观愿望。如，在杨某娟诉《南方周末》案中，法院判决认为，杨某娟追星事件被众多媒体争相报道，成为公众广泛关注的社会事件。杨某娟及其父母多次主动联系媒体采访……[③]该案中，从杨某娟及其父母主动联系媒体采访的行为即可推知其有受公众关注的主观愿望。相反，因偶然原因导致某人具有一定社会知名度，但本人明示或可得推知本人不愿被公众关注，则不应认定为“公众人物”。客观要件是指被公众关注或知悉的客观事实或状态。自然人若只有成为公众人物的主观愿望，尚不足以认定为“公众人物”，只有其既具备主观愿望又有被公众关注的客观事实，方可被认定为“公众人物”。另外，美国联邦最高法院曾在“柯蒂斯”案的判决中指出，公众人物是指其在关系到公共事项的观点和行为上涉及的公民的程度，该程度与政府官员对于相同事项的观点和行为上涉及公民的程度相当。[④]这种对于公众人物的认定方式，对我国也具有一定的参考意义。据此，公众

---

① 张新宝:《隐私权的法律保护》，群众出版社1997年版，第100页。

② See Samantha Barbas, “The Social Origins of the Personality Torts”, *Rutgers University Law Review*, Vol.67, (2015), p.429.

③ 陈堂发:《10年：媒体侵权诉讼的公众人物理念》，载《新闻记者》2009年第12期。

④ Curtis Publishing Co. v. Butts, 388 U.S. 130 (1967).

人物的范围大致包括：1.娱乐明星；2.体育明星；3.科学文化名人，如作家、科学家、知名学者等；4.公众型官员，特指经过各级党员大会、党员代表大会或各级人大及其常委会选举或任免产生的各级党委、政府、人大、政协，党代表、人大代表、政协委员，各级法院院长、审判员、审判委员会委员，各级检察院检察长、检察院、检察委员会委员；5.各种群团组织的领导人，如工会、共青团、妇联等组织的领导人；6.各行业各领域公益组织领导人，如红十字会等组织的领导人；7.其他社会知名人士，如知名企业家、杰出青年、劳动模范、道德模范等。但是，必须指出，上述构成要件并不是实践中认定公众人物的绝对指针，即便是在美国，公众人物与非公众人物的界限也并不十分清晰，[①]因此，公众人物在具体案件中还需结合个案情况进行个别的认定。

四、个人信息纠纷案件中可以主张公众人物权利限制的案件范围

根据前文的分析，主张公众人物人格权益限制的主要理由在于衡平公共利益与公众人物私人利益，衡平舆论监督权与公众人物人格权，衡平公众知情权与公众人物人格权。也就是说，当公众人物人格权中的权利内容如果有对抗舆论监督、对抗公众知情权、对抗公共利益的情况或可能时，就有对其进行限制的必要，此时这些限制就体现为被告向作为原告的“公众人物”所主张的“公众人物抗辩”。基于此，可以主张“公众人物抗辩”的个人信息侵权案件，主要是那些权利内容可能对抗舆论监督、公众知情权和其他公共利益的个人信息侵权案件，这些案件包括如下两种。

第一，涉及公众人物面部识别特征的案件中未经权利人允许而擅自制作、公开及非以营利为目的而正当使用其面部识别特征的案件，实践中经常表现为肖像权纠纷。肖像权是自然人以其肖像利益为内容的人格权，具体包括是否制作肖像、是否公开肖像以及是否使用肖像的权利。[②]任何人对于其

---

① Gerald G. Ashdown，“Of Public Figures and Public Interest—The Libel Law Conendrum”，*William and Mary Law Review*，Vol. 25，(1984)，pp.940–941.

② 参见王泽鉴：《人格权法：法释义学、比较法、案例研究》，北京大学出版社2013年版，第139页。

肖像都享有肖像权，公众人物自不例外。但是，因公众人物的肖像是确定和辨识该公众人物最为重要的指征，关系到民众知情权的实现和舆论监督的开展，有时也关系到公众的兴趣。因此，对于公众人物肖像权的保护就不能像普通民众那样严格，而必须作出一定的退让和妥协。比如，对于娱乐明星，就应该允许普通民众或媒体对其进行拍照并保有该照片，还应允许将其照片公布等。然而，在肖像权纠纷中，被告也并非可以一概均以原告是公众人物而为抗辩。一般而言，侵犯肖像权的行为主要是未经允许而擅自制作他人肖像、擅自公布他人肖像、擅自使用他人肖像等行为。这些侵权行为中，可以主张"公众人物抗辩"的只有擅自制作肖像、擅自公布肖像以及擅自非以营利为目的而正当使用肖像的行为这三种情况。这三种情况下允许对于公众人物肖像的使用是为不有害公共利益或不妨害公共需要。因此，即便对公众人物的肖像权有侵害，法律也予以许可。但对于那些以营利为目的而擅自使用肖像的行为，即便被使用人（受害人、被侵权人）是公众人物，侵权行为人也不能以原告是公众人物进行抗辩。因为此时，行为人以营利为目的侵犯他人肖像权，如仍予以保护则会打破民众知情权和公众人物人格权的平衡，到头来诱发践踏人格尊严的营利行为，反而损害社会公共利益。所以，当行为人未经允许擅自以营利为目的使用公众人物面部特征时，不能以被使用人是公众人物而请求免责或减责。

第二，隐私权纠纷中涉及公共利益或公众需要的案件。实践中涉及个人信息侵权的案件大量地以隐私权纠纷作为案由。隐私权理论被认为最早源自美国学者路易斯·布兰戴斯和萨缪尔·沃伦于1890年发表的《论隐私权》一文，[①]但学者也有不同意见。[②]司法实践中，侵犯隐私权的表现非常多，但大致可以类型化为三个方面：一是刺探、收集、公开或利用私人信息。如未经他人允许而刺探、公开或传播他人的住址、健康信息、DNA信息、财产

---

① Louis D. Brandeis & Samuel D. Warren, "The Right of Privacy", *Harvard Law Review*, Vol. 4,（1890）, p.193.

② 我国学者张民安认为，法国法官在1858年Rachel Affairs一案中即对隐私权进行现实的保护，因此，法国是世界上最先主张和最早承认隐私权理论的国家。参见张民安主编：《隐私权的比较研究》，中山大学出版社2013年版，第26—32页。

信息、恋爱信息、犯罪信息、个人经历信息和身份证信息等。二是侵入私人领域。如窥视他人卧室，偷看他人日记，未经允许进入他人住宅等。三是侵扰私生活安宁。如跟踪、摄录他人的私人约会、性行为、私人购物、旅游休闲，打电话骚扰他人等。侵犯隐私信息类型虽然很多，但并非所有的侵犯隐私信息案件都可以被侵权人是“公众人物”而抗辩。主张“公众人物抗辩”的正当性除了有社会发展进步的历史因素外，更在于社会公共利益和公众知情权的现实考量。随着美国和欧洲在该问题上观点分歧的加剧，世界各国都在以不同的方式为隐私权和公众知情权画线。[①]因此，对“公众人物”的隐私信息权益予以限制，应限定在保护公共利益和公众知情权的必要范围内，而不能将公众人物正当、合理的隐私信息都予以公开，满足某些人的庸俗兴趣。[②]具体而言，可以主张“公众人物抗辩”的隐私信息权益案件包括：1.公开娱乐明星的身高、体重、三围、兴趣爱好、婚姻信息、恋爱信息的侵权案件。娱乐明星与其他公众人物的不同之一在于娱乐明星的上述信息具有商品化的倾向，娱乐明星本身也通过上述信息的公开而聚拢人气，提升自己的影响力。同时，娱乐明星的上述信息也是社会公众合理兴趣之所在，已经不是完全的个人隐私。故对于娱乐明星上述信息的公开，被告可以援用“公众人物抗辩”。2.公开体育明星的身高、体重、健康信息的案件。体育明星的这些信息关乎公众对于体育赛事的判断，具有极强的新闻价值，已经超出其个人隐私的范围，因而应允许被告提出这一抗辩。3.收集、公开公众型官员、群团组织和公益组织领导人年龄、经历信息的隐私信息权益案件。如选举人大代表时，选举人必须对被选举人的年龄、经历有充分了解才能更好地进行选举，此时，对候选人年龄、经历信息的公开关乎公众恰当行使投票权和监督权，既属必要，又属必然，不应视为侵犯其个人信息权益。4.公众人物参加专门性公开活动或公务活动时，其活动信息被公开和利用的侵犯个人信息权益案件。这种情况下公众人物的活动要么是职务

① Scott. J. Shackelford, “Fragile Merchandise: A Comparative Analysis of the Privacy Rights for Public Figures”, *American Business Law Journal*, Vol. 49, (2012), p. 128.

② 王利明：《人格权法研究》，中国人民大学出版社2005年版，第623页。

行为，要么是商业行为，要么是公益行为，都应允许公开，因而被告可以原告是公众人物进行抗辩。

专题51 娱乐圈公众人物的私密个人信息可以任意公开吗

◎ 案例简介

乐视公司系www.letv.com网站经营者。（2015）京国立内证字第12075号公证书载明，2015年10月15日申请人刘某某在公证人员监督下使用公证处的电脑登录互联网，在IE浏览器搜索栏中输入baidu并进入www.baidu.com页面，回车，在搜索栏中输入“黄某某来沈阳”，点击搜索结果中的“媒体曝黄某某所嫖女子：沈阳人变性已4年—在线观看—娱乐—乐视网”链接，进入页面在网页地址栏显示为“http://www.letv.com/ptv/vplay/20102614.html”，频道信息显示为娱乐＞明星资讯＞北京，播放视频的标题为：媒体曝黄某某所嫖女子：沈阳人变性已4年。播放该视频，首先是视频前广告，广告之后出现“乐视娱乐播报”页面，之后出现的页面显示“北京现场报道2014–05–20”“媒体曝黄某某所嫖女子：沈阳人变性已4年，摄像胡洋，记者武文渊”，在标识右上角还有“le”标志，随后变为“乐视娱乐播报”字样，页面出现黄某某肖像照，同时页面出现字幕“沈阳某女孩爆料称：‘黄某某’事件女主角刘某某系沈阳人，1987年出生，自己与其相识已六七年，大家都叫她小雪，且刘某某确为变性人，变性至今已有4年，但做女性打扮已9年，始终无正式工作，在沈阳期间常活跃在夜总会，最近一两年去了北京”，之后视频页面展示了一张报纸页面，该页面载明的大标题为“曝黄某某事件女主角变性已4年”。刘某某认为乐视公司侵犯其合法权益，诉至法院，请求判决删除涉案视频、赔礼道歉，赔偿精神抚慰金50万元。

法院判决认为，涉案视频指向性明确，视频标题和内容都指向黄某某事件女事主及其个人信息，而展示的文章中亦包含事主姓名、籍贯、变性等陈述，上述事实达到对刘某某对号入座的效果。对刘某某来讲，其享有的不愿让他人知晓的个人信息的权利和依法享有的不公开与其私人生活有关的事实的权利受法律保护，具体到本案而言，刘某某的个人信息、与黄某某嫖娼事件之关系、性生理信息等都是其不愿为他人知晓之个人隐私，涉案视频在互联网公开发布必然会造成刘某某个人隐私信息的公然传播，也会造成其社会评价的降低，涉案视频侵害刘某某人身权益的程度明显，作为涉案视频发布者的乐视公司具有过错，应当承担向刘某某赔礼道歉、支付精神损害赔偿金的法律责任。关于赔礼道歉的方式及持续时间，法院将综合考虑乐视公司的侵权形式、影响范围等因素予以认定。关于支付精神损害赔偿金的数额，法院亦综合考虑涉案视频对刘某某精神伤害的性质、程度等因素判断，刘某某主张的数额过高，法院不再全额支持。[①]

◎ 法官评析

1.娱乐公众人物的个人信息权益应受到一定程度的限制

如前所述，基于衡平公共利益与私人利益及衡平公众人物社会影响力与普通人社会影响力的需要，公众人物的个人信息权益应在一定程度上予以克减。但是，这种克减并非无限度的，并非任何涉及公众人物的个人信息权益，都被限制而不予保护。对公众人物而言，不予保护的个人信息权益应限定在保护公共利益和公众知情权的必要范围内，而不能将公众人物正当、合理的隐私都予以公开。对于那些与公共利益毫无关系或明显超出公众知情权应有范围的个人信息，则不应设定保护限制，而应该给予同普通人一样的保护。

2.娱乐公众人物的敏感个人信息权益应受保护

本书认为，披露涉及公众人物核心隐私的信息，一般而言不属于维护公共利益的行为，也不属于公众合理知情权的范围，对这种披露行为应认定为侵犯公众人物的个人信息权益。我国《个人信息保护法》第28条第2款也规定，只有在具有特定的目的和充分的必要性，并采取严格保护措施的情形下，个人信息处理者方可处理敏感个人信息。而私密信息显然属于敏感个人信息。具体而言，公众人物的私密约会、性行为、家庭聚会、住所内的私人活动、私人病史、手术史等都是其核心隐私。涉及上述个人信息的侵权案件，被告不能以原告是“公众人物”进行抗辩。在前述卡洛琳案中，欧洲人

---

① 参见北京市第一中级人民法院（2016）京01民终3257号民事判决书。

权法院判决认定擅自披露卡洛琳公主生活细节的行为构成对卡洛琳公主“私人生活”的侵害。其理由就在于，人格权主张者虽然是“绝对新闻人物”，但其私生活完全与公共利益无关，也有可能依据《德国艺术著作权法》第22条侧重保护其人格利益。[①]在我国台湾地区，也曾经有非常著名的璩某凤光碟事件。时任新竹市文化局长的璩某凤与有妇之夫发生性行为的视频被曝光引发大震，璩某凤虽为公众人物，但终因性行为乃纯粹私人生活，公众对此并无正当利益可言，拍摄和曝光视频之人被判刑。我国台湾地区在2005年刑法修正时，还专门增设所谓“璩某凤条款”，即偷窥或偷拍他人非公开场合的活动或身体隐私的，处以 3 年以下有期徒刑或 3 万元以下罚金。[②]因此，在本案中，刘某某虽然因卷入黄某某事件而成为公众人物，但涉及其性隐私的相关手术信息属于其核心隐私范畴，应该受到保护。法院判决认定乐视公司构成侵权，并判决承担相应的民事责任是妥当的。

◎ 规范指引

《民法典》

第1032条第1款 自然人享有隐私权。任何组织或者个人不得以刺探、侵扰、泄露、公开等方式侵害他人的隐私权。

第1038条第1款 信息处理者不得泄露或者篡改其收集、存储的个人信息；未经自然人同意，不得向他人非法提供其个人信息，但是经过加工无法识别特定个人且不能复原的除外。

《个人信息保护法》

第28条 敏感个人信息是一旦泄露或者非法使用，容易导致自然人的人格尊严受到侵害或者人身、财产安全受到危害的个人信息，包括生物识别、宗教信仰、特定身份、医疗健康、金融账户、行踪轨迹等信息，以及不满十四周岁未成年人的个人信息。

只有在具有特定的目的和充分的必要性，并采取严格保护措施的情形下，个人

---

① 张红：《20世纪德国人格权法的演进》，载《清华法律评论》第4卷第1辑，第40页。

② 请参见王立志：《台湾地区隐私权刑法保护之评析》，载《河南大学学报》（社会科学版）2013年第6期；项国雄等：《新传媒时代的隐私伦理》，载《传媒观察》2006年第1期。

信息处理者方可处理敏感个人信息。

专题52 认定是否为公众人物应考虑哪些因素

◎ 案例简介

甲出生于1950年，后从事歌唱事业，在20世纪70年代属于炙手可热的当红歌星。1985年以后，甲退出歌坛，移居加拿大。2020年，某论坛贴出了甲与乙在泳池中拥吻和嬉戏的三张照片，并有较为详细的配图说明，披露了乙系甲当年的恋人，相恋两年后二人分手，后来再未有过任何联系等情况。甲看到上述照片及文字说明后，既感诧异，又感愤怒，认为论坛无端曝出自己30多年前的私人事务娱乐大众，有失媒体职业道德。遂以该论坛运营公司丙侵犯其个人信息权益为由诉至法院，请求删除照片及文字配图，赔礼道歉。丙公司在被诉后，其代理人听说甲曾是明星，遂以甲为公众人物为由提出免责抗辩。

◎ 法官评析

公众人物并非绝对的，不存在任何时间、任何地点都“霸屏”的绝对的公众人物。实践中，考察和认定是否为需要限制其人格权益的公众人物，应综合考虑以下因素。[①]

第一，时间因素。布莱克门大法官在Wolston v. Reader’s Digest Assn.Inc.一案的协同意见中曾指出，我相信16年时间的流逝使我们不必再考虑上诉人是个公众人物。[②]由此可见，公众人物在司法中的认定是有时限的，在其成为公众人物前或退出公众人物舞台一段时间后，社会关注度和影响力就与普通人无异，应得到与普通人一样的保护。具体而言，实施侵权行为时是否属于公众人物，应成为重要的考虑因素，侵权行为实施时不是公众人物但起诉时是公众人物，则不应支持援引“公众人物”抗辩；实施侵权行为时是公众

---

① 参见丁宇翔:《侵犯人格权案件中“公众人物抗辩”的裁判基准》，载《法律适用》2016年第6期。

② Wolston v. Reader’s Digest Assn.，Inc.，443 U.S. 157（1979）.

人物而起诉时已经不是公众人物，则仍可以支持援用“公众人物”抗辩。

第二，空间和行业因素。“公众人物”大都是一定地域范围或专业领域内的公众人物。如，某省的“杰出青年”，某行业的劳动模范，如超出这一区域或行业的，应视为普通公民，不能支持被告援用公众人物抗辩。在Curtis Publishing Co. v. Butts一案中，尽管原告Butts只是足球教练，但因其在该领域有知名度，故美国联邦最高法院将“真实恶意”原则适用于他。[①]因此，在侵犯个人信息权益等人格权益案件中，被告提出“公众人物抗辩”时，法官应结合空间和行业因素，审慎判断原告是否构成“公众人物”。

第三，认知可能性因素。认定“公众人物”还应考虑被告对原告为“公众人物”的认知可能性。如果原告为某一生僻专业的名人，而被告在实施侵权行为之际根本不知道或不可能知道原告为该领域的“公众人物”，也就是说，对于被告的社会认知而言，原告不可能是“公众人物”，此时，法院就不应支持被告援用“公众人物”抗辩。之所以这样做，是因为在被告的主观认知中，原告本不是“公众人物”，这也就意味着，在被告实施侵权行为时，“以原告为公众人物而进行抗辩”是不会存在于被告的主观认识中的。因而，不应支持这种没有认知可能性的抗辩。

第四，法律传统因素。认定“公众人物抗辩”还应考虑法律传统。在美国，对公众人物，只要是公开场合，哪怕是其私生活领域，如私人购物等也可以随意披露，而不构成侵权。但在欧洲则不然，欧洲人权法院关于卡洛琳公主案的最终判决已经为此作了很好的注脚。再以名誉权的保护而言，美国往往将其与言论自由联系到一起，并以言论自由作为优先保护的价值，故而在名誉权保护与言论自由冲突时宁愿牺牲名誉权尤其是公众人物的名誉权保护。但正如美国学者自己指出的那样，在保护言论自由方面，如美国那样走得很远的国家毕竟只是少数，对于言论自由权利的认识、范围以及保护，当前并不存在国际上的共识。[②]因此，各国在认定具体的个人信息侵权案件能

---

① Curtis Publishing Co. v. Butts，388 U.S. 130（1967）.

② See Ronald J. Krotoszynski，Jr.，“Defamation in the Digital Age：Some Comparative Law Observations on the Difficulty of Reconciling Free Speech and Reputation in the Emerging Global Village”，*Washington and Lee Law Review*，Vol.62，Iss. 1，（2005），p.343.

否援用“公众人物抗辩”时，往往要从本国的法律传统出发。在我国，并不存在随意将公众人物（与公共利益无关的）的纯私人活动信息任意公开的法律传统，因此，对于任意援用“公众人物抗辩”的主张，法院应结合我国法律传统审慎认定。

本案中，甲虽然曾经是炙手可热的公众人物，但已经是很久以前的事情了。在时隔30多年之后，昔日的“公众人物”早已“泯然众人矣”。其作为公众人物的光环早已不复存在，则其作为公众人物被施加的人格权益限制也早已不具备客观基础。在此情况下，不论从时间因素考虑，还是从认知可能性因素考虑，丙都不可能将甲作为公众人物对待。因此，丙在被诉后以甲是公众人物而主张免除其侵权责任的抗辩，不应获得支持。

◎ 规范指引

《民法典》

第1036条　处理个人信息，有下列情形之一的，行为人不承担民事责任：

（一）在该自然人或者其监护人同意的范围内合理实施的行为；

（二）合理处理该自然人自行公开的或者其他已经合法公开的信息，但是该自然人明确拒绝或者处理该信息侵害其重大利益的除外；

（三）为维护公共利益或者该自然人合法权益，合理实施的其他行为。

专题53　确定当事人为公众人物的证明责任应由谁承担

◎ 案例简介

甲为高山滑雪项目运动员，经常前往北欧参加各种国际赛事。2019年12月，国内某资讯网站乙爆料，甲在欧洲参加高山滑雪比赛期间被曝前往荷兰某色情服务机构接受有偿色情服务，同时配有三张甲的私人活动照片。甲回国后看到乙网站的报道非常生气，其认为，第一，自己虽然在比赛休息期间的确去过荷兰，但并未接受任何色情服务，并且前往荷兰是自己的私人活动，不容他人随意披露；第二，自己的私人活动照片怎么能被乙随便公之于众。遂以乙侵犯其个人信息权益为由诉至法院，要求乙赔礼道歉，赔偿维权经济损失。乙抗辩认为，甲是高山滑雪项目领域的资深运动员，只是因为国内高山滑雪运动并不流行，甲并不为普通大众所知，但甲的知名度在高山滑雪领域非常高，属于公众人物，应免除其侵权责任。

◎ 法官评析

在侵犯个人信息权益的侵权案件中，公众人物抗辩是被告作为抗辩理由提出的，即被告在原告起诉其侵权后认为原告是“公众人物”，从而提出原告为“公众人物”的相关证据，请求免责或减责。在民事诉讼中，为证明抗辩事实存在而提出证据的行为属于反证，这是被告对原告本证效力的本能反应，是提出抗辩主张的被告履行其主观证明责任的结果。[①]侵犯人格权案件中，原告需要首先对构成侵权的要件事实提供证据予以证明。如果法院对于原告举证情况进行评价后无法得出确信的临时心证，即使被告不提出“公众人物”的反证，法院也会根据原告履行主观证明责任的行为和效果作出对原告不利的裁判。但实践中，被告为了在诉讼中立于不败之地，往往不论法官是否形成临时心证，都会对自己的抗辩事实提出证据。在“公众人物抗辩”中，被告首先需要提出“原告为公众人物”的事实主张。如果该事实属于公认的，则被告无须就原告为公众人物这一事实提供进一步的证据。[②]如，原告为全国性各行业各领域家喻户晓的人物，被告则可以不必对“原告为公众人物”这一事实主张进行举证。但在很多情况下，原告并非全国性家喻户晓的公众人物，而只是某一地域的公众型官员或某一领域、某一地域内或特定组织的领导人，此时，被告不但要提出“原告为公众人物”的事实主张，还需要对该事实举证证明。具体而言，娱乐明星参演的节目视频或广告视频、公众型官员的任命公告、杰出青年的获奖证书、知名学者多次参加大型论坛或接受记者采访的视频，体育明星多次参加大型赛事的活动报道或获奖照片、证书等，都可以作为证据。同时，根据前文基本原理部分的分析，“公

---

① 毕玉谦:《民事证明责任研究》，法律出版社2007年版，第173页。

② 参见丁宇翔:《侵犯人格权案件中“公众人物抗辩”的裁判基准》，载《法律适用》2016年第6期。

众人物抗辩”只在部分侵犯人格权案件中可以适用，因此，对于哪些具体案件可以主张“公众人物抗辩”的问题，则属于法律适用问题或价值判断问题，原告或被告都无须为此进行举证，但原告或被告都可为此提供说服性意见，供法官参考。

具体到本案中，甲即使真的如被告所主张的那样，属于高山滑雪领域的公众人物，但因该领域并不为国内公众所熟知，故甲系公众人物的事实还需进一步证明。由于这一事实主张是被告乙提出的，因此，应由乙对该事实进行证明。如果乙不能提供充分证据证明甲系高山滑雪领域的公众人物，则乙应承担不利的风险。

◎ **规范指引**

《最高人民法院关于适用〈中华人民共和国民事诉讼法〉的解释》(法释〔2020〕20号)

第90条　当事人对自己提出的诉讼请求所依据的事实或者反驳对方诉讼请求所依据的事实，应当提供证据加以证明，但法律另有规定的除外。

在作出判决前，当事人未能提供证据或者证据不足以证明其事实主张的，由负有举证证明责任的当事人承担不利的后果。

第三节　个人信息利益与企业数据权利之间的冲突与平衡

基本原理

一、企业对于其合法收集的数据拥有正当权益

21世纪，最重要的资源不仅仅是人才，还有数据。因为数据是打开大数据和智能时代的钥匙，数据即石油。[①]但是，数据的巨大价值不是天生的，

① 参见何渊等：《大数据战争》，北京大学出版社2019年版，第79页。

它必须经过挖掘、收集和加工形成大数据产品，才真正具有价值。否则，数据只是一堆数字而已。2016年12月，工业和信息化部颁布的《大数据产业发展规划（2016—2020）》中指出，大数据产业是指以数据生产、采集、存储、加工、分析、服务为主的相关经济活动，包括数据资源建设，大数据软硬件产品的开发，销售和租赁活动，以及相关信息技术服务。在此过程中，以大数据为主业的数据企业是推动大数据产业发展的中坚力量。对于数据企业在大数据产业发展中所应享有的正当权益必须予以足够重视。而数据企业基于自身技术、渠道和商业交往正当获取的数据集合，当然应当具有合法的权益。如果不对这一合法权益予以重视和保护，大数据产业的发展就会失去激励而没有动力，我们也就不可能发挥后发优势，成为数据强国。

二、企业数据权利与个人信息权益之间的内在张力

在大数据背景下，互联网企业法人对于其收集的海量的个人数据集合有巨大的财产利益，从而具有成为权利主体的客观需求，但那并非基于个人信息而享有的权利，而是基于数据集合所享有的权利。在此，个人信息的重心在于保护，其对应的是个人信息权益；而数据集合的重心在于利用，其对应的是企业数据权益。①数据利用和个人信息保护的侧重点虽然并不直接冲突，但是，二者其实存在冲突的可能。一方面，数据是海量信息的结合，而这些海量信息中有很大一部分是个人信息。因此，数据的利用最终往往表现为对海量个人信息的利用。而个人信息的利用原则上必须遵守信息主体明示同意的规则。而一旦要求企业对数据的利用都要获取信息主体的同意，则势必加大数据企业利用其数据的成本。而这一点，又对我国正在促成的大数据产业发展形成了障碍。因此，为了促进大数据产业的发展，应当允许数据企业尽可能地利用个人信息集合。另一方面，个人信息保护意识的增强，使得民事主体普遍认识到其个人信息必须进行严格的控制，防止时时处处可能存在的泄露风险。而数据企业在利益驱动下，很可能跨越合规界限而超出目的范围

---

① 参见许可:《大数据产业发展的法律“双轮驱动”》，载 http: //news.cnr.cn/native/comment/20180528/t20180528_524249022.shtml，2020年5月30日最后访问。

收集、分析、使用个人信息。因此，为了保护个人信息权益，又必须尽可能地限制数据企业对个人信息的处理行为。

三、解决企业数据利用和个人信息权益冲突的思路、原则和规则

第一，要坚持兼顾企业数据利用和个人信息权益保护的思路。对于我们这样的后发国家，大数据产业的发展是不能停步的，必须充分利用有利的时机实现弯道超车。因此，力挺大数据产业发展的立场必须坚决贯彻。同时，个人信息权益是公民个人极为重要的人格权益，在保护力度上也不能有丝毫的动摇。基于此，在处理企业数据利用和个人信息权益保护矛盾中应当始终坚持的基本思路就是兼顾二者的利益，进行平衡保护。

第二，要坚持知情同意的原则。2012年由全国人大常委会出台的《关于加强网络信息保护的决定》第2条明确提出，在企业收集、使用个人信息时，应当明示收集、使用信息的目的、方式和范围，并经被收集者同意。这是在法律层面，知情同意原则被首次提出。知情同意的原则并未禁止企业利用个人信息，而只是对企业利用个人信息提出了程序上的要求，即需要将信息处理的相关情况告知信息主体，并征得信息主体同意。这一原则基本上考虑了双方的合理诉求，在处理二者关系的层面上具有衡平的价值。

第三，在坚持知情同意原则的基础上，还需要遵循以下具体规则来协调二者之间的冲突。其一，不同敏感程度的个人信息，应有不同的知情同意要求。对于敏感个人信息，应当严格要求知情同意原则，即明示的知情同意原则。对于非敏感个人信息，则应降低知情同意原则的具体要求，可以考虑弱化信息主体的同意要求，①弱化为推定同意。根据《个人信息保护法》第29条、第30条的规定，处理敏感个人信息应当取得个人的单独同意；法律、行政法规规定处理敏感个人信息应当取得书面同意的，从其规定。个人信息处理者处理敏感个人信息的，除《个人信息保护法》第17条第1款规定的事项外，还应当向个人告知处理敏感个人信息的必要性以及对个人权益的影响；依照本法规定可以不向个人告知的除外。比如，在企业发出利用其非敏感个人信

---

① 参见王利明：《数据共享与个人信息保护》，载《现代法学》2019年第1期。

息请求并希望在三天内给予答复，信息主体不作反对表示的，有时可以认为信息主体已经知情并同意，但对于敏感个人信息，则绝不能做这样的推定。其二，对于未成年人的个人信息应坚持严格的知情同意原则。比如，企业需要处理未成年人个人信息的，必须向未成年人的监护人明示收集、使用信息的目的、方式和范围，并经监护人明示同意。其三，获得授权处理的个人信息在向第三人提供时也应该匿名化。即使经过信息主体知情并同意，但在超越信息处理者和信息主体之外向第三人提供个人信息的处理服务时，也应该进行匿名化操作。尽管有人提出可以将个人信息匿名化后排除知情同意原则的适用，[①]但是，一方面，匿名化之后并非不可逆，现代信息技术的发展已经使得匿名信息的再识别成为可能；另一方面，如果在向第三人提供信息处理服务过程中确有必要非匿名，可以另行取得信息主体的授权。比如，电商平台收集到的用户个人信息，在该电商和用户之间直接进行广告推送时，电商对用户个人信息的使用是非匿名的，否则不可能将广告推送给该用户。这种情况并未向第三人披露用户个人信息，为衡平数据利用和个人信息保护，不应一概禁止。但是，如果电商将该用户的非匿名信息向第三人提供，或在向第三人提供服务的过程中使用了该用户的非匿名信息，则应坚决禁止。

关于个人信息权益保护和企业数据利用的协调，目前还在不断积累经验和完善过程中，相信随着我们对数据利用认识水平和技术手段的提升，二者的协调问题定能得到更好的解决。

专题54 千人千面的定向广告服务是否侵犯个人信息权益

◎ 案例简介

何某某系手机号码180××××3844的户主，2018年2月8日，10691171335926×××的号码以短信方式向何某某发送了内容为“【早稻】何某某，前同事评价你‘专业靠谱’并向你推荐107个人脉，还有19个好友在等你cc.co/OypRubuV3m

---

① 参见林洹民：《个人信息保护中知情同意原则的困境与出路》，载《北京航空航天大学学报》（社会科学版）2018年第3期。

投诉退订回TD”的消息，何某某随即回复“TD”，此后，该号码未向何某某发送过消息。经查明，早稻APP的开发者系合合科技公司，合合科技公司也为扫描全能王APP的开发者，何某某曾下载注册过扫描全能王APP，合合科技公司通过扫描全能王APP收集了何某某的手机号码信息。何某某主张合合科技公司收集何某某姓名、手机号码的行为侵犯了其个人信息权益，诉至法院请求：合合科技公司披露获取何某某包括姓名、手机号码在内的个人信息的方式；合合科技公司删除何某某包括姓名、手机号码在内的个人信息；赔偿维权合理开支共计20400元。

法院判决认为，经营者收集、使用消费者个人信息，应当公开其收集、使用规则，不得违反法律、法规的规定和双方的约定收集、使用信息。经营者及其工作人员对收集的消费者个人信息必须严格保密，不得泄露、出售或者非法向他人提供。经营者应当采取技术措施和其他必要措施，确保信息安全，防止消费者个人信息泄露、丢失。在发生或者可能发生信息泄露、丢失的情况时，应当立即采取补救措施。经营者未经消费者同意或者请求，或者消费者明确表示拒绝的，不得向其发送商业性信息。合合科技公司通过何某某在其开发的扫描全能王APP上注册的信息，获取了其手机信息，在未征得何某某同意的情况下，即通过短信方式推送商业性信息，违反了上述规定，但在何某某明确表示拒绝后，合合科技公司未再向何某某发送商业性信息，并没有给何某某造成损害，同时，也没有证据证明合合科技公司存在买卖、提供或者公开原告的个人信息的行为，故不应承担侵权责任。最终，判决驳回何某某的诉讼请求。[①]

◎ 法官评析

1. 关联企业或关联APP之间并不当然具有获取个人信息的权利

实践中，很多公司之间相互参股，或者实质上由同一家母公司控制，从而形成关系复杂的关联关系。但无论其内部关系如何复杂，其始终是不同的法律主体。信息主体就其个人信息的处理对某一企业的授权，并不当然及于

---

① 参见四川省成都市中级人民法院（2018）川01民终14654号民事判决书。

其内部另外的关联企业。关联企业要想处理个人信息，仍然必须获得信息主体的另外授权，这是前面讲到的知情同意原则的当然要求。同时，信息主体授权某一APP使用其个人信息，并不及于另一相近的APP，哪怕这两款APP的运营主体为同一人。因为一旦超出授权的APP使用个人信息，就意味着其使用已经超出了授权目的范围，这也是知情同意原则的当然要求。本案中，不论早稻APP和扫描全能王APP的运营者是关联企业还是同一主体，对扫描全能王APP的授权都不能作任何的扩大解释，即使两款APP都是合合公司开发的，也不能当然认为用户同意将其个人信息通用于两款APP，除非合合科技公司能证明在取得授权时是针对两款APP的，且两款APP的请求均获得了授权。因此，本案中，在未经何某某明确授权的情况下，早稻APP不能使用何某某的个人信息进行广告推送。法院之所以没有支持何某某要求合合科技公司披露获取其个人信息渠道的请求，是因为这属于案件审理过程中查明的事实，即早稻APP如何获取何某某个人信息是一个事实问题，只能通过法庭审理予以查明。如果查明，则直接在判决的查明事实部分予以认定即可，支持该种请求没有相应的依据。

2.定向广告向信息主体提供退出选项的，则不构成侵权

定向广告推送之所以被认为侵权，主要可能在于两点：第一是广告推送者未经授权擅自使用了被推送人的个人信息，从而对被推送者的个人信息权益造成侵害。如上所述，此处不赘。第二是频繁的广告推送已经对被推送者构成侵扰，侵犯了被推送者的其他人格权。基于此，如果信息处理者在推送定向广告时能够设置一个可供被推送者选择的退出或拒绝按钮，则一方面不会对商家（广告推送者）的合理的广告利益产生实质性影响，因为此种情况下商家仍然可以向被推送者推送广告，并且也能确保被推送者拥有很好的用户体验；另一方面也不会对被推送者造成过分的侵扰，因为此种情况下被推送者可以选择，如果他对广告感兴趣，就不会选择退出，而是继续浏览，如果他对广告不感兴趣，就可以选择退出或拒绝。因此，设置退出或拒绝选项实质上是兼顾了信息处理者和信息主体双方的权益。《个人信息保护法》第24条第1款、第2款规定，个人信息处理者利用个人信息进行自动化决策，应当保证决策的透明度和结果公平、公正，不得对个人在交易价格等交易条件上实

行不合理的差别待遇。通过自动化决策方式向个人进行信息推送、商业营销，应当同时提供不针对其个人特征的选项，或者向个人提供便捷的拒绝方式。

本案中，早稻APP在未征得何某某同意的情况下，即擅自获取何某某在扫描全能王APP上注册的信息，并通过短信方式推送商业性信息，该行为已经对何某某的个人信息权益造成侵害。但是，如果早稻APP是经何某某同意后收集了其个人信息，则此次商业信息推送不构成侵犯何某某个人信息权益。即使何某某的此次授权中没有明确是否包括广告推送，也不应认定侵犯其个人信息权益。因为，这种定向商业信息推送虽然是APP运营商（信息处理者）在做广告，但同时也有利于降低何某某的信息获取成本，提升其使用体验，如果何某某不愿接受，早稻APP已经为其提供了很容易操作的退出选项，并且这样的信息推送仅在APP与信息主体之间流动，不会将个人信息泄露给第三人。但本案中的情况，恰恰是早稻APP并未直接从何某某处获得授权，故应认定为侵犯何某某的个人信息权益。当然，早稻APP在何某某明确表示拒绝后，未再向何某某发送商业性信息，因此并没有侵犯何某某其他人格权益。也正是基于这一原因，法院没有支持其损害赔偿请求。但是，法院没有认定合合科技公司侵犯何某某个人信息权益，似有商榷空间。

◎ 规范指引

《民法典》

第1035条第1款 处理个人信息的，应当遵循合法、正当、必要原则，不得过度处理，并符合下列条件：

（一）征得该自然人或者其监护人同意，但是法律、行政法规另有规定的除外；

（二）公开处理信息的规则；

（三）明示处理信息的目的、方式和范围；

（四）不违反法律、行政法规的规定和双方的约定。

《个人信息保护法》

第24条 个人信息处理者利用个人信息进行自动化决策，应当保证决策的透明度和结果公平、公正，不得对个人在交易价格等交易条件上实行不合理的差别待遇。

通过自动化决策方式向个人进行信息推送、商业营销，应当同时提供不针对其个人特征的选项，或者向个人提供便捷的拒绝方式。

通过自动化决策方式作出对个人权益有重大影响的决定，个人有权要求个人信息处理者予以说明，并有权拒绝个人信息处理者仅通过自动化决策的方式作出决定。

专题55 受托分析海量个人信息后受托企业可否保存这些个人信息

◎ 案例简介

甲生物制药公司为研制某一新药将其经授权获准的6000名被试者试用新药后的反应情况等信息委托给乙数据公司进行数据统计分析。乙公司完成数据分析后将分析结果报告交给甲公司。同时将甲公司委托的6000名被试者个人信息及分析后的结果信息整体保存到自己的高等级保密处理的数据库中。后乙公司负责涉密数据库的工作人员丙离职时将6000名被试者个人信息及分析结果情况信息拷贝后提供给新任职公司丁。丁公司利用其获取的6000名被试者的个人信息，向其推送精准药品广告。6000名被试者中的9人认为，其虽然授权甲公司研究其个人用药信息，但并未允许甲公司授权他人进行分析研究，而乙公司、丁公司更是未经许可擅自使用其个人信息，遂以甲公司、乙公司、丁公司侵犯其个人信息权益为由诉至法院，请求三被告赔礼道歉，删除其保存的个人信息，并赔偿维权的经济损失。

◎ 法官评析

1.受托处理个人信息的信息处理者未经信息主体同意不得委托第三人处理个人信息

随着计算机信息技术的发展，该领域的社会分工也越来越细致。因此，在处理大数据的过程中，相互协作是不可避免的，个人信息在协作分工的数据技术公司之间进行流动从科技发展的角度看也是必要的。但是，这种科技发展视角的流动性要求，还需要与法律视角的个人信息权益保护性要求相协调。为此，所有参与协作处理个人信息的各方，都应一致地遵守知情同意原则。[1]我

① 参见王利明：《数据共享与个人信息保护》，载《现代法学》2019年第1期。

国《个人信息保护法（草案）》第22条也明确，个人信息处理者委托处理个人信息的，应当与受托方约定委托处理的目的、处理方式、个人信息的种类、保护措施以及双方的权利和义务等，并对受托方的个人信息处理活动进行监督。受托方应当按照约定处理个人信息，不得超出约定的处理目的、处理方式等处理个人信息，并应当在合同履行完毕或者委托关系解除后，将个人信息返还个人信息处理者或者予以删除。未经个人信息处理者同意，受托方不得转委托他人处理个人信息。《个人信息保护法（草案二次审议稿）》第22条在继续坚持这一立场的基础上，更是强调，委托合同不生效、无效、被撤销或者终止的，受托方应当将个人信息返还个人信息处理者或者予以删除，不得保留。最终通过的《个人信息保护法》将上述内容保留在第21条中。

所以，对于信息主体而言，即使其同意某一信息处理者处理其个人信息，也不当然表示其同意该信息处理者转委托他人处理其个人信息。在此，信息主体对于委托处理其个人信息的相关活动应有同意和控制权。[①]本案中，虽然甲公司经原告授权处理其个人信息，但其将原告等6000人的个人信息委托给乙公司进行数据分析并未经过原告等6000人的授权，已经侵犯其个人信息权益。

2. 第三人完成委托处理个人信息事宜后应删除原个人信息和分析之后的个人信息

再进一步，即使信息处理者转委托第三人处理个人信息是经过信息主体明确授权的，但信息主体的授权仅限于第三人进行处理的范围内，这就意味着，第三人在处理完毕之后无权保存作为处理原料的个人信息，也无权保存经过分析之后的作为处理成品的个人信息。说到底，这也是知情同意原则的具体适用要求。本案中，乙公司在将甲公司委托其处理个人信息的相关事宜完成后，留下了作为处理原料的个人信息和处理成品的个人信息，已经侵犯了该6000名被试者的个人信息权益。同时，丁公司更是在没有任何授权的情况下获取了6000名被试者的个人信息，明显侵犯了6000名被试者的个人信

① 参见石佳友：《个人信息保护法与民法典的协调》，载清华大学法学院《〈个人信息保护法（草案）〉专家研讨会会议材料》2020年11月，第11页。

息权益。据此，法院应判决乙公司和丁公司删除其保存的6000名被试者的所有个人信息。同时，因甲公司、乙公司和丁公司各自行为造成原告的维权损失，甲公司、乙公司、丁公司应按照《民法典》第1172条（原《侵权责任法》第12条）规定承担相应的责任。

◎ 规范指引

《民法典》

第1172条 二人以上分别实施侵权行为造成同一损害，能够确定责任大小的，各自承担相应的责任；难以确定责任大小的，平均承担责任。

《个人信息保护法》

第21条 个人信息处理者委托处理个人信息的，应当与受托人约定委托处理的目的、期限、处理方式、个人信息的种类、保护措施以及双方的权利和义务等，并对受托人的个人信息处理活动进行监督。

受托人应当按照约定处理个人信息，不得超出约定的处理目的、处理方式等处理个人信息；委托合同不生效、无效、被撤销或者终止的，受托人应当将个人信息返还个人信息处理者或者予以删除，不得保留。

未经个人信息处理者同意，受托人不得转委托他人处理个人信息。

专题56 信息处理者注销后未妥善保护其控制的个人信息导致发生泄露或损害的，应如何承担责任

◎ 案例简介

甲为共享自行车平台企业，骑用甲的共享单车必须成为注册用户，而凡是在甲的共享平台上注册的用户，都需要提交姓名、身份证号码、手机号，并关联支付企业乙的支付APP。由于城市交通拥挤越来越严重，骑行共享单车的人越来越多。在顶峰时期，甲的注册用户达到6000万。甲不但存有6000万注册用户的姓名、身份证号码、手机号，还每天收集6000万用户的骑行轨迹信息。后来，在共享单车市场竞争日趋激烈的情况下，甲因经营不善而宣告破产，并经过破产清算程序后在工商行政部门注销登

记。甲的法定代表人乙另行创业，对于其企业曾经控制的6000万人的个人信息数据库的保管问题没有在意。甲公司注销前专门管理用户数据库的负责人丙将甲公司用来存储用户数据的服务器转售他人，之后另谋出路。其后，存储用户数据的服务器几经转手被丁获得，丁发现了服务器上的大量个人信息，将之出售给戊，获利2万元。后丁和戊因侵犯公民个人信息罪被判刑。检察院以乙和丙为被告，提起侵犯个人信息权益的民事公益诉讼，请求法院判令乙和丙承担因大量个人信息泄露给众多信息主体造成的损失400万元。

◎ 法官评析

1.个人信息处理者注销时其相关负责人负有删除个人信息的义务

大数据企业的数据资产一方面是其核心竞争力之一，具有巨大的商业价值；另一方面也是用户的个人信息，一旦泄露可能产生大面积侵权，潜藏着巨大的权利风险。基于此，大数据企业在注销时，绝不仅仅是了结债权债务就可以了，而必须确保其控制的海量个人信息数据不被泄露。我国《个人信息保护法（草案）》第47条第1款第1项、第2项规定，约定的保存期限已届满或者处理目的已实现，或者个人信息处理者停止提供产品或者服务的，则个人信息处理者应当主动或者根据个人的请求，删除个人信息。对此，在《个人信息保护法（草案）》征求意见过程中，2020年11月在清华大学法学院组织的研讨会上，本书作者提出，应该设立数据企业相关负责人在企业停业或注销时对其控制的海量个人信息予以强制物理删除的义务。最终通过的《个人信息保护法》虽然没有直接对上述问题作出明确的回应和规制，但通过解释《个人信息保护法》第47条第1款第2项，完全可以得出上述结论，只是删除的具体义务人尚不清晰。从法理上讲，将海量个人信息物理删除是最符合知情同意原则的本意的。虽然从资源节约利用的角度考虑，物理删除如此海量的个人信息可能造成数据浪费，因而或许可以考虑适当降低要求，改由相应负责人妥善保管个人信息的做法。但是，本书认为，从知情同意原则的本质要求上看，信息主体的授权对象就是该注销企业。一旦企业注销，则授权基础就不复存在。如果还允许注销企业的相关负责人持有这些海量的个人信息，则相当于在未经信息主体同意的情况下，将原来的授权对象扩展到注销企业的相关负责人个人，明显违反了知情同意原则。因此，有必要在公法上设定企业相关负责人在企业注销时的数据删除义务。如果违反这一义务，相关负责人将不仅承担民事责任，更应承担行政责任，甚至承担刑事责任。表面看来，物理删除好像有数据浪费的嫌疑，但实际上，信息处理者处理个人信息本就有时间限制，约定或者授权的保存期限届满时，信息处理者理应删除其控制的个人信息。当然，在法律和相关行政法规规定这一义务之前，至少应要求相关负责人负有妥善保管该注销企业控制的海量个人信息的义务。

2. 未及时删除而导致个人信息泄露或发生损害的，相关负责人应承担相应的民事责任

如果企业的法定代表人以及专门负责数据库管理的相关负责人在企业注销时没有及时删除个人信息，导致该个人信息发生泄露的，受害的信息主体有权请求该法定代表人及负责人删除其控制的个人信息。如果该被泄露的个人信息被他人利用，导致信息主体发生损失的，则该法定代表人及数据库负责人应就信息主体的损失负担赔偿责任。本案中，乙作为甲的法定代表人，在甲注销时没有尽到删除个人信息数据或妥善保管个人信息数据的义务。丙作为专门管理用户数据库的负责人，也没有尽到删除个人信息数据或妥善保管个人信息数据的义务。由于二人的不作为，导致6000万用户信息被泄露，由此造成的损失理应由其二人共同负责。

◎ 规范指引

《民法典》

第1037条第2款 自然人发现信息处理者违反法律、行政法规的规定或者双方的约定处理其个人信息的，有权请求信息处理者及时删除。

《个人信息保护法》

第47条第1款 下列情形之一的，个人信息处理者应当主动删除个人信息；个人信息处理者未删除的，个人有权请求删除：

……

（二）个人信息处理者停止提供产品或者服务，或者保存期限已届满；

……

第四节　个人信息利益保护与其他社会公共利益保护的冲突与平衡

基本原理

一、个人信息权益保护与科学研究

科学研究是人类社会进步必不可少的一项事业，属于较为典型的公共利益。我国《民法典》编纂过程中，在《民法典各分编（草案）》第816条第3项曾规定，为学术研究、课堂教学或者统计目的在合理范围内实施的收集、使用或者公开个人信息等行为，行为人不承担民事责任。后来正式颁布的《民法典》虽然没有坚持这样的表述，但《民法典》第1036条第3项规定的"为维护公共利益而处理个人信息，不承担民事责任"已经足以涵盖上述学术研究、课堂教学或者统计目的等情况。因为，学术研究、课堂教学或者统计目的可以被纳入公共利益的范畴。当然，为学术研究、课堂教学等目的而处理个人信息时，也应遵守比例原则，[①]即为学术研究、课堂教学等目的只有在"合理范围内"处理个人信息才是合法的，如果超出合理的范围，则相关的学术研究机构或课堂教学机构可能构成个人信息侵权。

二、个人信息权益保护与公共卫生危机控制

2020年年初以来的新冠肺炎疫情，凸显了公共卫生危机管理的极端重要性。在大规模疫情侵袭时，公民需要对自己的个人信息进行一定程度的让渡。我国《传染病防治法》第12条第1款规定，在中华人民共和国领域内

---

① 参见王利明：《人格权重大疑难问题研究》，法律出版社2019年版，第707页。

的一切单位和个人，必须接受疾病预防控制机构、医疗机构有关传染病的调查、检验、采集样本、隔离治疗等预防、控制措施，如实提供有关情况。疾病预防控制机构、医疗机构不得泄露涉及个人隐私的有关信息、资料。据此规定，在面临公共卫生危机时，疾病预防控制机构、医疗机构为了处理公共卫生危机事件，有权调查和收集与此相关的个人信息。《个人信息保护法》第13条第1款第4项也规定，为应对突发公共卫生事件，或者紧急情况下为保护自然人的生命健康和财产安全所必需，可以处理个人信息。在2020年的疫情防控中，卫生防疫部门通过健康宝APP记录采集了大量的个人行踪轨迹信息，为开展流行病调查和采取相应的防控措施，奠定了非常坚实的信息基础。显然，这是个人信息保护对疫情防控这一公共利益所做的妥协和让步，具有正当性和合理性。但也要明确，这种让渡并非无限制的。一方面是卫生防疫部门只能在疫情防控的目的范围内调查和收集公民个人信息。比如，在开展流行病调查的过程中，收集公民的住址和近14天或更长时间内曾经去过哪儿、乘坐的航班号或者火车车次等信息，这是必要的。但是，如果在开展流行病调查过程中收集公民个人的教育背景、房产信息、金融资产信息等就显然是超越疫情防控目的范围的。另一方面是获取公民个人信息的疾病预防控制机构、医疗机构也必须采取最严格的保密措施，防止其收集的个人信息发生泄露。上述《传染病防治法》第12条第2款亦规定，卫生行政部门以及其他有关部门、疾病预防控制机构和医疗机构因违法实施行政管理或者预防、控制措施，侵犯单位和个人合法权益的，有关单位和个人可以依法申请行政复议或者提起诉讼。另外需要强调的是，在大规模公共卫生危机发生时，为防控需要而收集的个人信息，与平常收集的个人信息不同，往往存在于网络上或各种APP的运营商手中。即使通过技术处理不一定识别出信息主体（这种可能性很低），但无论如何都是对信息主体的一种暴露。因此，在防控目的实现以后，保有此类信息的网络经营者和相关主管部门，应当将因疫情防控需要而收集的海量个人信息做删除处理。[①]

---

① 参见沈岿：《寻求疫情防控与个人信息保护的平衡》，载http：//www.aisixiang.com/data/120527-2.html，2020年10月31日最后访问。

三、个人信息权益保护与公共秩序管理

公共秩序管理，如居住社区的秩序管理、学校的秩序管理、机关企事业单位内部的人员管理、商场对商城人流秩序的管理等。以上形形色色的公共秩序管理，是否可以全部归结为公共利益，从而以公共利益为由对公民的个人信息权益进行限制呢?

本书认为，公共利益也应有位阶的划分。比如，一个社区的公共秩序和社区所在区的公共秩序相比，显然后者的公共利益位阶更高。而所在区的公共秩序与整个城市的公共秩序相比，显然后者的公共利益位阶再高一筹。基于此，即使以公共秩序属于公共利益为由进行个人信息权益方面的限制，也应遵循比例原则，即越是高位阶的公共秩序，对个人信息权益进行限制的正当性就越强；越是低位阶的公共秩序，对个人信息权益进行限制的正当性就越弱。

实践中，集中反映个人信息权益与公共秩序管理之间关系的事例是人脸识别技术在公共秩序管理中的应用问题。在此，本书对这一问题进行简要分析。

第一，人脸识别技术的运用存在自身的风险。一方面，现在的人脸识别技术还处于不断发展的阶段，未臻完善。人脸识别的精准度受到姿态、光照、算法等因素的影响，[①]其实际的效果比理论上的期望要低。另一方面，人脸识别存在信息错位的风险。不像指纹、虹膜等生物识别信息，人脸所包含的生物识别信息量较少，变化的丰富性和复杂性不够，因而就可能发生一人识别出不同信息的情况，或者多人识别出同一信息的情况。已经发生的甲的含人脸识别解锁技术的终端设备被乙的人脸解锁的情况，就是明证。[②]

第二，人脸信息的安全防范难度非常大。人脸信息、基因、指纹、虹膜

---

① 参见文铭、刘博:《人脸识别技术应用中的法律规制研究》，载《科技与法律》2020年第4期。

② 参见《十岁男孩“骗过”Face ID，解锁母亲的iphone X》，载https://m.huxiu.com/article/222089.html?f=member_article，2020年9月29日最后访问。

等生物信息是不可更改的，一旦泄露，就是终身泄露。相较而言，指纹和虹膜这样的生物信息还并不直观，需要借助特定的机器设备才能读取。而人脸图像则是可视的、直观的，任何人都可以看到。一旦泄露，后患无穷。[①]因此，人脸识别的安全风险非常高。而由于其安全风险非常高，泄露的可能性极高，导致防范泄露的成本也很高，甚至随时随地存在泄露或被恶意利用的风险，安全防范的难度非常大。

第三，知情同意原则在人脸识别运用中存在虚化。一般的个人信息如姓名、手机号、住址、工作单位等，只有信息主体提供时，信息处理者才可能获取。在这些情况下，知情同意原则伴随着信息主体的提供行为可以自然而然地得到贯彻。也就是说，信息主体向信息处理者提供这些信息就表明其同意信息处理者在一定范围内处理其个人信息。尽管在这种情况下，也存在信息处理者超出目的范围处理个人信息的可能。但整体上，知情同意原则在较高程度上可以被贯彻执行。然而，在人脸识别之下，信息主体的人脸在很多场景中都不需要其主动提供，信息处理者只需打开摄像头，在光照和角度合适的情况下，摄像头自动抓拍、记录、存储人脸信息。此后，连信息主体自身可能都不知道其人脸已经被他人识别，即所谓“无感识别”。在这种情况下，知情同意原则实质上已经被虚化。媒体曾经广泛报道的“戴着头盔去看房”的事例，就是看房者为避免被开发商摄取人脸信息而采取的一种看似搞怪实则无奈的做法。由于存在上述区别，在法律政策上，应该更加注重人脸识别技术运用中的信息泄露风险，对未经信息主体允许的人脸识别，科以更重的责任。

第四，人脸信息的侵权行为存在若干典型场景。2021年8月1日施行的《最高人民法院关于审理使用人脸识别技术处理个人信息相关民事案件适用法律若干问题的规定》第2条明确列举了处理人脸信息，侵害自然人人格权益的各种行为。根据该条规定精神，处理人脸信息，侵害自然人人格权益的行为主要包括：在宾馆、商场、银行、车站、机场、体育场馆、娱乐场所等经营场所、公共场所违反法律、行政法规的规定使用人脸识别技术进行人脸

① 参见聂阳欣：《人脸识别：不安之术》，载《南方人物周刊》2020年12月8日。

验证、辨识或者分析；未公开处理人脸信息的规则或者未明示处理的目的、方式、范围；基于个人同意处理人脸信息的，未征得自然人或者其监护人的单独同意，或者未按照法律、行政法规的规定征得自然人或者其监护人的书面同意；违反信息处理者明示或者双方约定的处理人脸信息的目的、方式、范围等；未采取应有的技术措施或者其他必要措施确保其收集、存储的人脸信息安全，致使人脸信息泄露、篡改、丢失；违反法律、行政法规的规定或者双方的约定，向他人提供人脸信息；违背公序良俗处理人脸信息；违反合法、正当、必要原则处理人脸信息的其他情形。在实践中，很多涉及人脸信息的侵权行为，都是上述典型场景的变形，需要根据实际个案进行认真分析。

专题57　为研制疫苗而使用患者个人信息需要患者本人允许吗

◎ 案例简介

某医院承担了一项重大课题，内容是在实验室环境下研发针对某流行性传染病的疫苗。在研究过程中，医院工作人员收集、分析了到该院及友好医院就诊的1500名传染病患者基因组、血型、既往病史等健康信息。后来，1500名患者中的5名患者得知医院研发疫苗使用了其个人信息，但并未获得自己的授权，认为医院侵犯了自己的个人信息权益，故起诉要求赔礼道歉，赔偿维权的经济损失。医院则抗辩称，其使用患者的相关个人信息是出于科学学术研究的需要，属于合理使用，不构成侵权。

◎ 法官评析

1.为科学学术研究应允许科研机构使用个人信息

科学学术研究是纯粹的公共利益范畴，其带来的积极成果能够惠及全体社会成员。为此，不少涉及个人信息保护的立法例，都允许为科学学术研究而使用个人信息。在非常著名的欧盟《一般数据保护条例》中，就有多处涉及科学学术研究对个人信息保护的限制条款。比如，其第5条（个人数据处理的相关原则）第1款（b）就规定，个人数据收集应该有具体、明确且合法的目的。且不对数据进一步进行不符合上述目的的处理；根据第89条（1），出于公共利益，科学或历史研究或数据统计考虑，以对数据存储归档为目的，对数据进行进一步处理，不应被视为不符合最初目的（“目的限制”）。我国台湾地区的“个人资料保护法”第6条第1款第4项规定，有关病历、医疗、基因、性生活、健康检查及犯罪前科之个人资料，不得归集、处理和利用。但公务机关或学术研究机构基于医疗、卫生或犯罪预防之目的，为统计或学术研究而有必要，且资料经过提供者处理后或经归集者依其揭露方式无从识别特定之当事人的，不在此限。我国《民法典》第1036条第3项规定的“为维护公共利益而处理个人信息，不承担民事责任”也应解释为包括学术研究、课堂教学或者统计目的等情况。因此，为科学学术研究应允许科研机构使用该个人信息。本案中，医院为研发疫苗而使用相关患者个人信息并不当然违法。

2. 为科学学术研究只能在合理范围内使用个人信息

为科学学术研究虽然可以使用个人信息，但这种使用并非毫无限制。即便是为科研目的而使用个人信息，也只能在合理范围内使用，一旦超出合理范围，则可能被认定为侵犯个人信息权益。具体而言，合理使用可以从以下几方面把握。第一，不能超出科研所必要的范围收集个人信息。比如，仅仅收集信息主体的基因、血型、既往病史即可满足科研需要，则不能再另外收集信息主体的身高、体重、指纹等信息。第二，不能超出科学学术研究的目的范围使用个人信息。如果使用他人个人信息在进行科学学术研究的同时，还用作其他用途，如为了满足部分科研工作人员个人目的，则应认为超出目的范围。第三，信息的收集应严格坚持匿名化。尽管从技术上看，匿名化的个人信息也是可能再识别的，但匿名化的要求并非没有意义。毕竟，匿名化仍然可以在很大程度上降低个人信息泄露的风险。所以，在科学研究过程中，在必要范围内收集、使用个人信息，仍然必须经匿名化处理。第四，应该用后即删。除非是为科学研究本来的目的，否则，为科研目的而收集、使用的信息，应该用后即删，不再保留任何内容。本案中，医院为了研制疫苗而收集、使用1500名患者的个人信息是可以的，但研发工作完成后，应该立即删除此前收集、存储的1500名患者的所有个人信息。当然，如果是进行动态的、长期性的科研项目，比如动态监测10年内某一地区饮食习惯对高血脂、高血糖、高血压等慢性病发病率的影响情况，则需要10年内反复收集、使用相应人群的个人信息，但仍然应坚持10年后项目终结时，物理删除相应的个人信息。

◎ 规范指引

《民法典》

第1036条　处理个人信息，有下列情形之一的，行为人不承担民事责任：

……

（三）为维护公共利益或者该自然人合法权益，合理实施的其他行为。

专题58　新冠肺炎疫情患者的个人信息可以网上公开吗

◎ 案例简介

2020年1月中旬，甲利用休假期间前往武汉游玩，并于武汉封城4天前返回其住所地。武汉封城后，各地排查从武汉返回人员，甲因心里害怕没有将其行踪主动报告所在社区。后来，甲感觉自己身体不适，出现发热症状后前往医院就医，并被确诊为新冠肺炎。在医院，甲起初仍未如实向医务人员陈述自己的行踪轨迹。直到防疫人员流调发现甲的行踪有异，再三追问之下甲才如实陈述了自己从武汉返回的时间、所乘车次、车厢以及密切接触人员等信息。由于甲起初未如实陈述，给防疫工作带来非常消极的影响。甲的邻居乙得知甲隐瞒行程等情况后非常生气，遂在社区的论坛中披露了甲的姓名、手机号、住址、工作单位、家庭成员等详细信息。论坛中随即有人将甲的照片、车牌号等信息相继贴出。大家在论坛中一致谴责甲的行为。随着谴责的升级，甲的行为及其个人相关信息被很多论坛和网站转载，范围一再扩大。后来，甲在治愈后因其隐瞒行为被行政拘留。拘留期满后甲得知自己的个人信息已经完全暴露到网络上，遂起诉乙请求赔礼道歉，赔偿精神损失。

◎ 法官评析

1.为疫情防控需要，相关机构可以在防疫目的范围内处理个人信息

流行病的防范控制事关公共利益，为了更好地防范疫情扩散，卫生防疫行政部门需要就传染病的传播途径等情况进行调查，这就必然需要采集患者的健康信息、行踪轨迹信息、密接人员信息等相关的个人信息。从法理上讲，只要这种信息采集行为完全是出于疫情防控的必要，则即使信息主体没有明确授权同意，也不能认定为构成侵权。《个人信息保护法》第13条第1款第4项明确规定，为应对突发公共卫生事件，或者紧急情况下为保护自然人的生命健康和财产安全所必需的，个人信息处理者可以处理个人信息。因此，本案中医务人员采集甲行踪信息的行为完全合法。

2.疫情防控目的之外泄露个人信息的构成侵犯个人信息权益

然而，如果不是为了疫情防控，即使是出于义愤（比如，为了一致谴责某种不积极配合抗疫的行为）而泄露他人个人信息，也已经侵犯了他人个人信息权益。本案中，乙的行为虽然在道德上情有可原，但其将甲的个人信息公布于网络的行为，以及后续讨论参与者公布甲的照片和车牌号的行为，则并非抗疫所必需，已经侵犯了甲的个人信息权益。在这一点上，需要明确的界限是：一方面，不配合抗疫无疑需要承担相应的责任；另一方面，不配合抗疫不是泄露其个人信息的正当理由。正如央视主持人海霞在评论一起因新冠肺炎疫情而发生的个人信息泄露事件时指出的："个人生活不该是公共话题，防疫才是。我们的敌人是病毒，不是感染病毒的人。战疫要讲科学，也要讲法治。"①

◎ 规范指引

《民法典》

第1038条第1款 信息处理者不得泄露或者篡改其收集、存储的个人信息；未经自然人同意，不得向他人非法提供其个人信息，但是经过加工无法识别特定个人

① 参见《央视评成都确诊女孩信息遭泄露成都确诊女孩事件回顾》，载https://ent.china.com/gundong/11015422/20201209/39054396.html，2020年12月1日最后访问。

且不能复原的除外。

《个人信息保护法》

第13条第1款　符合下列情形之一的，个人信息处理者方可处理个人信息：

……

（四）为应对突发公共卫生事件，或者紧急情况下为保护自然人的生命健康和财产安全所必需；

……

专题59　未经许可采集人脸信息是否承担责任——“人脸识别第一案”评析

◎ 案例简介

2019年4月，原告郭某支付1360元购买野生动物世界“畅游365天”双人年卡，确定指纹识别入园方式。郭某与其妻子留存了姓名、身份证号码、电话号码等，并录入指纹、拍照。后野生动物世界将年卡客户入园方式从指纹识别调整为人脸识别，并更换了店堂告示。2019年7月、10月，野生动物世界两次向郭某发送短信，通知年卡入园识别系统更换事宜，要求激活人脸识别系统，否则将无法正常入园。此后，双方就入园方式、退卡等相关事宜协商未果，郭某遂提起诉讼，要求确认野生动物世界店堂告示、短信通知中相关内容无效，并以野生动物世界违约且存在欺诈行为为由要求赔偿年卡卡费、交通费，删除个人信息等。该案由于涉及人脸等个人生物识别信息采集、使用等问题，受到舆论广泛关注，被称为“人脸识别第一案”。

法院判决认为，我国法律对于个人信息在消费领域的收集、使用虽未予以禁止，但强调对个人信息处理过程中的监督和管理，即个人信息的收集要遵循“合法、正当、必要”的原则和征得当事人同意；个人信息的利用要遵循确保安全原则，不得泄露、出售或者非法向他人提供；个人信息被侵害时，经营者需承担相应的侵权责任。本案中，客户在办理年卡时，野生动物世界以店堂告示的形式告知购卡人需提供部分个人信息，未对消费者作出不公平、不合理的其他规定，客户的消费知情权和对个人信息的自主决定权未受到侵害。郭某系自行决定提供指纹等个人信息而成为年卡客户。野生动物世界在经营活动中使用指纹识别、人脸识别等生物识别技术，其行为本身并未违反前述法律规定的原则要求。但是，野生动物世界在合同履行期间将原指纹识别入园方式变更为人脸识别方式，属于单方变更合同的违约行为，郭某对此明确表示不同意，故店堂告示和短信通知的相关内容不构成双方之间的合同内容，对郭某也不具有法律效力，郭某作为守约方有权要求野生动物世界承担相应法律责任。双方在办理年卡时，约定采用的是以指纹识别方式入园，野生动物世界采集郭某及其妻子的照片信息，超出了法律意义上的必要原则要求，故不具有正当性。此外，审理中未发现有证据表明野生动物世界对郭某实施了欺诈行为。最终判决野生动物世界赔偿郭某合同利益损失及交通费共计1038元，删除其办理指纹年卡时提交的包括照片在内的面部特征信息；驳回郭某提出的其他诉讼请求。[①]

◎ 法官评析

1.人脸信息权益的违约责任保护方法

人脸信息作为个人信息的一种，其保护方法与本书前文介绍的保护方法相同，即侵权责任的方法和违约责任的方法。如果当事人对于个人信息的采集、使用等事宜有明确的约定，一方当事人违反约定超范围采集或使用，则可能构成违约。守约方可以请求对方承担违约责任。《最高人民法院关于审理使用人脸识别技术处理个人信息相关民事案件适用法律若干问题的规定》第12条规定，信息处理者违反约定处理自然人的人脸信息，该自然人请求其承担违约责任的，人民法院依法予以支持。本案中的个人信息处理者将入园方式变更为人脸识别方式，属于违反约定处理人脸识别信息。同时，根据该司法解释第11条的规定精神，信息处理者采用格式条款与自然人订立合同，要求自然人授予其无期限限制、不可撤销、可任意转授权等处理人脸信息的权利，该自然人可以依据《民法典》第497条请求确认格式条款无效。如果

① 参见吴帅帅：《“人脸识别第一案”判了》，载http：//www.xinhuanet.com/local/2020-11/22/c_1126771968.htm，2020年12月9日最后访问。

当事人对于如何采集、使用人脸信息没有任何约定，一方未经许可擅自采集他人人脸信息，则被采集方可以请求对方承担侵权责任。本案中，郭某与野生动物世界约定了指纹识别入园方式，郭某与其妻子也据此留存了姓名、身份证号码、电话号码等，并录入指纹、拍照。在此情况下，野生动物世界本应按照约定以指纹识别方式允许其入园，但野生动物世界单方变更入园方式，使用郭某及其妻子的照片信息用作人脸识别，其行为已经构成违约。法院也正是基于这一点，判决野生动物世界承担部分责任。

2.人脸信息权益的侵权责任保护方法

本案虽然主要涉及违约责任，但基于本案所折射出的人脸识别技术广泛应用可能引发的个人信息权益侵害风险，有必要以本案为基础，进一步探讨人脸识别技术可能引发的侵权责任问题。

第一，知情同意原则在人脸识别技术运用中应该被进一步强化。前文已述及，知情同意原则在人脸识别技术运用的场景中存在虚化。而从可能造成的安全风险方面看，人脸识别信息更可能被滥用。一方面，因硬件设备灵敏度不断提升，人脸信息的抓拍和提取变得越来越快，越来越精。在此过程中，机器自动化操作在抓拍、记录、识别中具有高度的主动权。[①]人们常常在无感的状态下被抓拍，从而被识别。即使不用经过信息主体的知情同意，人脸信息也能被获取。于是，知情同意在人脸识别技术运用场景中缺乏实在的控制手段。此时，通过强化和压实法律责任倒逼人脸信息处理者获得信息主体的授权是一个比较有效的选择，《最高人民法院关于审理使用人脸识别技术处理个人信息相关民事案件适用法律若干问题的规定》将在此方面发挥积极作用。另一方面，算法技术的进步会推动人脸信息与其他个人信息的精准匹配，扩大整体个人信息泄露的风险。比如，人脸信息一旦被记录和提取，在算法深度自主学习的加持下，人脸信息可以与信息主体以往被记录的所有面部信息进行匹配比对，进而对信息主体的所有历史活动轨迹形成全方位的画像。如果再与其他数据库里的账户信息、消费信息、教育信息、健康信息整合，则一个个一览无余的透明人就完全呈现出来。甚至可以通过AI“深伪”

---

① 参见林凌、贺小石:《人脸识别的法律规制路径》，载《法学杂志》2020年第7期。

技术，合成天衣无缝的伪造视频，在互联网注册虚假账号，实施各种不法行为。[①]基于这些原因，在涉及人脸识别技术运用的场合，必须强调知情同意原则的严格贯彻。应当强调，凡是要采集人脸信息进行识别的场景中，都需要信息主体的明示同意，除非是为了公共利益。我国《个人信息保护法》在起草过程中，充分地关注到了这一点。《个人信息保护法（草案）》第27条就曾明确规定，在公共场所安装图像采集、个人身份识别设备，应当为维护公共安全所必需，遵守国家有关规定，并设置显著的提示标识。所收集的个人图像、个人身份特征信息只能用于维护公共安全的目的，不得公开或者向他人提供；取得个人单独同意或者法律、行政法规另有规定的除外。后来经过草案二次审议稿和三次审议稿的调整优化，上述内容最终规定于《个人信息保护法》第26条：在公共场所安装图像采集、个人身份识别设备，应当为维护公共安全所必需，遵守国家有关规定，并设置显著的提示标识。所收集的个人图像、身份识别信息只能用于维护公共安全的目的，不得用于其他目的；取得个人单独同意的除外。

第二，在公共场所安装图像采集设备应当显著标明且遵守比例原则。现实中，手机号码、住址、资产状况，甚至姓名等个人信息，即使泄露，还可以更换，从而在一定程度上止损。但是，人脸基本是无法更换的（通过医疗技术“变脸”并不具有一般的可行性），人脸信息一旦泄露，其危害可能是永久性的。[②]因此，即使是基于公共利益的需要在公共场所安装图像采集设备，也需要做显著的标示，以求让进入该公共领域的普通人知道存在摄录设备，从而可以避免正面的人脸采集，降低人脸信息泄露风险。同时，公共场所安装图像采集设备也并不总是必要的。只有那些确有必要的公共场所，才应允许加装摄像摄录等图像采集设备。这也是《个人信息保护法》第26条强调的“应当为维护公共安全所必需”。实践中经常发生的居住小区为了人

---

① 参见文铭、刘博：《人脸识别技术应用中的法律规制研究》，载《科技与法律》2020年第4期。

② 参见郭春镇：《数字人权时代人脸识别技术应用的治理》，载《现代法学》2020年第4期。

员出入管理的需要而要求安装人脸识别技术设备就不是必要的。[①]《最高人民法院关于审理使用人脸识别技术处理个人信息相关民事案件适用法律若干问题的规定》第10条第1款规定，物业服务企业或者其他建筑物管理人以人脸识别作为业主或者物业使用人出入物业服务区域的唯一验证方式，不同意的业主或者物业使用人请求其提供其他合理验证方式的，人民法院依法予以支持。此外，学校纯粹为了考勤的需要而加装人脸识别设备，也是完全没有必要的。对于这种毫无必要安装图像采集设备的场所，如果强行推行人脸识别，则应认定其违反比例原则，可能构成侵权从而承担法律责任。电信终端产业协会于2020年11月26日发布的团体标准《APP收集适用个人信息最小必要评估规范人脸信息》（第6.1 a条）中也指出，不应强制或欺骗误导人脸信息主体进行人脸识别，当人脸信息主体不进行信息识别时，不应禁止人脸信息主体的正常使用。仅可停止访问人脸识别相关功能，法律法规要求的除外。还需强调的是，即使安装了图像采集设备，其所收集的人脸信息也应唯一性地用于公共安全的目的，而不能用于除此之外的任何其他目的。并且，收集者对于其采集、保存的人脸数据必须采取严格的保管措施，杜绝信息泄露的风险。

本案并没有直接涉及侵权责任的问题。但如果野生动物世界在未经郭某明示同意的情况下采集其人脸数据，则构成侵犯个人信息权益。如果野生动物世界在未经明示同意的情况下将采集的人脸数据用于进园检查，同样构成侵犯个人信息权益。

◎ 规范指引

《民法典》

第1019条　任何组织或者个人不得以丑化、污损，或者利用信息技术手段伪造等方式侵害他人的肖像权。未经肖像权人同意，不得制作、使用、公开肖像权人的肖像，但是法律另有规定的除外。

未经肖像权人同意，肖像作品权利人不得以发表、复制、发行、出租、展览等

① 参见周云龙：《人脸识别进小区，业主有“不赏脸”的权利》，载《中国青年报》2020年10月23日，第2版。

方式使用或者公开肖像权人的肖像。

《个人信息保护法》

第26条 在公共场所安装图像采集、个人身份识别设备，应当为维护公共安全所必需，遵守国家有关规定，并设置显著的提示标识。所收集的个人图像、身份识别信息只能用于维护公共安全的目的，不得用于其他目的；取得个人单独同意的除外。

《最高人民法院关于审理使用人脸识别技术处理个人信息相关民事案件适用法律若干问题的规定》

第11条 信息处理者采用格式条款与自然人订立合同，要求自然人授予其无期限限制、不可撤销、可任意转授权等处理人脸信息的权利，该自然人依据民法典第四百九十七条请求确认格式条款无效的，人民法院依法予以支持。

第12条 信息处理者违反约定处理自然人的人脸信息，该自然人请求其承担违约责任的，人民法院依法予以支持。该自然人请求信息处理者承担违约责任时，请求删除人脸信息的，人民法院依法予以支持；信息处理者以双方未对人脸信息的删除作出约定为由抗辩的，人民法院不予支持。

第九章

个人信息商业化利用中的权利保护

第一节　个人信息的商业化利用

基本原理

一、人格权发展中的商业化利用

人格权的商业化利用与人们认识到部分人格权内容中的财产属性相伴而生。早在19世纪末，德国法学家基尔克（Gierke）就曾指出，部分具体人格权本身也具有财产权的性质。[①]但在当时，理论上虽然认识到了人格权中的财产利益，但世界范围内人格权大规模的商业化利用还并不普遍。随着资本主义的发展，为了扩大商品或服务的知名度，借助名人进行广告宣传就成为越来越常见的选择。商业利益是促进业态发展的巨大动力，由于把姓名、肖像、隐私等人格要素进行商业化利用能够获取巨大的商业利益，因此人格权商业化利用在"二战"以后获得巨大的发展。但在获得发展的同时，人们也越来越认识到人格权商业化利用中权利保护的重要性。为迎应商业实践的这一需求，各国法学理论与实践逐渐发展出各自的应对思路。以德国为代表的大陆法系坚持在原有的人格权框架内解决问题，其基本思路是不认为人格权商业化利用会产生新的权利类型，而仅仅认为商业化利用是人格权中财产利益的实现。[②]以美国为代表的英美法系则发展出独立的公开权保护模式。这种模式认为，公开权是自然人所享有的控制其人格标识用于商业实践的独立权利。擅自使用某一自然人的人格标识就构成对其公开权的侵犯，这种侵犯还不能以新闻或言论表达方面的权利而主张免责。[③]

---

① Vgl. Otto Friedrich von Gierke，*Deutsches Privatrecht*，Ⅰ, Leipzig，1895，S.706.

② 参见王利明：《人格权重大疑难问题研究》，法律出版社2019年版，第290页。

③ See J. Thomas MaCarthy，*The Right of Publicity and Privacy*，Vol. Ⅰ（1999），§1.1.

二、可商业化利用的人格利益范围

在不认可独立的公开权的德国法上，人格权的商业化利用被认为是人格权中财产利益的延伸，其利用的范围主要集中在：姓名、肖像、隐私、个人信息等人格利益。在Paul Dahlke案中，德国联邦最高法院确认了人格权商业化利用的行为，将肖像权归结为“具有财产价值的排除权”。其后，又将人格利益商业化利用的观点逐渐扩展到姓名权和一般人格权。[①]但是，德国法上没有独立的隐私权概念，隐私利益是通过将隐私纳入判例发展起来的一般人格权中进行保护的。[②]因此，既然商业化利用的人格利益中包含一般人格权，也就意味着包含隐私权，甚至主要是隐私权。在美国法的公开权体系中，可以商业化利用的人格利益相对更为多样，并且通过判例不断地进行扩展。目前来看，其公开权的权利客体范围主要包括：姓名、肖像、声音、具有特定身份指示性的标语、与个人有联想关系的物品或总体形象、以虚拟角色作为真实人物、现场表演等。根据前述客体范围的不同，学者将美国法上公开权商业化利用的情形分为两类：其一是为了个人标识可识别的价值而使用，其二是为了个人表演的价值而使用。[③]

就我国人格权发展的理论与实践看，可以商业化利用的人格利益范围主要是：姓名、肖像、隐私、个人信息等。对于隐私可否商业化利用的问题，有意见认为如果允许隐私的商业利用，可能违背公序良俗原则。[④]但也有意见认为，隐私权的权能中包括处分的权能，这一处分就包括对隐私的公开权

---

① 参见王利明：《人格权重大疑难问题研究》，法律出版社2019年版，第289页。

② Vgl. Hans Brox / Wolf-Dietrich Walker，*Allgemeines Teil des BGB*，42. Auflage，Verlag Franz Vahlen，2018，§33，Rn 20.

③ See J. Thomas MaCarthy，The Spring 1995 Horace S. Manges Lecture-The Human Person as Commercial Property：The Right of Publicity，19 Columm，VLA.L.& Arts，133（1994–1995）.

④ 参见王利明、程啸、朱虎：《中华人民共和国民法典人格权编释义》，中国法制出版社2020年版，第411页。

和许可使用权，[①]这就意味着隐私也是可以商业化利用的。不论上述争论孰是孰非，可以肯定的一点是，对于个人信息和隐私交叉的那一部分，可以从个人信息的角度予以利用。就此而言，对于隐私的商业利用，原则上应予以拒绝，但很难完全排斥。同时，《民法典》第1023条第2款规定，对自然人声音的保护，参照适用肖像权保护的有关规定。这就意味着，我国人格利益商业化利用的范围已经在原有的基础上扩展到声音。未来，随着人格权保护实践的发展，这一范围还将根据社会的发展而扩大。

三、个人信息利益作为人格利益加以商业化利用的样态

实践中，个人信息的商业化利用主要有如下几种样态。

第一，将个人工作生活经历写成文字出版。经常看到的名人回忆录，或者重要历史人物就其自身在某一历史事件的经历和感受所写的回忆文章等，就属于这种情况。另外，娱乐明星或其他领域的明星，将自己的恋爱或感情经历写成文字出版，从而赚取稿费，也属于这种情况。这种商业化利用的样态中，信息主体自身和出版机构，都可从中获取商业利益。

第二，将自身的私密信息公开或出版发行。最有名的如《傅雷家书》。《傅雷家书》最早出版于1981年，它的出版是当时轰动性的文化事件，30多年来一直畅销不衰。它是傅雷夫妇在1954年到1966年5月期间写给傅聪和儿媳弥拉的家信。这些家书开始于1954年傅聪离家留学波兰，终结至1966年傅雷夫妇于“文革”中不堪凌辱，双双自尽。12年通信数百封，贯穿着傅聪出国学习、演奏成名到结婚生子的成长过程，也映照着傅雷的翻译工作、朋友交往以及傅雷一家的命运起伏，属于个人的家庭私密信息。此外，以自身特殊的身体条件作为职业的人，如人体模特等，通过展示自己的身体曲线、特征而正当地获取利益，也属于这种情况。

第三，对自己私人活动进行直播。随着无线互联网技术的发展，近几年网络视频直播成为非常热门的新型业态。抖音、快手、花椒等直播APP，为

---

① 参见张红:《人格权各论》，高等教育出版社2015年版，第522页。

成千上万名普通人展示自己提供了广阔空间和舞台。在直播平台上对自己的生活起居、购物、旅游、工作等进行直播，就是对私人活动信息的利用。当然，在很多情况下，在直播平台直播自己的私人活动信息，并未取得商业利益，但这并不意味着私人活动信息不能进行商业化利用。因为，个人信息的商业化利用与每个人的个人信息所蕴含的商业价值有关。普通人的个人信息并不具有明显的商业价值，因而可资利用的商业化程度较低。但对于一些公众人物，其个人信息商业化利用的空间则很大，通过直播不仅可以给直播平台带来商业利益，也可以给自身带来商业利益。

此外，还有一种准商业化的个人信息利用就是，将分散的、海量的个人信息汇集起来形成数据库，应用于商业模式分析、投资决策或半公益性的目的等。实践中我们经常看到的如，高德地图可以根据活跃用户的信息量为用户提供躲避拥堵的路线指引，用户也可以据此判断哪个路段的交通状态处于拥堵状态，从而主动避开。这种个人信息的利用，具有一定的公益性，值得提倡。不过也应看到，APP平台公司可以通过这种方式聚拢人气，提升自己的影响力，从而为以后获取更为丰富的商业利益奠定良好的基础。

专题60 自然人出版涉及他人个人信息的书信是否合法

◎ 案例简介

甲为文化名人，著述达千万言，在文化界具有很高的声誉。2019年5月，甲于将满80周岁的时候去世。为纪念父亲，甲之独子乙和甲的一众弟子为甲策划出版其早年的书信。后来，乙亲自选定父亲50岁以前的100封书信定名为《往来集》予以出版。该100封书信中，有87封是甲与乙通信的家书，有13封是甲早年与其初恋女友丙的往来书信。甲已经与丙断绝联系达40多年。并且，基于丙年龄长于甲10岁的情况，乙料定丙已经仙逝，故在选定该13封书信时并未考虑太多。《往来集》出版后非常畅销，发行范围远及我国香港地区。2020年4月，乙收到法院的应诉通知才知道，远在香港地区的丙看到了《往来集》披露了其与甲当年私人情史，认为乙和出版社侵犯了其个人信息权益，遂诉至法院，请求乙和出版社立即停止发行《往来集》，赔偿精神损害抚慰金10万元，维权经济损失10万元。乙抗辩认为，其出版的书信都是父亲的手书，并未抄袭他人作品，也没有捏造任何事实，故不构成侵权。出版社抗辩认为，其出版作品是经过乙的授权，没有任何不当行为，故不构成侵权。

◎ 法官评析

1. 出版涉及个人信息的书信属于对个人信息的商业化利用

个人书信系记录个人过往信息的重要载体，其中的内容除了涉及社交信息之外，还可能涉及主人公的生活起居、工作、兴趣爱好等各方面的个人信息。基于个人信息同时具有财产属性的特征，信息主体可以将自己的个人信息作商业化的利用。这种商业化利用的重要方式之一就是将之出版发行。本案中，乙出版父亲的书信，就属于对个人信息的商业化利用，并非不可。其中，关于87封家书的部分，因都是父亲与自己的书信往来，不涉及第三人，该部分的出版不生问题。但因《往来集》中有第三人丙的大量个人信息，则需要专门探讨其合法性问题。

2. 出版的书信涉及他人个人信息权益的，应征得第三人的授权同意

自然人的往来书信，虽然是自己过往个人信息的重要载体，但因书信往来属于社交往来，基本都会涉及与信息主体通信的对方。因此，书信的出版就不仅仅是信息主体个人的事情。从本质上看，出版书信相当于将书信的内容公之于众。而基于书信的社交属性，则公之于众的内容中必然涉及他人的个人信息。而公布他人的个人信息，显然需要遵循知情同意这一基本原则。《个人信息保护法》第44条亦规定，个人对其个人信息的处理享有知情权、决定权，有权限制或者拒绝他人对其个人信息进行处理；法律、行政法规另有规定的除外。本案中，乙将其父亲的书信予以出版，而书信内容中有13封涉及丙的个人信息。对此，丙享有知情权、决定权。也即，乙在未经丙允许的情况下将含有丙个人信息内容的书信予以公布，已经构成对丙个人信息权益的侵犯。在此，乙对于侵犯丙的个人信息权益的行为并无故意，而是过失，应当承担民事责任。

3. 出版社在出版书信等作品时未尽适当审查义务的，可能承担相应的责任

出版作品，原则上要求文责自负，即作者需对作品的内容本身负责，出版社作为出版平台，提供出版发行服务，并不对作品的内容负责。但是，对于书信这种明显可能涉及他人的作品，出版社有义务进行必要的审查，确保其出版的内容不会侵害他人权益。如果经审查发现拟出版的内容可能侵犯他人权益的，应当要求作者或编者进行修改，或者对涉及的他人做化名或匿名处理，或者取得涉及的他人的明确授权。否则，出版社可以拒绝出版该作品。本案中，乙出版的《往来集》中有13封信涉及丙，出版社既未看到丙同意出版其个人信息内容的授权，也没有要求乙对该13封信做撤回或调换的处理，因而出版社存在过错。在出版社与乙的过错结构中，出版社并不追求或放任损害结果发生，因而属于过失。也即，出版社与乙存在共同的过失。关于共同过失是否应适用原《侵权责任法》第8条或《民法典》第1168条，要求行为人承担连带责任，有意见认为应予适用，[①]也有意见认为不应适用。[②]本书认为，《民法典》第1168条（原《侵权责任法》第8条）所称的“共同”仅指共同故意，不包括共同过失。共同过失应按照无意思联络的数人侵权进行处理。本案中，乙的行为和出版社的行为结合起来造成了对丙的个人信息权益的侵害，根据《民法典》第1165条第1款及第1172条的规定，出版社与乙应各自承担按份责任。

◎ 规范指引

《民法典》

第1165条第1款 行为人因过错侵害他人民事权益造成损害的，应当承担侵权责任。

第1172条 二人以上分别实施侵权行为造成同一损害，能够确定责任大小的，各自承担相应的责任；难以确定责任大小的，平均承担责任。

---

① 参见最高人民法院民法典贯彻实施工作领导小组主编：《中华人民共和国民法典侵权责任编理解与适用》，人民法院出版社2020年版，第54页。

② 参见程啸：《侵权责任法》（第2版），法律出版社2015年版，第348页。

《个人信息保护法》

第44条　个人对其个人信息的处理享有知情权、决定权，有权限制或者拒绝他人对其个人信息进行处理；法律、行政法规另有规定的除外。

第二节　个人信息商业化利用中的权利救济

基本原理

一、个人信息商业化利用的法律方法

个人信息商业化利用的本质就是许可他人使用其个人信息，从而获取一定的经济利益。在很多情况下，个人信息也是一种资源，甚至被称为21世纪的“数据金矿”。[①]波斯纳指出，财产私有能促进有限资源的高效利用……该原则适用于任何有价值的资源。[②]将个人信息视为一种财产资源，其当然的结果就是寻求它的经济利用。实现这一目的的法律方法只能是合同，即当事人通过订立合同的方式，将其个人信息许可或授权他人使用。这种许可使用合同的结构和内容，基本类同于肖像权许可使用合同，当事人双方应对许可使用的个人信息的具体项目、使用范围、使用期限等问题进行明确约定，之后即按照合同约定履行。

二、个人信息商业化利用中的违约责任

既然个人信息的商业化利用是通过订立合同来达成目的的，那么商业化利用中首先可能发生的就是因违约行为而导致的信息主体的不利益。最常见的情形有：其一，超出约定的内容范围而利用信息主体的个人信息。

---

① 参见王利明：《人格权重大疑难问题研究》，法律出版社2019年版，第297页。

② 参见（美）波斯纳：《法律的经济分析》（上），蒋兆康译，中国大百科全书出版社1997年版，第41页。

比如，撰写名人传记时，约定只写作与工作有关的个人信息，不写家庭生活信息，但撰写者私自将写作范围扩大至家庭信息方面。其二，超出约定的时间范围而利用信息主体的个人信息。比如，与直播平台约定的直播其生活起居的时间仅限于每日的16点至18点，但直播平台在具体的直播过程中，将时间延后至19点。其三，超出约定的主体范围而利用他人的个人信息。比如，将书信手稿交给出版社，约定只出版家书，剔除非家书的书信。但出版社在实际出版过程中，将非家书的其他书信也纳入出版范围。以上三种情况，都是较为典型的个人信息商业化利用中的违约行为。

三、个人信息商业化利用中的侵权责任

除了上面阐述的违约责任之外，个人信息商业化利用中也会产生侵权责任。主要有如下几种情形：第一，未经信息主体本人允许而擅自将他人个人信息进行商业化利用。比如，某房屋租赁平台未经承租人允许而将承租人房间内的陈设布置和书架上的书籍等信息用照片呈现到其官网，以招徕顾客。第二，超出约定的内容范围或时间范围对他人个人信息进行商业化利用。比如，上文提到的与直播平台约定的直播其生活起居的时间仅限于每日的16点至18点，但直播平台在具体的直播过程中，将时间延后至19点。这种情况一方面构成违约，另一方面也构成对信息主体个人信息权益的侵害，属于侵权责任和违约责任的竞合。第三，就是上文提到的超出约定的主体范围而利用他人的个人信息。上文所举的书信手稿出版案中，出版社将非家书的其他书信也纳入出版范围，未经书信作者允许，构成违约和对作者的侵权的竞合。同时，对于书信涉及的他人（即书信的对方）而言，也属于未经其许可，擅自公开其个人信息的行为。因此，出版社对于书信涉及的他人，也侵犯了其个人信息权益，应当承担侵权责任。

上面讨论的违约责任和侵权责任有时可能是基于行为人的同一行为而产生的，此时可能发生侵权责任和违约责任的竞合。发生责任竞合时，根据《民法典》第186条，受损害方可以选择请求对方承担违约责任或侵权责任。

专题61 未经许可获取手机通讯录好友信息并推送关注是否侵权——抖音案评析

◎ 案例简介

2019年2月9日之前，小凌从未使用过抖音和多闪APP，也从未在抖音和多闪上注册和上传他的任何信息，但这两款APP却向他推荐了很多“可能认识的人”，大部分都是他的微信好友。“像‘前女友’这种关系，根本不想让它出现在我的好友列表中，抖音、多闪怎么能精准识别并推荐给我呢？”深感隐私权被侵犯的小凌随即向法院起诉，要求这两款APP告知如何获取其“好友关系”，并赔偿经济损失6万元。被告则辩称，其基于其他抖音用户授权访问的通讯录中有原告的姓名和手机号码，向原告推荐了“可能认识的人”，其并未掌握和使用原告的社交关系。通过IP地址获得的城市级别的模糊位置信息不具有可识别性，不属于隐私和个人信息，请求驳回原告全部诉讼请求。

法院判决认为，被告对原告姓名、手机号码的处理分为三个阶段：第一阶段是2019年2月9日前，被告通过向其他手机用户申请授权，收集并存储了其他手机用户的手机通讯录信息，其中包含原告的姓名和手机号码。此时原告尚未注册使用抖音，被告是在未征得原告同意的情况下收集并存储了其手机号码。第二阶段是2019年2月9日，原告使用手机号码注册抖音，被告收集并存储了原告注册时提供的手机号码。在这一阶段，原告注册的行为应视为其同意被告收集。第三阶段是被告使用原告第二阶段注册的手机号，与第一阶段从其他手机用户通讯录中收集存储的手机号码进行匹配，并向原告推荐可能认识的人。但被告在隐私政策中仅告知会在读取原告通讯录后向原告进行好友推荐，并非从他人通讯录收集原告手机号码并向原告推荐，因此不能视为已经告知并征得原告同意。本案中，在原告未注册时，其不存在在抖音中建立社交关系的可能，被告从其他用户手机通讯录中收集到原告的姓名和手机号码后，通过匹配可以知道APP内没有使用该手机号码作为账户的用户，应当及时删除该信息，但被告并未及时删除，直至原告起诉时，该信息仍然存储于抖音的系统中，超出了必要限度，不属于合理使用，构成对原告该项个人信息权益的侵害。最后认定，被告在未征得原告同意的情况下处理其个人信息，构成对其个人信息权益的侵害，但不侵害其隐私权，从而判决被告删除通过抖音软件收集并存储的原告姓名和涉案手机号码、位置信息等个人信息，向原告赔礼道歉、赔偿经济损失及维权损失。[①]

◎ 法官评析

1.个人信息与隐私的外延差别

个人信息的外延包括一切具有可识别性并可据此识别特定个人的信息，而隐私的外延则包括自然人的私人生活安宁，所有私密活动、私密空间和私密信息。在以上差别中，隐私中的私密信息与个人信息中的私密信息是同一的，也即，个人信息中的私密信息属于隐私。[②]这种交错关系使得实践中往往发生个人信息与隐私的认定难题。本案中，原告的姓名、手机号属于具有社交功能的识别性信息，应属于个人信息，而不属于隐私。本案还涉及原告的社交关系（好友）。对于社交关系到底属于隐私还是个人信息，不能一概而论。因为，有时社交关系具有非常明显的私密性，而很多情况下的社交关系并不具有私密性，比如，同事关系、同学关系等，就未必属于隐私。本案中，原告与20人的社交关系有现实生活中的同学、校友、朋友等关系，亦有微信、QQ等网络社交关系，但原告并未证明上述社交关系具有私密性，亦未证明被告知悉其现实或网络中的上述社交关系。对被告而言，其收集的信息为此20人手机通讯录中原告的姓名和手机号码，即手机通讯录层面的社交关系，基于通讯录联系人的社交关系，已经成为用户迁移、拓展自身社交关系的主要利用对象，众多用户在使用具有社交功能的软件时，也同意对其通讯录联系人相关的社交关系进行读取和匹配。本案中，原告亦未能证明上述20人的社交关系存在需要特殊考虑和处理的构成私密信息的场景，因此，法院最终认定本案所涉社交关系不具有私密性，仅仅是个人信息，而不属于隐私。[③]

---

① 本案的一审判决书非常长，此处择要引述，具体可参见北京互联网法院（2019）京0491民初6694号民事判决书。

② 参见程啸：《我国民法典对隐私权和个人信息的保护》，载《人民法院报》2020年7月30日，第5版。

③ 参见北京互联网法院（2019）京0491民初6694号民事判决书。

2.个人信息权益与隐私权的保护强度有所差异

个人信息权益与隐私权的不同，从称谓上可见一斑，即个人信息在我国目前的法律体系中还并未上升为权利，不是一种具体人格权，而仅仅是一种受法律保护的人格利益。但隐私权显然是一种法定的权利类型，并且是一种典型的具体人格权。基于此，二者的权利强度实际上是有区别的，甚至因为《民法典》并未将个人信息权益确认为绝对权和支配权，[①]个人信息权益在保护方法上都不能完全适用绝对权的保护方法。其一，就是个人信息权益还没有上升为权利，[②]而隐私权则是一种典型的权利。其二，个人信息权益受到侵害时，不能适用《民法典》第997条规定的人格权保护禁令，但隐私权受到侵害的，可以适用人格权保护禁令。其三，规定“例外”的法律位阶要求不同。根据《民法典》第1035条第1款第1项，对于个人信息权益的保护，法律和行政法规可以规定例外。而根据《民法典》第1033条规定，对于隐私权的保护，只有法律可以规定例外。[③]这表明，对于个人信息权益和隐私权的限制，在法律政策上的态度是不一样的。对个人信息权益的限制，《民法典》持相对宽松的态度；而对隐私权的限制，《民法典》持相对谨慎的态度。基于上述差异，在权利强度表现上，个人信息权益的保护效力没有隐私权那么强。

基于个人信息与隐私的上述差异，以及个人信息权益和隐私权的权利强度差异，本案判决最终认定被告行为侵害原告个人信息权益，但不侵害原告隐私权是妥当的。

◎ 规范指引

《民法典》

第1035条第1款　处理个人信息的，应当遵循合法、正当、必要原则，不得过

① 参见程啸：《个人信息保护法理解与适用》，中国法制出版社2021年版，第40页。

② 参见丁宇翔：《民法典保护个人信息的三种请求权进路》，载《人民法院报》2020年9月25日，第5版。

③ 参见程啸：《我国民法典对隐私权和个人信息的保护》，载《人民法院报》2020年7月30日，第5版。

度处理，并符合下列条件：

（一）征得该自然人或者其监护人同意，但是法律、行政法规另有规定的除外；

（二）公开处理信息的规则；

（三）明示处理信息的目的、方式和范围；

（四）不违反法律、行政法规的规定和双方的约定。

《网络安全法》

第43条 个人发现网络运营者违反法律、行政法规的规定或者双方的约定收集、使用其个人信息的，有权要求网络运营者删除其个人信息；发现网络运营者收集、存储的其个人信息有错误的，有权要求网络运营者予以更正。网络运营者应当采取措施予以删除或者更正。

《个人信息保护法》

第47条 有下列情形之一的，个人信息处理者应当主动删除个人信息；个人信息处理者未删除的，个人有权请求删除：

（一）处理目的已实现、无法实现或者为实现处理目的不再必要；

（二）个人信息处理者停止提供产品或者服务，或者保存期限已届满；

（三）个人撤回同意；

（四）个人信息处理者违反法律、行政法规或者违反约定处理个人信息；

（五）法律、行政法规规定的其他情形。

法律、行政法规规定的保存期限未届满，或者删除个人信息从技术上难以实现的，个人信息处理者应当停止除存储和采取必要的安全保护措施之外的处理。

专题62 直播极限运动时主播坠亡，平台是否担责——直播坠亡案评析

◎ 案例简介

涉案人吴某为何某之独生子。百度百科词条载明：“吴某，微博名‘吴某1’，汉族，国内高空挑战‘第一人’，湖南长沙人，曾经在横店做过群众演员和武行，后来全身心投入户外极限挑战短视频拍摄。2017年11月8日，吴某在湖南省长沙市天心区因表演失误坠楼，后警方确认已死亡。”花椒平台为北京密境和风科技有限公司旗下的视频直播平台，运营主体为北京密

境公司。2017年7月25日，吴某在网络视频平台花椒平台上注册账号×××，吴某上述账号的粉丝数为9618个，该账号收到打赏共计170.7元。北京密境公司陈述，对于粉丝给吴某的打赏，其收益是由花椒平台与吴某按照比例进行分成。北京密境公司调取的视频内容显示，自2017年7月27日吴某第一次上传视频至11月1日，吴某共计上传视频154个。其中吴某第一次和第二次上传的视频内容为其在横店做群众演员时所拍摄，剩余绝大部分视频内容均为其攀爬各种办公楼、铁塔、烟囱等高空建筑或在上述高空建筑顶端或边缘处表演行走、跳跃、翻转、悬空身体等高空危险性表演。北京密境公司称："154个视频中有94个标题写明'危险动作、未经训练、请勿模仿''危险动作、请勿模仿'等提示内容，是由吴某本人在上传小视频时所写，标题内容在小视频播放时一并显示。"关于上述视频，是否进行过相关审核，北京密境公司书面答复一审法院称："以视频画面截图的方式审核过，每个视频截取几张画面，10个左右的视频同时在审核人员电脑屏幕显示。"但北京密境公司并未提交相应的证明。此外，2017年9月12日，北京密境公司曾邀请吴某为其花椒平台6.0版本作推广活动。北京密境公司陈述称，因吴某进行户外挑战视频的拍摄，各大平台报道发布了他的视频，其具有一定人气，基于此，北京密境公司通过案外人张某耀找到了吴某，与其合作上述推广活动，同时通过张某耀给付吴某酬劳2000元。基于上述情况，何某诉至法院请求北京密境公司赔偿6万元，并赔礼道歉。

法院判决认为，吴某作为网络的注册用户，北京密境公司应当根据相关的法律法规及平台用户协议的约定对吴某上传的视频进行规制。文化和旅游部制定的《互联网文化管理暂行规定》第16条规定，"互联网文化单位不得提供载有以下内容的文化产品：……（九）危害社会公德或者民族优秀文化传统的……"故北京密境公司有义务对吴某所拍摄并上传的视频进行管理并履行法律规定的相关义务。而北京密境公司在已知上传视频内容的情况下，还借助吴某的知名度进行直播平台的推广活动，并支付了相应的报酬。所以，北京密境公司对吴某的坠亡存在过错。关于因果关系的认定，本案中，虽然北京密境公司的行为并不直接导致吴某坠亡这一损害结果发生，但并不意味着二者不存在任何联系。吴某拍摄的相关危险动作视频，主要是为了在互联网上吸引粉丝、增加关注度、提高知名度，进而得到粉丝的打赏，获取一定的经济利益。北京密境公司对吴某上传的视频未进行必要处理，还在其坠亡的两个多月前，借助吴某的知名度为花椒平台进行宣传，并支付酬劳。故北京密境公司对吴某持续进行该危险活动起到了一定的诱导和鼓励作用，加大了其坠亡的风险。二者之间存在因果关系。最终，判决北京密境公司赔偿何某3万元。[①]

◎ 法官评析

本案属于直播个人行踪轨迹并获取经济利益的案件，是在个人信息商业化利用中发生损害而产生的纠纷。本案主要涉及如下几个问题，兹分别予以评析。

1.网络服务提供者是否适用安全保障义务

本案一审法院认定，网络服务提供者作为网络空间的管理者、经营者、组织者，在一定情况下，对网络用户负有一定的安全保障义务。但是，二审法院认为，在适用原《侵权责任法》第6条第1款规定的过错责任原则能够归责的情况下，不必扩大解释原《侵权责任法》第37条第1款的适用范围，也即，不必适用安全保障义务的相关规定。法院基于解决纠纷的实际需要，应以最小的成本弥合当事人纠纷所带来的社会创伤。基于此，在司法适用层面，二审法院在将有形物理空间的安全保障义务扩张到无形网络空间这一问题尚存争议的情况下，选择了回避争议问题，绕道一般侵权责任的思路，是一种司法智慧，应予肯定。但在法理探讨层面，网络服务提供者是否就不能适用安全保障义务呢？如果说，2018年《电子商务法》颁布前，理论界与实务界对此问题尚存争议，则可理解。但在《电子商务法》第38条第2款已经明确规定电子商务平台经营者安全保障义务的情况下，这一问题的答案就应该更明确了。那就是，无形网络空间在特定条件下当然可以适用安全保障义务。理由如下。

---

① 参见北京市第四中级人民法院（2019）京04民终139号民事判决书。

其一，网络服务提供者与现行法规定的安全保障义务主体高度契合。《民法典》第1198条（原《侵权责任法》第37条）规定的安全保障义务主体主要有三种：经营场所的经营者、管理者，公共场所的经营者、管理者，以及群众性活动的组织者。虚拟网络空间具有开放性的特点，是一个典型的公共场所，甚至其公共程度要远高于物理空间内的公共场所。同时，电子商务领域的网络空间也是典型的经营场所，是交易双方达成交易并履行交易最重要的平台。此外，对于一些共享经营网络平台而言，其在很多情况下扮演着网络交易的组织者角色。[①]而这种交易组织者的角色地位与线下物理空间内群众性活动的组织者也具有高度的相似性。正如学者指出的，21世纪的网络服务提供者以网站为平台，在相当程度上扮演着社会性场所管理人、群众性活动组织者的角色。[②]

其二，网络服务提供者具有承担安全保障义务的必要性。在侵权责任法上，科以某一主体义务的重要考虑因素之一就是所谓的风险。安全保障义务理论体系的一个核心思想就是，开启或持续一定风险的人，应当有所作为，防范风险，避免侵犯他人权益。[③]而就线上虚拟空间的经营活动或其他活动而言，网络服务提供者无疑是最先开启风险的那个“人”。而网络经营活动或其他活动的持续开展，也使得依托网络服务平台参与交易或其他活动的主体持续地暴露在这种风险中。尤其是，网络交易或活动的虚拟性本身也加大了风险系数，主体的虚拟化使得主体的确认、意思表示的归属以及合同履行的确认等一系列交易安全环节都更容易出现问题，[④]因而更加强化了这种风险。在此情况下，网络服务提供者所开启和持续的风险，比之传统线下物理空间公共场所或经营场所所开启和持续的风险不是更低，而是更高。基于此，要求网络服务提供者承担一定的安全保障义务非常有必要。

其三，掌握算法的网络平台是一套专家系统，更有能力为参与各方提供

---

① 参见丁宇翔：《跨越责任鸿沟——共享经营模式下平台侵权责任的体系化展开》，载《清华法学》2019年第4期。

② 参见刘文杰：《网络服务提供者的安全保障义务》，载《中外法学》2012年第2期。

③ 参见王泽鉴：《侵权行为》，北京大学出版社2009年版，第265页。

④ 参见齐爱民：《电子商务法原理》，武汉大学出版社2010年版，第8页。

信任机制。在大数据信息技术日新月异的社会背景下，每个互联网平台都开发并保有一套精妙复杂的“算法”，成为其核心商业秘密和技术资产。凭借这样的算法，并凭借机器深度学习的加持，电子商务互联网平台成为一个高度智能化的运营体系，算法可以根据每时每刻更新的数据，随时进行自动化决策，提供诸如精准化营销、智能配送、躲避拥堵路况、语音识别，甚至与人对弈等各种智慧服务。基于此，电子商务互联网平台已经成为一套高度智能化、专业化的专家系统。相比之下，普通消费者无论是在技术，还是在信息，抑或是在资力等各方面，都处于严重的不对等地位。在强大的专家系统面前，每个消费者都会自然而然地选择信赖——信赖专家。基于这种信赖，当消费者选择通过电子商务互联网信息平台进行商业交往时，他完全有理由相信网络平台已经采取最优的措施将损失或其他不利益降到最低点。[①]而作为专家系统的网络平台也的确拥有这样的技术能力，担得起这种信赖。一旦消费者基于这种信赖而进行交易受到损害的，网络平台基于安全保障义务承担起应有的责任，正是对消费者信赖的回馈。这就是一种信任机制，即基于安全保障义务承担相应责任的信任机制，它能让广大消费者放心大胆地在网络平台上从事各种交易而不必畏首畏尾，最终促进交易，增加网络平台的盈利。

其四，营利性网络服务平台承担安全保障义务符合收益与责任相符的法理。除了纯粹的公益性网络平台，绝大部分网络服务提供者都通过网络服务获取盈利，这也是互联网产业在短短十几年内迅速发展壮大的根本动力。最常见的比如购物网络服务平台，卖方通常都会向平台交纳一定的费用。买方虽然表面上不用支付费用给平台，但实际上，卖方所支付的费用在其后的交易合同中也会通过价格的调整转嫁给买方。或者，至少是在一定程度上转嫁给买方，由买方与卖方共同负担。在此，卖方、买方与网络服务平台都存在商业利益关系这一特质，由网络服务提供商为交易各方负担安全保障义务，

① 参见张新宝：《顺风车网络平台的安全保障义务与侵权责任》，载《法律适用》2018年第12期。

也完全符合从危险中获利的原则，[①]其基于安全保障义务的责任与其收益是匹配的。

基于上述四点理由，从法理上讲，本案中的直播平台负有对吴某的安全保障义务是成立的，由此而承担相应的赔偿责任也不无道理。

2.承担安全保障义务之下网络服务提供者的侵权责任性质

如上所述，网络服务提供者基于其安全保障义务，需要对相应的损害承担侵权责任。从性质上讲，这种侵权责任属于所谓间接侵权责任，与传统的直接侵权有所不同。所谓间接侵权，是指行为并不直接作用于受害人，而是由第三人或其他因素，经由因果关系链条间接致害他人。[②]而直接侵权是指行为人的行为直接侵害他人，[③]这是最常见也是传统侵权法中确认的侵权行为。间接侵权的探讨多见于知识产权侵权中，但在侵犯人身权和物权等侵权行为中，也大量存在间接侵权。当互联网经营平台作为交易主体而发生对资源接受者的侵权时，一般属于直接侵权。而当互联网经营平台作为交易组织者，平台内资源或物品的提供者对接受者实施侵权行为时，平台并没有实施直接作用于受害人的行为，而只是没有采取合理的措施制止或遏阻危险，也即没有尽到安全保障义务，从而间接导致了损害的发生。因此，此时互联网服务平台违反安全保障义务而发生的侵权属于间接侵权。[④]本案中，吴某在直播平台上分享的其个人行动信息属于高度危险的活动，直播平台本应采取合理的措施制止或阻碍这一高度危险活动的进行，却没有采取任何措施，反而在一定程度上鼓励了吴某的高度危险活动。所以，可以认定直播平台违反了安全保障义务，构成对吴某的间接侵权。

3.与有过失在本案中的适用

与有过失又称过失相抵，是指受害人对于损害的发生或损害结果的扩大

---

① 参见齐爱民、陈琛：《论网络交易平台提供商之安全保障义务》，载《法律科学》2011年第5期。

② Vgl. Kötz / Wagner，*Deliktsrecht*，Vahlen Verlag，2010，S. 51.

③ 参见王泽鉴：《侵权行为》，北京大学出版社2009年版，第206页。

④ Vgl. Kötz / Wagner，*Deliktsrecht*，Vahlen Verlag，2010，S. 51；Von Bar，*Verkehrspflichten*，Carl Heymanns Verlag，1980，S. 157.

有过错时，依法减轻或免除赔偿义务人的损害赔偿责任，从而公平合理地分配损害的一种制度。[①]我国原《侵权责任法》第26条对与有过失作了明确规定，《民法典》第1173条对原《侵权责任法》第26条规定的与有过失制度予以继受，但在文字上增加“扩大”的情形，表述上更为完善和全面。在与有过失的情况下，受害人的主观状态强调的是过失，而不是故意。如果损害的发生或扩大是受害人故意造成的，则该损害或扩大的损害完全应该由受害人自负其责，行为人不应再负责任。[②]本案中，吴某虽然是被害人，但其作为成年人，对于自己所实施的活动的高度危险性有明确的认知。一般人对于吴某所从事的危险活动都会避而远之，而吴某在明知的情况下涉险，对于死亡结果的发生具有明显的过失。同时，吴某虽然对其涉险的情况有明确的认知，但其本身并不追求或放任自己死亡结果的发生，因而对坠亡的损害结果并不存在故意。所以，本案最终应考虑吴某自身对坠亡结果的过失，依法减轻直播平台的赔偿责任。

◎ 规范指引

《民法典》

第1165条第1款 行为人因过错侵害他人民事权益造成损害的，应当承担侵权责任。

第1173条 侵权人对同一损害的发生或者扩大有过错的，可以减轻侵权人的责任。

---

① 参见史尚宽：《债法总论》，中国政法大学出版社2000年版，第303页。

② 参见最高人民法院侵权责任法研究小组编著：《〈中华人民共和国侵权责任法〉条文理解与适用》，人民法院出版社2010年版，第209页。

第十章

共享经营模式下的个人信息保护

第一节　共享经济的发展对个人信息保护提出的挑战

基本原理

一、共享经济的兴起

1978年，美国学者马库斯·费尔森（Marcus Felson，得克萨斯州立大学社会学教授）和琼·斯潘思（Joel. Spaeth，伊利诺伊大学社会学教授）发表《群落结构和合作消费：一种常规活动模式》的论文，[①]文中提出了“合作消费”或“协同消费”的概念，这被认为是共享经济（Sharing Economy）或合作经济（Collaborative Economy）的概念渊源。[②]不过，此时的共享经济，还处于理念探讨阶段。后来，美国人罗宾·蔡司（Robin Chase）与安特耶·丹尼尔森（Antje Danielson）于2000年创办了Zipcar，以“汽车共享”为经营理念，借助互联网平台为人口密集区域的居民提供出行方便，概念探讨的共享经济真正变成了现实。此后，Airbnb和Uber于2007年和2010年相继诞生，共享经济由此进入蓬勃发展阶段，一发而不可收。就世界范围来看，普华永道曾预测，至2025年，在主要行业和领域，共享经济将从140亿美元（2014年）的市场规模迅速扩张到3350亿美元。[③]从我国的情况看，从2011年开始，就出现了模仿Airbnb的爱日租。2012年，滴滴和快的打车软件进入人们视野，并逐渐方便人们生活。2015年以后，滴滴、摩拜、ofo、蚂蚁短租等不同

---

① See Marcus Felson，Joel. Spaeth，*Community Structure and Collaborative Consumption*：A Routine Activity APProach，American Behavioral Scientist 21，1978，pp.614–624.

② 参见刘根荣：《共享经济：传统经济的颠覆者》，载《经济法学家》2017年第5期。

③ PricewaterhouseCoopers，Consumer Intelligence Series：“The Sharing Economy”，April，2015，https：//www. pwe.com/us/en/technology/publications/assets/pwc-consumer-intelligence-series-the-sharing-economy.pdf，accessed December 1，2019.

领域的共享经济模式迅速发展，逐渐覆盖了包括交通出行、生活服务、知识技能、金融、房屋住宿、生产能力、医疗分享等各个领域。仅2018年一年，我国共享经济交易规模就达29420亿元，比上年增长41.6%。全国范围内参与共享经济活动的人数超过7.6亿。[①]

然而，在共享经济飞速发展的盛景之下，我们也不时看到通过共享经营平台提供的便利实施个人信息侵权行为的事件。在国外，美国CNBC电视台早在2014年就报道过Uber员工利用该软件内置的工具追踪媒体记者的行踪轨迹。[②]在我国，共享平台泄露个人信息，未经许可直播他人私密信息等事件，也越来越多见。

二、共享经营模式下的个人信息权益侵害风险

（一）共享经济本身会加大个人信息的泄露概率

1.共享经济的合作价值取向客观上要求部分个人信息的让渡

“共享经济的主要价值之一恰恰是为了发掘人类的合作与无私倾向。”[③]在单次的共享经营活动中，资源的提供方和需求方存在局部的、个别的合作关系。在整个的共享经济关系结构中，资源的提供方和需求方则存在广泛的合作关系。在这种合作关系中，资源提供者分享其使用权，资源的接受者使用提供者提供的资源，这种资源的提供和使用过程首先是提供者和需求者个人信息的匹配过程，而个人信息的匹配过程，又必然是在个人信息的部分让渡中达成的。比如，在顺风车软件的运营模式中，乘客在发起一笔顺风车的订单时，就必然告诉潜在的接单车主，他的行程轨迹是从哪里到哪里。而接单车主在接单时实际上也就告诉了乘客，他的行程轨迹中至少也包括乘客所要走的轨迹。这就是一个典型的个人行程信息的交互让渡，没有这种个人信

---

① 参见国家信息中心：《中国共享经济发展报告2019》，第1页。

② CNBC：“Uber Battles Privacy Concerns Over ‘God View’ Tool”，November 19，2014，https：//www.nbcnews.com/tech/tech-news/uber-battles-privacy-concerns-over-god-view-tool-n251691，accessed December 1，2018.

③ 参见张力：《共享经济：特征、规制困境与出路》，载《财经法学》2016年第5期。

息的让渡，该笔顺风车的订单就无法实现，合作就无法达成。再如，在共享医疗模式中，患者要通过网络使用各种优质的医疗名家资源，就必须把自己的病患信息通过互联网传给在线的医生，因此，其个人信息不仅需要让渡给在线的医生，还必将留在共享医疗平台提供的服务器上。然而，为了实现共享医疗问诊的便利，这种个人信息的让渡又是不可避免的。在实践中，海量成交的共享经营活动中，这种为达成合作而进行的个人信息的让渡是必然要发生的，除非你拒绝共享活动。因此，共享经营活动在本质上就存在个人信息让渡的要求，这是其不可避免的“宿命”。

2.作为一种信用经济的共享经济客观上需要个人信息的广泛积累

在共享经济的关系结构中，资源的提供方和接收方基本上都是互不认识的。但是，他们仍然能够毫无顾忌地达成合作，成交订单，这是因为什么呢？这主要是因为他们之间能够达成信任。[①] 他们之间为什么能够达成这种信任呢？一方面，资源的提供者和需求者都把能够建立自己信用的部分重要个人信息让渡给了共享经营平台。平台通过自己强大的组织管理能力，对平台内的各主体进行奖励守约、惩罚失信的自治式管理，建立平台内的信用秩序，并为平台内各方提供信用背书，打消陌生主体之间进行合作共享的疑虑。这一过程，也是一个个人信息不断授权他人的过程。另一方面，共享经营平台为了更好地对平台内各个主体进行信用评估，从而更有效地提供信用背书，也必须对各主体日常的成交信息进行存储和积累。这样，在平台内越是活跃、越是没有失信记录的用户，就拥有越高的信用等级，越能够得到更为优先的服务和便利，潜在的交易对方也就越倾向于与这样的用户合作，达成共享。比如，在顺风车平台上，如果乘客有过一次爽约的记录，那就会直接影响其下一次使用顺风车的有效性。这就会倒逼所有的参与方都尽量诚实守信。然而，这一结果的达成，同样是需要贡献个人信息的。达成这一结果的过程，实质上就是个人信息的收集、存储和利用的过程。

---

① 参见林卡、李骅、李勇：《共享经济、共享发展与社会发展的导向——从共享经济案例看共享发展的关键》，载《福建论坛》（人文社会科学版）2017年第11期。

当然，不得不说的是，尽管共享经济本质上是信用经济，但在各个领域的共享经营实践中，总会有失信行为存在，甚至会存在违法犯罪行为。比如，被媒体广泛关注的顺风车司机杀人案，以及经常存在的共享单车失窃和损毁等事件。这些现象表明，虽然共享经济本质上以社会信用为基础，但作为一般性的社会问题，社会信用体系的完善不是单靠共享经济本身就可以解决的。[①]而仍然需要包括共享经营企业在内的全社会的共同努力。而做出这种努力的重要措施之一，仍然是不断地收集和积累个人的信用信息，这就又回到了共享经济需要个人信息广泛积累的环路中。由此也可看出，在社会发展面前，个人信息利益不得不作出适当的妥协和让步。

（二）大数据技术加持之下的共享经营平台存在侵犯个人信息权益的高度风险

共享经济之所以能在几年之内异军突起，大数据技术功不可没。在目前典型的共享经济领域，比如共享出行领域的滴滴，共享医疗领域的微医集团，共享住宿领域的小猪短租，共享物流领域的运满满，制造业产能共享领域的淘工厂等，无一不是依托相应的共享经营平台，充分借助大数据技术进行运营方才达到一定规模的。而在共享经营模式下挖掘和利用以海量个人信息为主体的大数据的过程中，存在诸多个人信息利益的侵犯风险，这些风险几乎在个人信息的全生命周期都存在。

1.收集环节存在的风险

数据生命周期的第一个环节是个人信息的收集。在个人信息的收集环节，必须尊重信息主体的意愿，并采取合法的方式进行收集，同时应将收集的个人信息类型、频率和数量控制在最小的范围内和最必要的程度上，即所谓的最少够用原则。[②]但在实践中，很多共享经营平台的APP在收集用户个人信息时都倾向于违背最少够用原则而尽可能大范围地收集客户个人信息。比如，共享出行的APP，试图收集与出行并无关联的用户的通讯录。更有甚

---

① 参见林卡、李骅、李勇：《共享经济、共享发展与社会发展的导向——从共享经济案例看共享发展的关键》，载《福建论坛》（人文社会科学版）2017年第11期。

② 参见《信息安全技术·个人信息安全规范》（GB/T 35273-2017）第4条。

者，有的APP在不作任何明确提示的情况下，任意收集用户的个人信息，或者干脆明示：如果不允许收集其通讯录和位置信息等个人信息，则无法安装使用该APP。以上种种，都是在个人信息收集环节存在的权益侵害风险。

2. 存储环节存在的风险

数据生命周期的第二个重要环节是个人信息的存储，这一环节主要是信息处理者对收集到的海量个人信息如何妥善保存避免其泄露或被通过其他形式侵害。由于大数据分析技术的广泛运用，掌握海量个人信息的共享经营平台很容易通过对所掌握信息的分析而定位具体的个人，从而使每个个人信息被收集的个人生活在透明中。为避免这种情况，在个人信息的存储环节，信息处理者原则上不应无限期地存储个人信息。存储的期限原则上应限定在存储目的所允许的最短时间内。一旦超过期限，则应删除或者采取去标识化的技术手段，确保仅仅通过该信息无法识别出特定的信息主体。但在实践中，由于监管力量的不足，也由于信息处理者自身的私利驱使，海量收集的个人信息被长期保存而不做去标识化处理的情况大量存在，成为个人信息利益被侵犯的高风险点。

3. 使用环节存在的风险

海量个人信息被收集和存储之后的主要目的是利用，这里的利用包括很多具体的形式，比如提供访问、数据展示、具体的利用等。每一种使用方式，都存在个人信息利益被侵犯的风险。在提供访问的使用方式中，如果不对访问主体的身份、范围、频率、时限或访问的程序（是否需要授权等）进行限制，则个人信息就有被不当扩散的风险。在数据展示的使用方式中，个人信息的控制者应当采取匿名化的方式进行展示，避免展示的受众通过展示内容而定位具体的个人，也避免展示过程中个人信息的泄露风险。在具体的利用场合，也应采取去标识化处理，消除明确的身份指向性。如果利用过程中采取的方式是后台算法进行自动化决策，则由于自动化决策可能针对具备某一特征的群体进行分类选择，从而存在对信息主体产生歧视的高度风险。此外，在具体利用的过程中，也同样存在个人信息的泄露风险，需要引起注意。

4.对外提供环节存在的风险

个人信息对外提供环节首先也存在信息泄露的风险，信息处理者对此需要高度重视。从保护信息主体合法权益的角度看，作为信息处理者的共性经营平台企业在未经信息主体合法授权的情况下，无权将其掌握的海量个人信息对外提供给他人，除非这些个人信息已经被去标识化处理，不具有身份指向性。然而，实践中我们经常遇到的情况是：用户在安装APP时，会被告知其个人信息可能被第三方共享，APP的隐私政策同时也会告知用户，其会评估该第三方对个人信息的保护水平。但真的会评估吗，是如何评估的，即使通过评估但事后该第三方造成个人信息泄露的，APP所属公司会承担责任吗？上述问题都是个人信息对外提供环节中存在的法律风险。此外，对外提供环节还可能存在个人信息跨境提供的问题。随着《网络安全法》的实施，跨境提供个人信息的问题将接受行政主管机关的严格审核和严格的安全评估，但本质上，在境内提供个人信息可能存在的风险，在跨境提供时仍然存在。

专题63 公共交通APP强制收集手机通讯录及图像资料，可否起诉制止

◎ 案例简介

甲为某公司白领，每天上班需要乘坐公共交通工具。某日，甲在手机应用市场看到一款由乙公司开发并运营的公交APP，下载说明显示，使用该款APP可以直接用手机刷地铁和公共汽车，非常方便。甲非常高兴，马上从手机应用市场下载该款APP并安装。然而，甲在安装该APP时，有对话框提示：安装本应用需要共享您手机的位置信息、通讯录、通话记录、视频、照片等。甲明白，该款APP提供服务时需要基于用户的位置信息判断地铁或公交站点，要想使用该APP，位置信息是必须共享的，因而同意并勾选了位置信息一项，其他几项如通讯录、通话记录、视频、照片等信息，甲认为与该款公交APP的服务内容毫无关系，因而不同意共享，没有勾选。但是，就在甲点击“下一步”的时候，该手机APP闪退，未能安装成功。反复几次都是如此。甲非常不解，遂致电乙公司客服询问。客服人员告知，若要享受该款

APP提供的服务，必须勾选位置信息、通讯录、通话记录、视频、照片等全部选项作为共享，否则，该款APP便不能安装成功，无法使用。甲认为乙公司侵犯了其个人信息权益和作为消费者的选择权，遂诉至法院请求乙公司允许甲安装案涉APP并不得强制收集除位置信息之外的其他信息和赔礼道歉。乙公司抗辩称，该款APP后台设置的安装步骤就是如此，不可能为甲一个人进行更改。甲如果不愿共享位置信息之外的其他信息，可以选择不安装。故不同意甲的诉讼请求。

◎ 法官评析

1.消费者在购买商品或接受服务时有选择权

消费者享有自主选择商品或者服务的权利。消费者有权自主选择提供商品或者服务的经营者，自主选择商品品种或者服务方式，自主决定购买或者不购买任何一种商品、接受或者不接受任何一项服务。消费者在自主选择商品或者服务时，有权进行比较、鉴别和挑选。在接受APP提供的服务时，消费者的选择权同样不容侵犯。也即，APP在提供服务时，必须充分尊重APP用户作为消费者的选择权。基于此，APP在提供服务时，如果以用户（消费者）不同意其收集无关信息为由拒绝提供服务，则相当于强制要求消费者提供任何无关信息，这实际上就剥夺了消费者的选择权。同时，要求消费者提供其要求的无关信息，否则就不能提供服务，实际上也相当于强制消费者进行交易。根据我国《消费者权益保护法》第10条第2款，消费者在购买商品或者接受服务时，有权获得质量保障、价格合理、计量正确等公平交易条件，有权拒绝经营者的强制交易行为。本案中，乙公司的行为，实际就是剥夺甲的选择权的强制交易行为。依照《消费者权益保护法》第56条规定，除承担民事责任之外，还可能被处以行政处罚。

2. APP收集个人信息不能突破最小必要原则的底线

个人信息的处理者在处理个人信息时，除需要遵守知情同意原则之外，还需要遵守的另外一个重要原则就是最小必要原则。也即，信息处理者在收集、存储、使用、加工、传输、提供、公开个人信息时，以其目的为限，应在最小范围内、最必要的程度上处理个人信息。《个人信息保护法》第6条规定，处理个人信息应当具有明确、合理的目的，并应当与处理目的直接相关，采取对个人权益影响最小的方式。收集个人信息，应当限于实现处理目的的最小范围，不得过度收集个人信息。此外，根据电信终端产业协会发布，并于2020年11月26日起实施的《APP收集使用个人信息最小必要评估规范·总则》的要求，收集个人信息的类型应遵循最小必要原则，即收集个人信息的类型，不应超出业务场景的实际需要，法律法规要求的除外；收集个人信息的数量应遵循最小必要原则，即收集个人信息的数量，不应超出业务场景的实际需要；收集个人信息的频率应遵循最小必要原则，即收集个人信息的频率，不应超出业务场景的实际需要。[①]如果超出上述要求的范围，就构成对最小必要原则的违反，应承担侵犯个人信息权益的相关责任。本案中，涉案的APP系公共交通工具类的APP，是为人们交通出行提供服务的移动应用软件，收集使用人们的位置信息已经足够满足其服务需要。用户的通讯录、通话记录、视频、照片等个人信息，与该APP提供的公共交通服务目的没有任何关联，收集这些信息，明显超出其目的范围，也明显违反最小必要原则。基于此，乙公司的收集行为已经侵犯甲的个人信息权益，其抗辩意见亦明显违反最小必要原则。甲可以起诉乙公司请求赔礼道歉，并请求判令乙公司在不收集无关信息的前提下为甲提供非歧视的服务。

◎ 规范指引

《消费者权益保护法》

第16条第3款 经营者向消费者提供商品或者服务，应当恪守社会公德，诚信经营，保障消费者的合法权益；不得设定不公平、不合理的交易条件，不得强制交易。

《电子商务法》

第23条 电子商务经营者收集、使用其用户的个人信息，应当遵守法律、行政法规有关个人信息保护的规定。

---

① 参见电信终端产业协会团体标准:《APP收集使用个人信息最小必要评估规范·总则》，第5.3条。

《个人信息保护法》

第6条　处理个人信息应当具有明确、合理的目的，并应当与处理目的直接相关，采取对个人权益影响最小的方式。

收集个人信息，应当限于实现处理目的的最小范围，不得过度收集个人信息。

第二节　区块链技术之下个人信息权益保护面临的新挑战

基本原理

一、共享经营模式的进一步展开必将借助区块链技术

前文已经述及，共享经济的本质是信用经济。如果没有信用作保障，则共享经济领域的海量交易的完成就是不可能的，共享经济的发展也就不再可能。而区块链的巨大优势在于它可以解决信任问题。众所周知，区块链是比特币的底层技术，它依靠加密算法、智能合约等技术创造了独特的新互联网模式。[①]区块链技术之下，每一笔交易被记录后都会向全网各节点寻求验证，经过正确性验证的信息随之在全网各节点的账簿被记录下来，形成了分布式账本之下的数据库系统。而全网各节点之所以能形成一致的正确性验证，就在于它们都遵循同一套共识机制。比如，在比特币网络中，全网各节点所遵守的共识机制是工作量证明（POW），由于比特币网络各节点都认同这一机制，因而比特币网络中通过挖矿（工作量）获取记账权的矿工对交易的记录，就会得到全网各节点的验证。同时，由于是分布式记账，全网各节点都把每一笔交易记录同步，任何一个节点对信息的单方面篡改都不会被其他节点验证，因此，已经生成的区块上的信息就无法变更，于是任何参与者都不用担

---

① 参见于博：《区块链技术创造共享经济模式新变革》，载《理论探索》2017年第2期。

心信息被篡改，也不用担心信息的丢失，因而极大地增强了信任。另外，区块链网络上各节点的信息是公开透明可查询的，但各参与者在链上的身份信息又通过密码算法被隐去，这就保证了所有参与者既可以便捷地获取交易记录，又不用担心自己的隐私被泄露，因而进一步强化了对区块链网络的信任。也正是因为上述原因，区块链被称为“创造信任的机器”。①

区块链的以上特性，恰恰解决了共享经济中的信任问题。共享的理念早已有之，互联网出现之前，共享基本只是在熟人之间展开。比如，邻居之间借用耕牛。互联网出现之后，共享的理念借由互联网这一中介，得到蓬勃发展。但是，以互联网为媒介展开的共享经营，催生了很多共享经营平台，这些共享经营平台都是中心化的组织，它们对每一笔共享交易的支配，对交易参与者的个人信息的掌控，在一定程度上动摇了大家的信任。此时，正值区块链技术热度爆棚的时候，处在这一历史交汇点上，区块链技术助力共享经济，可以完美解决共享经营模式下的信任问题。于是，区块链与共享经济的结合将是二者发展的必然。正是在这个意义上，有人说“区块链让共享经济第一次成为可能”。②

此外，还应指出的是，区块链和共享经济是同源的，二者最初都源于去中心化的理念。区块链去中心化的早期实践中有一个非常著名的事件就是，美国人Shawn Fanning于1999年创立Napster音乐分享网站。Shawn Fanning所做的事情就是将分散的（分布的）个人电脑上的MP3歌曲做成一个目录。当需要下载MP3时，Napster就会找到所有存储这个MP3的电脑，分散地从这些电脑上下载一个个的MP3碎片，然后在需要下载的电脑上最终拼成完整的MP3。在此，Nepster本身并不拥有MP3，但它帮助那些拥有MP3的人实现了分享。这就是所谓的点对点的分享，是区块链的核心思想，同时本身也

---

① “The Trust Machine”，Economist October 31，2015，https://www.economist.com/news/leaders/21777198-technology-behind-bitcoin-could-transform-how-economy-works-trust-machine. accessed November 16，2019.

② 《区块链让共享经济第一次成为可能》，载http://www.sohu.com/a/219272026_170495，2019年11月16日最后访问。

是朴素的共享理念。二者的同源性，也成为区块链和共享经济深度结合的天然基础。

二、区块链技术运用对于个人信息保护的挑战

借助区块链技术的共享经济将更为纯粹地体现共享的本质。然而，区块链助力之下的共享经济也并非完美无缺的。尤其是，媒体所热捧的区块链能彻底解决隐私保护问题的所谓“优势”，也并不全部属实。从技术特点上看，在个人信息保护方面，区块链技术至少也会带来如下的挑战。

第一，链上信息的难以篡改直接导致信息主体更正权利的落空。区块链保证信任的重要优势之一在于链上信息一旦记录，则几乎无法更改。对于保证信息的内容安全防止交易欺诈来说，这一点固然意义重大。然而，这一优势也是一把“双刃剑”。由于上链信息都是人记录的，即使是机器完成的记录，但信息内容的最初输入，也是人来完成的。而人的操作很难完全避免错误。一旦最初记录的上链信息本身就是错误的，基于其难以更改的特征，其信息被记录上链的个人则对相关的信息主体势必造成难以估量的损失，这就会对以信息更正为重要内容的个人信息保护体系产生威胁。①

第二，链上信息的不可擦除也会导致信息主体删除权利的落空。区块链上记录的每一笔信息都被加盖时间戳，成为具有原创性的信息，并且将永久地存在于区块链网络，这也是保证区块链数据可溯源、可追踪的必然要求。然而，也正是这一点，使得特殊情况下可能造成侵权的信息也无法删除，这就会使得侵权信息持续存在，无法对侵权人提供救济。对于接受欧盟《一般数据保护条例》管辖的法域，欧盟强力推行的所谓“被遗忘权”也会因无法删除相关数据而在一定程度上被架空。

第三，区块链用户个人信息的匿名保护并非无懈可击。从区块链的技术特点看，链上的所有信息都是公开透明可查询的，只是这些信息所对应的用户身份通过加密算法被隐去了。②但是，链上的身份信息被隐去不等于其身份

① 参见丁宇翔：《协力保护个人信息安全》，载《人民日报》2019年10月14日，第5版。
② 参见丁宇翔：《协力保护个人信息安全》，载《人民日报》2019年10月14日，第5版。

信息不会在链下被泄露。如果由于用户自己的疏忽或者第三人的恶意窃取，记录用户在区块链上身份信息的载体（卡片、U盘、文档等）被第三人获取，则其个人信息同样面临重大风险。此外，即使是区块链上的匿名身份，也并非绝对不可破解。基于哈希算法和其他加密技术确保隐私的区块链，在传统算力下，几乎是不可破解的。但在科学技术不断取得进步的今天，来自另一个次元的量子计算机技术，已经使得现有加密技术濒临破解的危险。因此，区块链技术所提供的隐私安全只是相对的，一旦链上用户信息被破解或被他人知晓，则越是去中心化程度高、区块链技术运用彻底的公有链，个人信息泄露的范围就可能越广。所以，不应对区块链寄予超出其能力范围的不切实际的希望。

第四，区块链技术之下的个人信息保护还面临一些操作难题。其一，区块链中的公有链往往是在全球范围内展开的（比如，比特币网络），全网络的各节点普遍地分散在不同地域和国家，数量众多。有时可能无法确认处理个人信息的机构和地点，比如，比特币分叉时发生的不同轨迹上的信息处理行为，因而也就可能无法确定评估该次信息处理到底应该适用哪一个国家的法律。其二，对个人信息的保护往往需要首先判断谁是信息处理者，因为信息处理者决定着个人信息处理的目的及方式。[①]但是，在区块链网络尤其是去中心化程度最彻底的公有链网络中，信息的分布式存储使得认定信息处理者非常困难。如果说在以工作量证明作为共识机制的区块链网络（如比特币网络）中，获取记账权的矿工可以被视为信息处理者，那么其他参与验证数据区块且将其下载同步到自己维护的区块链上的人，是否也是信息处理者呢？如果他们都可以作为信息处理者，则信息处理者是否太过泛滥了呢？而如果区块链网络不是以工作量证明作为共识机制，而是以其他方式（比如，在以太坊中是以权益证明作为共识机制），则信息处理者又当如何认定呢？其三，根据欧盟所要求的“数据最小化”（GDPR第5条）原则，处理个人信息应当具有相关性且仅限于最初的信息处理目的。但是，在公有链网络中，链上的信息都是公开透明可查询的，任何人都可以访问，这

① 参见《信息安全技术·个人信息安全规范》（GB/T 35273-2017）第3.4条。

实际上已经违背了该信息采集和处理的初始目的。但这一点，对于去中心化程度高的公有链来说，又是必需的。如何较好地协调二者之间的矛盾，是区块链个人信息保护实践中的又一个实际困难。

专题64　实施区块链51%攻击撤销链上个人交易信息，应如何承担责任

◎ 案例简介

A虚拟币以区块链为底层技术，甲为拥有极高算力的A虚拟币玩家，其拥有的A虚拟币为10000个，当前区块高度为1900。甲花费8000个A虚拟币，向同样是A虚拟币玩家的乙购买劳斯莱斯轿车一辆。乙看到1901区块中包含此次交易的信息后，将劳斯莱斯轿车交付给甲。甲回家后命令自己手下的所有矿工从1900区块开始重新计算并打包数据上链，从而形成另一个完全不同的1901区块，但甲并未在全网广播该1901区块。其后，甲组织自己的矿工在其自己打包生成的1901区块后不断生成新的区块，形成了一个分支链。由于甲控制了全网50%以上的哈希计算能力，它的分支链上生成区块的速度更快。两个月以后，甲组织挖矿所生成的分支链区块高度达到2400，而主链的区块高度为2399。此时，甲立即向全网广播了该条高度达到2400的分支链。全网的其他矿工看到这条分支链比主链还要长，于是将该条分支链替换掉原来的主链，分支链成为有效的主链，而原来的主链成为无效的腐败链。但是，甲向乙购买劳斯莱斯轿车的交易信息是记录在原来的主链上的，现在因主链被攻击替换，甲乙之间的交易信息在现在的主链上是不存在的。于是，在现在有效的区块链上，甲还拥有10000个A虚拟币，购买劳斯莱斯轿车花掉的8000个A虚拟币在现在的有效链上仍然还是甲的。与此同时，乙的劳斯莱斯轿车已经交付给甲，但其在有效链上却并没有新增8000个A虚拟币。并且，在有效的主链上，也不存在甲与乙交易劳斯莱斯轿车的信息。此时，乙发现该情况后立即报警。那么，乙该如何挽回自己的损失？

◎ 法官评析

本案所涉及的是区块链中的51%攻击（又称双花攻击）问题。所谓51%

攻击，就是指在区块链网络采用POW（工作量证明）作为共识机制的情况下，利用竞争记账权和“最长链共识”的特点，充分使用算力优势生成一条更长的区块链，从而替换原有链上的已经发生的“交易行为”。以区块链最典型的应用场景——以比特币为例可以进行说明。在比特币网络中，广大矿工（通过解决具有一定工作量的证明机制问题，来管理比特币网络的人）需要通过哈希碰撞来匹配随机数从而获得记账权。所谓算力，衡量的是一台计算机每秒钟能进行哈希碰撞的次数。算力越高，意味着每秒钟能进行越多次的哈希碰撞，即获得记账权的概率就越高。在理论上，如果掌握了50%以上的算力，就拥有了获得记账权的绝对优势，可以更快地生成区块，也拥有了篡改已有区块链数据的权利。不过，这里所说的“篡改”并非指可以任意更改以前的交易信息。至少，即使掌握了50%以上算力，也不能为他人凭空创建一个交易信息。因为，创建他人的交易信息需要其本人的数字签名。故此，除非是窃取或授权获得了他人的数字秘钥，否则是无法创建他人的交易信息的。但是，正如本案中的情况，通过51%的算力攻击，却可以撤销本人与他人的交易信息。这一方面会使得他人的财产受到侵害（获得的虚拟币不再存在，而交付的货物又不能拿回来），另一方面实际上也使得他人的个人交易信息被撤销，相当于被物理删除，侵犯了他人的个人信息权益。

虽然，从实践情况看，恶意矿工发动51%攻击的成本非常高，需要耗费大量的人力（矿工挖矿）、电力（矿机耗电），这在去中心化程度高、区块链技术运用彻底的公有链中几乎不可能。比如，在比特币网络中，有几百万矿工分布在全球各个角落。要想控制全网50%以上的算力，简直不可能。但是，在一些去中心化程度较低、区块链技术运用不彻底的联盟链或私有链中，则并非不可能。比如，2018年，比特币黄金（BTG）就曾遭遇双花攻击。

本案中，甲实施的双花攻击行为既侵犯了乙的财产权益，也侵犯了乙的个人信息权益。此时，乙可以请求甲赔偿因实施双花攻击所造成的损失，即交付劳斯莱斯轿车时等值市场价格的法定货币。同时，考虑到被撤销的交易信息的不可恢复性，可以请求甲在公共传媒上公开确认其与乙之间曾经存在的交易行为以消除影响。

◎ 规范指引

《网络安全法》

第42条　网络运营者不得泄露、篡改、毁损其收集的个人信息；未经被收集者同意，不得向他人提供个人信息。但是，经过处理无法识别特定个人且不能复原的除外。

网络运营者应当采取技术措施和其他必要措施，确保其收集的个人信息安全，防止信息泄露、毁损、丢失。在发生或者可能发生个人信息泄露、毁损、丢失的情况时，应当立即采取补救措施，按照规定及时告知用户并向有关主管部门报告。

第三节　共享经营平台的二元法律地位与个人信息保护

基本原理

在典型的共享经营模式下，共享经营平台的法律地位呈现两种基本的面相，即交易主体和交易组织者。不论是在共享经济的哪个领域，共享经营平台的法律地位，在基本面上都可以归结为这两个面相。

一、平台作为交易主体的法律地位

在各种典型的共享经济模式中，作为交易对象的分散化资源基本上有两种来源渠道：一种渠道是，由平台公司自己提供，[①]比如在共享出行中，散布在各大城市以及每个城市各个角落的摩拜单车，在共享办公中优客工场自己提供的工作空间等。另一种渠道是，由在平台上注册的不特定的供给方提供，比如共享住宿中，在小猪短租平台上注册的各地房屋提供者。这种来源渠道的共享经济模式还有滴滴出行平台下的顺风车等。以上两种渠道中，前一种渠道下共享经营平台自己提供分散化资源，直接与资源的需求方或使用方进行对接，形成特定的交易关系。比如，摩拜与用户之间的自行车短时租

---

① 参见于莹：《共享经济法律规制的进路与策略》，载《法律适用》2018年第7期，第56页。

赁关系，滴滴专车中小桔公司与用户之间形成的运输合同关系。在这些特定的交易关系中，平台自己就是交易主体，具有交易主体的法律地位。当然，实践中因具体的共享经济模式的不同，平台作为交易主体的具体称谓可能有所不同，比如在滴滴专车或快车业务中是承运人，[①]在摩拜单车或优客工场中则可能是出租人。但无论称谓如何变化，其本质上都是直接进入具体交易关系中的交易主体。

二、平台作为交易组织者的法律地位

如上所述，作为交易对象的分散化资源的第二种来源渠道，是由平台上注册的不特定供给方所提供。这种情况下的平台，虽然为资源的提供方和需求方提供了直接对接的平台，但它的角色地位又与传统民法中的居间人平台有很大的区别。首先，二者对交易的介入程度不同。居间人平台参与交易，主要是提供订约机会或为订约之媒介。[②]而共享经营平台参与交易，除了提供订约机会或订约媒介服务外，还为用户提供很多增值服务。比如，个性化的定制、舒适的用户体验、极具参考价值的过往用户评价等。其次，二者对交易的主导性不同。居间人平台只是认真地为交易各方提供订约机会或媒介服务，虽然它也经常为达此目的而非常积极努力，但其努力并不能在实质上影响交易。但在共享经营平台下，资源供给方和需求方数量巨大而共享平台唯一，为了确保海量交易的平稳高效，共享平台主动制定交易规则，在交易完成的过程中具有明显的优势。最后，二者在撮合交易过程中的义务不同。传统的居间人平台，在撮合交易过程中的义务主要是就订约事项，据实报告当事人的义务，以及对报告或媒介居间事务的积极尽力义务。此外，居间人一般不负再进一步的义务。但是，共享经济之下，平台的义务绝不止于此。不论是行业标准，还是国家层面的宏观管理意见，都对共享经营平台提出了更高的要求，共享平台因而负有更高的管理义务。比如，《共享住宿服务规范》第5条就从共享住宿平台用户信息审核、订单管理、点评管理、投诉管

① 参见《网络预约出租汽车经营服务管理暂行办法》第16条。

② 史尚宽:《债法各论》，中国政法大学出版社2000年版，第461页。

理等各方面对平台提出了要求。

根据以上分析，共享经济中平台的法律地位不外乎两种：一是交易主体，这种法律地位的典型平台有，共享出行中的“滴滴专车”平台、“摩拜单车”平台，共享住宿中将自有产权房屋出租的“爱彼迎”平台，[①]制造业产能共享模式下的“鲁班世界”平台等。二是交易组织者，这种法律地位的典型平台有，共享出行中的“滴滴顺风车”平台，共享住宿中聚集他人闲散房屋资源的“小猪短租”平台，共享医疗中的“名医主刀”平台，共享物流中的“运满满”平台，制造业产能共享中的“淘工厂”平台，共享用工领域的“好活”平台等。根据共享经营平台的上述法律地位，在类别上，也可将其划分为作为交易主体的共享经营平台和作为交易组织者的共享经营平台。

三、平台不同法律地位对其个人信息侵权责任可能产生的影响

虽然都是共享经营平台，但平台的不同法律地位，会对其侵权责任产生不同的影响。

首先对认定是否为直接侵权产生影响。在平台为交易主体的情况下，平台本身就是资源的提供方，涉及个人信息泄露等个人信息权益侵害的，平台就是侵权人，需要承担直接的侵权责任。然而，在平台作为交易组织者时，情况完全不同。平台本身并不是资源的提供者。当平台内提供产品或服务的主体实施消费者个人信息泄露等侵害行为，在侵权法律关系的格局中，提供产品或服务的主体才是侵权人，需要承担直接的侵权责任。共享经营平台则基于其对资源提供者（商家）的管理义务，[②]可能需要承担相应的责任，但这种责任无论如何都不是直接侵权的责任。

其次对认定作为侵权还是不作为侵权产生影响。平台作为交易主体时实

① 共享住宿中，共享平台也会提供自己拥有产权的部分房屋资源。因此，共享住宿中，平台既可能是交易者，也可能是交易组织者，需要根据其房源的不同来判断。

② 参见丁道勤：《电子商务法平台责任“管道化”问题及其反思》，载《北京航空航天大学学报》（社会科学版）2018年第6期。

施的个人信息侵权行为，一般都是在向消费者提供资源（产品、服务）的过程中发生的。这种情况下，平台侵犯个人信息权益行为的发生既可能表现为作为方式，也可能表现为不作为方式。但是，当平台作为交易组织者时，法律赋予了其对平台内资源提供者的监管审核义务和最低限度保障产品、服务符合人身、财产安全要求的义务，[①]即安全保障义务。安全保障义务在侵权法上几乎已经成为“作为义务”的代名词。[②]因此，除一些特殊情况外，[③]在共享经营模式下违反安全保障义务而产生的个人信息侵权，一般是不作为方式的侵权。

最后对是否在直接交易关系中发生责任竞合产生影响。在平台作为交易主体的情况下，一方面，其履行行为如果不符合合同约定，造成对方当事人履行利益之外的其他个人信息权益损害的，即所谓加害给付，则平台公司构成违约。另一方面，平台公司在交易关系中实施的行为如果侵害对方当事人个人信息方面的固有利益的，其行为构成侵权。此时，权利人基于侵权责任和违约责任的不同规范所产生的请求权内容相同，且保护目标无异，将产生请求权的竞合。[④]然而，在平台公司作为交易组织者的情况下，其并不直接参与交易关系。即便消费者在直接交易关系中发生个人信息权益损害，一般也不是由平台的违约行为所致，原则上不会发生平台侵权责任和违约责任的竞合问题。[⑤]

---

① 参见电子商务法起草组：《中华人民共和国电子商务法条文释义》，法律出版社2018年版，第119页。

② 周友军：《交往安全义务理论研究》（电子书），中国人民大学出版社2008年版，第712页。

③ Vgl. BGH Vers 1963，732，in：Ch. v Bar，*Verkehrspflichten，Richterliche Gefahrsteuerungsgebote im Deutschen Deliktrecht*，Carl Heymanns Verlag 1980，S. 66. 转引自朱岩：《侵权责任法通论·总论》（上册），法律出版社2011年版，第354—355页。

④ Vgl. Larenz / Wolf，*Allgemeiner Teil des Buürgerlichen Rechts*，9. Auflage，Verlag C. H. Beck Muünchen，2004，S. 321.

⑤ 参见丁宇翔：《跨越责任鸿沟——共享经营模式下平台侵权责任的体系化展开》，载《清华法学》2019年第4期。

专题65 共享物流平台注册的司机将他人住址信息泄露，应由谁担责

◎ 案例简介

甲为大卡车司机，经常从北京往返河北拉货。有时，从河北返回北京时空着车。为了不白跑，甲在乙共享物流平台申请注册成为平台司机，乙通过审核甲的驾驶证及体检合格证明，予以通过其注册申请。此后，甲再从河北返京时，就从乙共享物流平台上揽顺路活儿，赚点钱。2020年9月，甲从河北石家庄返京时，通过乙平台揽了拉家具的活。甲此次拉的家具，为黄梨木家具，价值100多万元。甲按照乙平台的指令，将黄梨木家具送到北京朝阳区某豪华小区交给丙。丙系近来热播电视剧中的一名配角，颇有名气。甲通过此次揽活得知了丙的家庭住址和喜欢收藏黄梨木家具的爱好。过了几天，甲在其微信朋友圈晒出了黄梨木家具照片和丙所在小区的照片，并配有文字说明：当红演员丙就在这个小区×号楼302室，这是他收藏的家具。其后，该信息被微信朋友圈迅速转载扩散，丙亦看到了该朋友圈信息。因得知自己的家庭住址被完全暴露，丙心情焦虑，寝食难安。此后，丙以甲和乙侵犯了其个人信息权益为由诉至法院，请求甲和乙赔礼道歉，并连带赔偿其医疗费支出1万元和精神损害抚慰金5万元。

◎ 法官评析

1.共享经营平台对于平台内经营者负有适当的审核管理义务

对于平台内经营者而言，共享经营平台绝不仅仅是一个平台，它还是一个组织管理者。它对于平台内的经营者和非经营者具有管理职能，发挥着“准管理者”的角色和作用。前文已经讲到，《共享住宿服务规范》就从共享住宿平台用户信息审核、订单管理、点评管理、投诉管理等各方面对平台提出了要求。赋予平台这样的管理职责并非随意而为，而是有深刻的经济和社会基础。一方面，平台离平台内的经营者最近，最了解情况，也拥有对平台内经营者绝对的控制和管理手段，由其实施这样的管理符合成本效率原则。另一方面，平台内的经营者数以千万计，对于这么庞大的经营者数量，政府监管部门根本不可能监管得过来。退而求其次，政府通过监管平台，平台管

理平台内经营者，可以较好地保证平台内正常的经营秩序，最终有利于消费者权益的维护。基于此，共享经营平台对于平台内经营者负有适当审核管理义务，是经济社会发展的客观要求。同时，《电子商务法》第38条和《个人信息保护法》第58条也对电子商务平台的这一审核管理职责予以确认。本案中，司机甲在进入乙的共享经营平台时，经过了乙公司的审核查验，而原告也未能证明乙在甲具体的营运过程中在派单或指令方面存在任何问题。故此，应当认为乙公司已经尽到了适当的审核管理义务。

2.单纯由平台内经营者造成他人个人信息权益受侵害的，应由平台内经营者承担责任

如上所述，共享经营平台对于平台内的经营者主要承担审核管理义务，这种审核管理义务本质上就是安全保障义务。只要平台尽到了这一安全保障义务，此后即使有消费者因平台内经营者的行为致害，也不应由平台承担责任。如果平台未尽到安全保障义务，则应承担相应的责任，具体包括两个方面：其一，当平台内经营者或第三人过失侵害消费者权益造成损害，而平台又没有尽到安全保障义务时，二者应根据《民法典》第1172条承担按份责任。其二，当平台内经营者或第三人故意侵害消费者权益造成损害的，即使平台没有尽到安全保障义务，按照《民法典》第1198条，也应由该故意侵权的平台内经营者或第三人承担侵权责任，共享经营平台仅在前者无法或无力承担责任时，承担补充责任。并且，共享经营平台承担补充责任后，还可以向故意侵权的平台内经营者或第三人追偿。本案中，乙公司已经尽到了安全保障义务，丙的个人信息泄露完全是由甲的行为所致，故丙的损害赔偿责任、赔礼道歉责任均应由甲承担。

◎ 规范指引

《民法典》

第1198条 宾馆、商场、银行、车站、机场、体育场馆、娱乐场所等经营场所、公共场所的经营者、管理者或者群众性活动的组织者，未尽到安全保障义务，造成他人损害的，应当承担侵权责任。

因第三人的行为造成他人损害的，由第三人承担侵权责任；经营者、管理者或

者组织者未尽到安全保障义务的，承担相应的补充责任。经营者、管理者或者组织者承担补充责任后，可以向第三人追偿。

《电子商务法》

第38条 电子商务平台经营者知道或者应当知道平台内经营者销售的商品或者提供的服务不符合保障人身、财产安全的要求，或者有其他侵害消费者合法权益行为，未采取必要措施的，依法与该平台内经营者承担连带责任。

对关系消费者生命健康的商品或者服务，电子商务平台经营者对平台内经营者的资质资格未尽到审核义务，或者对消费者未尽到安全保障义务，造成消费者损害的，依法承担相应的责任。

《个人信息保护法》

第58条 提供重要互联网平台服务、用户数量巨大、业务类型复杂的个人信息处理者，应当履行下列义务：

（一）按照国家规定建立健全个人信息保护合规制度体系，成立主要由外部成员组成的独立机构对个人信息保护情况进行监督；

（二）遵循公开、公平、公正的原则，制定平台规则，明确平台内产品或者服务提供者处理个人信息的规范和保护个人信息的义务；

（三）对严重违反法律、行政法规处理个人信息的平台内的产品或者服务提供者，停止提供服务；

（四）定期发布个人信息保护社会责任报告，接受社会监督。

第四节 共享出行领域的个人信息保护

基本原理

一、共享出行领域的个人信息权益致害因素

（一）网络的无界性

互联网技术的应用，可以让供需双方构建一种无须转移所有权的共享机

制。这种经济模式虽然会对传统的经营机制带来一定的冲击，但是并不能完全取代传统经济模式，二者之间可以形成一种互补关系。相比于传统经济模式，共享经济可以借助互联网信息技术将一些暂时而分散的供需信息或人员信息进行整合。这种经济模式的特点主要表现在以下两方面：第一，共享经济可以发挥出促成短暂且分散的意愿双方的共享行为。在共享经济模式下，共享企业可以借助互联网技术为双方提供所需信息，进而在降低双方交易成本的基础上，实现社会资源的优化组合。传统经济模式中难以解决的临时性分散雇佣与就业问题也可以在共享经济中得到解决。共享经济中的网约车（专车）经营就具有临时性分散雇佣的特点。第二，完善化的共享经济模式可以为闲置社会资源的盘活提供一定的帮助，也可以在增加就业岗位的基础上，促进财富的再分配。[①]虽然有上述利益，但是，由于共享出行是借助互联网来完成的，互联网的无界性使得个人信息的传输更为容易，泄露的可能性也更大。

（二）法律的滞后性

法律监管缺位是现阶段共享经济发展过程中存在的突出问题。共享公司在共享经营模式中发挥着重要的作用。在国家未对共享平台公司进行法律约束的情况下，共享平台公司会出现违背法律底线及威胁社会经济安全的行为。[②]从经济法的角度来看，消费者权益保护和责任分配的缺失是现阶段共享经济模式中存在的突出问题。建立在互联网技术和新媒体技术基础之上的共享经济交易模式并不能让消费者对消费内容的安全情况进行准确评估，因而在享用共享经济的过程中，消费者可能面临意外风险。现阶段共享经济的准入门槛和退出门槛相对较低。过低的准入门槛往往会让一些在传统市场中难以承担责任的非专业人员进入共享经济市场之中。在不可预见的紧急情况

---

① 参见北京市第一中级人民法院课题组：《共享经营模式下的侵权责任问题研究报告》（丁宇翔、王国庆、张琦、赵小军、丁少芃等执笔），第63页。

② 参见李真：《共享经济的勃兴与挑战——经济学和法律视野下的分析》，载《当代经济管理》2016年第8期。

下，这些非专业人员往往难以为消费者的权益提供有效保障。这些业余人员对他们与消费者之间的关系所涉及的法律体系缺乏了解，也对相关的法律责任缺乏了解，因而消费者权益保护和责任分配方面的缺陷可能会让共享经济成为违法犯罪活动滋生的土壤。除此以外，在劳动安全监管机制信息反馈、信任机制方面，共享经济体制仍然存在一定的漏洞。共享经济模式下的网络化市场模式可以让价格机制和雇佣方式的灵活性得到强化，双方出于短暂贸易需求，会忽视劳动法的限制，对劳动法、经济法中涉及公共安全的内容的忽视，可能会给消费者带来一定的伤害。出于各自的利益需求，双方可能会弱化差评交易，这样的现象会给共享经济的信任机制带来严重破坏。[①]

（三）信息收集的广泛性

共享出行是共享经营领域迄今为止最为成功的业态，也是共享经营模式影响普通老百姓最广泛的领域。不论是各种网约车，还是顺风车，抑或是共享单车，都已经成为普通人出行的最重要方式。而不论是网约车，还是顺风车，抑或是共享单车，用户都需要首先下载并安装相应的APP，注册成为该APP的会员，注册的同时，必须允许APP实时访问自己的位置信息甚至通讯录。同时，还需要直接将自己的支付账户信息（支付宝、微信支付或银行卡信息等）关联给APP，以便使用完共享交通工具之后及时付款。以上情况决定了共享出行领域每时每刻都在收集着数以亿计的自然人的个人信息，具有信息收集的广泛性。而从概率上看，收集个人信息行为越频繁，就越容易泄露个人信息，从而也存在信息泄露的高风险性。

二、共享出行领域侵犯个人信息权益的几种特别情形

常见的侵犯个人信息权益的情形，比如泄露、非法提供、记录错误不予更正等，在共享出行领域同样存在，不再赘述。然而，也有一些与共享出行业态本身联系较为密切的个人信息权益侵害行为，需要予以注意。

第一，超出行程范围的地理空间而收集用户位置信息。共享出行领域的

① 参见刘格彤：《经济法视角下的共享经济》，载《法制博览》2018年第3期。

APP收集用户的位置信息是必然的，否则将无法很好地提供共享出行服务。但是，这种收集位置信息的行为同样需要遵守最小必要原则。因此，如果一次顺风车服务已经完结，或者一次共享单车的骑行服务已经完结，即使用户忘记关闭手机APP，该APP也不应再行在后台继续收集用户的位置信息。正如《APP收集使用个人信息最小必要评估规范·位置信息》第5.5条所确定的那样，对被授权访问用户位置信息的人员，应建立最小授权的访问控制策略，使其只能访问职责所需的最小必要的位置信息，且仅具备完成职责所需的最少的数据操作权限。如果APP超过上述必要范围，就违反了最小必要原则。

第二，明显超出期限而继续保存用户的位置信息。共享出行领域的APP即使可以收集必要的位置信息，也不是可以无限期地保存的。电信终端产业协会发布的《APP收集使用个人信息最小必要评估规范·位置信息》第5.6条指出，个人信息处理者应定期检查其所存储的用户位置信息，并根据移动应用的必要功能删除不必要的相关数据；超出位置信息的存储期限后，应对位置信息进行删除或匿名化处理；如果必须延长答复用户的时间，需提供合理理由；答复用户需使用户易于理解且符合法律的规定。

第三，"大数据杀熟"。大数据杀熟的情况在很多APP中都存在，但在共享出行类APP中则更为突出。比如，网约车APP在随机派单时，可能给平台内注册的老会员的派单价格要高于新注册会员。大数据杀熟实际上是对消费者的价格歧视，一方面是对消费者公平交易权利的侵害，另一方面也是对其收集到的会员个人信息的滥用。正是因为平台收集了老会员的大量个人信息，可以很容易地判断出某一老会员已经形成了某种消费路径依赖，因此才敢派出更高的价格。而老会员则基于对平台的信赖并不仔细审查，导致最终被"杀熟"。

专题66 网约车平台对于司机个人信息的保护是否应低于乘客

◎ 案例简介

甲为个体工商业者，工作不规律。为充分利用闲暇时间赚钱，甲下载乙公司经营的网约车APP司机端，并安装注册成为司机会员。注册会员时，甲向乙公司APP平台上传了姓名、手机号、驾驶证号、头像等个人信息，并用该APP关联了自己的支付宝账号信息。乙公司为了与外卖企业丙进行流量导流合作，而将其掌握的部分司机个人信息与丙公司共享。后来，甲接到丙公司推送的招聘外卖骑手的广告信息。起初，甲不以为意。后来逐渐发现该招聘骑手的广告就是针对自己所住小区周围的，甲遂向网信部门投诉丙公司，并要求丙公司披露其获得其个人信息的来源。由此得知，是乙公司将自己的个人信息共享给丙公司。于是，甲以乙公司侵犯其个人信息权益为由诉至法院，请求乙赔礼道歉，赔偿维权损失。乙公司则抗辩称，甲是其网约车平台注册的司机，并非普通的网约车用户（乘客），不能用对乘客个人信息保护的标准来保护司机的个人信息权益。

◎ 法官评析

网约车平台的用户既包括广大的乘客，也包括在网约车平台上注册的司机。乘客在使用网约车服务时，首先需要输入此次出行的目的地，并发送出行请求。此时，乘客端的APP会收集乘客的所在位置传输给APP后台服务器，后台算法将服务器接收到的乘客请求发送给乘客所在位置附近的司机端APP。如果有司机接单，则APP后台还将向乘客和司机发送一些附加信息，如车辆到达乘客地点的时间、车辆到达目的地的时间、此次用车花费等。在网约车运营实践中，平台就是通过乘客端和司机端的APP收集司机和乘客的个人信息。在此过程中，司机和乘客其实都是网约车平台的客户，只是二者的角色不同而已。但是，在日常的个人信息权益保护实践中，社会往往关注的是乘客个人信息的保护，而忽略了平台司机同样也是个人信息权益被侵害的对象，同样需要给予关注和保护。本案中，乙公司以甲为网约车司机，不享有乘客那样的权利为由所提的抗辩，违背了对个人信息权益予以平等保护的法理，不能成立。

当然也应注意到，司机和乘客在网约车出行中的角色不同，因而其向网约车平台提供个人信息的具体内容也不尽相同。一般而言，网约车司机控制着网约车，其对共享出行中的风险控制能力明显优于乘客，对于出行中发生的损害，司机显然应该承担更重的防免义务。因此，平台有必要对司机的详细身份信息（身份证号码）、安全驾驶技能、交通违章情况等个人信息予以详细了解并记录。也就是说，平台收集处理的关于司机的个人信息要多于乘客的个人信息。但是，这并不意味着，平台对于司机个人信息权益的保护义务就要弱于对乘客个人信息权益的保护义务。不论是司机的个人信息，还是乘客的个人信息，网约车平台都负有同等强度（尽管内容不同）的注意义务。本案中，乙公司收集甲的个人信息虽然经过了甲的授权，但其将保存的甲的个人信息提供给丙，这属于个人信息的处理目的、处理方式的变更。根据《个人信息保护法（草案）》第14条的规定，处理个人信息的同意，应当由个人在充分知情的前提下，自愿、明确作出意思表示。法律、行政法规规定处理个人信息应当取得个人单独同意或者书面同意的，从其规定。个人信息的处理目的、处理方式和处理的个人信息种类发生变更的，应当重新取得个人同意。据此，本案中乙公司应当重新取得甲的同意。但其并未重新取得甲的授权或同意，因而侵犯了甲的个人信息权益，应承担赔礼道歉和赔偿维权损失的民事责任。

◎ 规范指引

《民法典》

第1035条 处理个人信息的，应当遵循合法、正当、必要原则，不得过度处理，并符合下列条件：

（一）征得该自然人或者其监护人同意，但是法律、行政法规另有规定的除外；

（二）公开处理信息的规则；

（三）明示处理信息的目的、方式和范围；

（四）不违反法律、行政法规的规定和双方的约定。

个人信息的处理包括个人信息的收集、存储、使用、加工、传输、提供、公开等。

专题67 共享出行平台可否处理未满14周岁的儿童会员的个人信息

◎ 案例简介

甲为年满13周岁的初中生，因每天上下学路途较远，有时来不及赶公交车，甲遂用父母为自己购买的手机申请注册乙公司共享出行APP乘客端会员，以便乘坐网约车上下学。由于注册乙共享出行平台乘客端会员不需要提供身份证，因而甲很容易就注册成为乘客会员。近段时间以来，甲的母亲丙发现甲的手机上经常接收到住所附近的丁辅导学校广告信息，甚至明确指出丁辅导学校就在甲所在小区东边300米处。丙非常吃惊，遂致电丁辅导学校客服人员，询问其如何得知丙的住所信息和电话信息。客服人员答复称，丁辅导学校系乙公司投资设立的教育科技公司，其所使用的部分信息来自乙公司的会员数据库。丙得知此事后非常生气，认为乙公司无权收集小孩的个人信息，更不应将小孩的个人信息提供给他人，遂诉至法院，请求乙公司和丁辅导学校赔礼道歉，赔偿维权损失。

◎ 法官评析

1.共享出行平台应特别注意对未成年人个人信息的保护

实践中，共享出行平台公司一般都会在其隐私政策中明示对未成年人的特殊保护政策。比如，某出行平台曾经的隐私政策对未成年人即规定：如果您是未成年人，您的监护人需要仔细阅读本政策，并同意您依照本政策使用我们的产品与服务。对于本政策中与您的权益存在重大关系的条款，我们已将字体加粗以提示您注意。当您浏览、访问本出行平台及/或使用本出行的任一产品或服务时，即表示您已经同意我们按照本政策来收集、使用、共享和保护您的个人信息。这种对于未成年人予以特殊安排的隐私政策是值得肯定的。但是，在实践中，诸如此类的隐私政策在落实中存在的问题之一是，甄别用户是否为未成年人存在困难。绝大部分共享出行平台注册为乘客会员时，并不需要提供详细的身份信息，而只要提供手机号即可。所以，共享出行平台根本无从知晓上线注册的乘客会员是否为未成年人。因而，实际上也就无从真正落实其隐私政策中对未成年人的特殊安排。当然，如果在注册乘客会员阶段就要求提供详细的身份信息（如提供身份证），则有过分收集个人信息之嫌。可见，这里存在两难的情况。然而，这一问题并非不能解决。一方面，可以在注册阶段提示用户，如果其是未满

14周岁的未成年人，明示并经其监护人许可注册后可享受特殊的优惠（特殊的照顾、价格优惠等），激励用户主动提供自己是未成年人的信息。另一方面，可以委托司机协助完成确定用户是否为未成年人的工作。司机直接面对乘客，可以直接判断用户是否为未成年人。如果是未成年人，则可以在后台做出标记，在未获得其监护人许可前，不得收集其作为注册会员之外的其他任何信息。

2.未经监护人同意，共享出行平台不得处理未成年人个人信息

通常情况下，未满14周岁的未成年人的个人信息属于个人敏感信息，[①]而根据我国《个人信息保护法》第28条第1款，敏感个人信息是一旦泄露或者非法使用，容易导致自然人的人格尊严受到侵害或者人身、财产安全受到危害的个人信息。正是因为有这样的特殊重要性，法律对于个人敏感信息和非敏感信息的规范要求是不同的。一般而言，法律上对处理者处理个人敏感信息有非常严格的要求。但是，对于非敏感信息的处理而言，则没有如此严格的要求。一旦某项个人信息被认为属于法律法规规章和国家标准规定的敏感信息时，法院就应当适用个人信息保护法中处理敏感信息的规范来确定处理者的义务，并据此判断信息处理行为是否非法，反之则不能适用此类专门针对敏感信息的规范。[②]2019年10月1日生效的《儿童个人信息网络保护规定》第8条、第9条分别规定，网络运营者应当设置专门的儿童个人信息保护规则和用户协议，并指定专人负责儿童个人信息保护。网络运营者收集、使用、转移、披露儿童个人信息的，应当以显著、清晰的方式告知儿童监护人，并应当征得儿童监护人的同意。本案中，甲为未满14周岁的未成年人，其个人信息属于敏感信息，应该坚持严格的处理标准，至少需要经过其监护人的明确授权同意。但乙公司在未经任何授权的情况下，将甲的个人敏感信息提供给丁辅导学校，即使丁辅导学校是乙的子公司，亦属于提供他人使用，是典型的个人信息处理行为，应该遵守《个人信息保护法（草案）》关

---

① 参见《信息安全技术·个人信息安全规范》（GB/T 35273-2020）附录B。

② 参见程啸：《个人信息保护中的敏感信息和私密信息》，载《人民法院报》2020年11月19日，第5版。

于敏感个人信息的处理规范。但是，乙公司和丁辅导学校的行为显然违反了对于个人敏感信息的严格规范，构成个人信息的共同处理者，除应当分别承担赔礼道歉责任外，还应对丙的维权损失，承担连带赔偿责任。

◎ 规范指引

《民法典》

第1035条第1款　处理个人信息的，应当遵循合法、正当、必要原则，不得过度处理，并符合下列条件：

（一）征得该自然人或者其监护人同意，但是法律、行政法规另有规定的除外；

（二）公开处理信息的规则；

（三）明示处理信息的目的、方式和范围；

（四）不违反法律、行政法规的规定和双方的约定。

《个人信息保护法》

第28条　敏感个人信息是一旦泄露或者非法使用，容易导致自然人的人格尊严受到侵害或者人身、财产安全受到危害的个人信息，包括生物识别、宗教信仰、特定身份、医疗健康、金融账户、行踪轨迹等信息，以及不满十四周岁未成年人的个人信息。

只有在具有特定的目的和充分的必要性，并采取严格保护措施的情形下，个人信息处理者方可处理敏感个人信息。

第五节　共享住宿领域的个人信息保护

基本原理

随着经济发展和生活水平的不断提高，旅游成为人们休闲娱乐的主要活动之一。随着互联网等新技术飞速发展、城乡旅游消费和服务的升级、个性化消费理念的流行，共享住宿成为越来越多人外出旅行的一种选择。共享住宿是“利用自有或租赁住宅，通过共享住宿平台为房客提供短期住宿服务，房源房间数不超过相关法律规定要求”，[①]以互联网平台为依托，整合共享海量、分散的住宿资源，满足多样化住宿需求的经济活动总和，[②]是当前最为活跃的共享经济形态之一。

一、共享住宿的实现流程

不同共享住宿平台的运营模式有所不同，综合目前主流平台的业务流程，一个完整的线上线下互动过程大致可以归纳为以下环节：

第一，房源登记及核验。共享住宿平台对加入的房源设置要求，房东根据标准上传房源资料，由平台进行线上审核。部分平台会对一些房源进行线下实地核验。

第二，房客选房。房客使用手机号或邮箱注册账号，或者直接通过微信关联注册成为会员后，再从平台搜索符合自身需求的房源。几乎所有共享住宿平台都要求房客进行实名登记。

第三，付款交易。房客选定房源后，在共享住宿平台登记入住人的真实姓名、身份证号和手机号并提交订单，预付房款或押金。部分平台关联了芝麻信用等信息，对信用达到一定分值的房客提供免押金等服务。

第四，房客入住。线上交易成功并形成订单后，房客一般以两种形式获取房间钥匙并完成实际入住：一是由共享住宿平台向用户发放具有使用有效时段的电子钥匙来开启房门；二是由前台或房东人工比对入住人身份信息和订单上住宿信息，再给予钥匙。

第五，房客退租。房客完成住宿后，通过软件退房，由房东负责清整房间，为下一位入住人做准备。

第六，互相评价。房客与房东双向互评，并形成相应信用记录。

二、共享住宿的法律主体构成

其一是住宿资源提供方。共享旅游中的首要资源为用于住宿的房屋，其

---

① 参见国家信息中心：《共享住宿服务规范》，第3.1条。

② 参见国家信息中心：《中国共享经济发展报告（2019）》，第5页。

次包括旅游过程中经常使用的相机、登山拐杖、帐篷、泳圈、保暖衣物、移动Wi–Fi、充电宝等相关物品资源。其中住宿资源是旅行环节中最为重要的资源，住宿资源提供方主要包括自有产权房屋的产权人以及自主参与共享住宿行业经营的平台。

其二是住宿资源需求方。住宿资源需求方主要表现为旅行人员，即在旅行过程中需要短期住宿使用房屋的人群，需求方可以在线定制个性化的住宿服务区域及方案。

其三是住宿经营平台方。网络经营平台为经营者提供了虚拟的营业场所，同时也为消费者提供了虚拟的购物场所，作为交易的媒介，网络经营平台的存在促成了交易的完成。课题组将住宿经营平台方界定为，通过互联网科技在线提供住宿供需信息配对的匹配中心和住宿资源优化配置的组织中心。经营平台方对共享住宿资料的控制程度以及营利方式的不同，导致其在侵权损害发生时所承担的责任形态也不尽相同。因经营平台方的涉入是共享住宿经济模式的关键性特征，对于经营平台方责任的认定也是核心问题之一。[①]

三、共享住宿领域侵犯个人信息权益的几种典型情形

第一，住宿平台未经授权将房东或房客的个人信息提供给关联企业。共享住宿平台公司一般都具有复杂的股东结构，一些共享住宿平台公司本身就具有房地产中介公司的背景，或者其众多投资者中存在房地产中介公司。基于这种关联关系，为提升海量房源、房东或房客数据的利用率，将信息资源转化为经济利益，住宿平台公司存在将其掌握的大量个人信息提供给关联公司的可能。而一旦有这样的行为，就会发生对房客或房东个人信息权益的侵害。

第二，共享住宿平台的“大数据杀熟”行为。在共享住宿平台上注册房客会员，都会形成自己的消费习惯，这就为共享住宿中的大数据杀熟提供了可能。比较可能的情况就是，共享住宿平台对曾经愿意出高价的用户给出高

---

① 参见北京市第一中级人民法院课题组:《共享经营模式下的侵权责任问题研究报告》(丁宇翔、王国庆、张琦、赵小军、丁少芃等执笔)，第109—111页。

于其他用户的租住价格。总之，所有的平台经济都并非一个无歧视的“避难所”，[①]共享住宿平台也是这样。

第三，房东未经允许收集或泄露房客的个人信息。在共享住宿模式之下，房东基于其出租房屋者的地位，往往能够获取房客更多的个人信息。比如，房客的身份证号码、手机号、租住时间、租住偏好等。对于这些个人信息，房东应保证其仅仅用于租住房屋。任何超出这一目的范围的使用或其他形式的处理，都需要得到房客的单独授权。房东亦不能超出上述目的范围收集房客的其他任何个人信息。超出这一范围的其他收集行为，比如，收集房客每天的行踪轨迹信息等，都属于侵犯房客个人信息权益的行为。此外，实践中已经发生的房东预先设置窃听窃录设备收集房客隐私的行为则不仅侵犯了住客的个人信息（私密信息）权益，还侵犯了住客的隐私权。另外还可能涉及违反《治安管理处罚法》而被行政处罚。

专题68 住客发现载有其私密活动信息的视频被公开应当如何维护权利

◎ 案例简介

甲为民宿经营人，其在乙共享住宿平台注册为房东会员，通过平台提供的服务，招揽各地游客住宿。在核准甲的会员资格时，乙公司审核了甲的身份信息及房产信息和房屋安全状况，并要求甲向乙公司提交了保证该房屋无窃取和泄露他人私密信息的录音录像设备的承诺书。然而，甲有偷窥癖好，其在注册为房东会员后在用于出租的房屋内的隐蔽角落安装了微型摄像头。穷游女生丙在休年假时入住甲的民宿15日。3个月后，丙在网络上发现了自己换衣服的视频，虽然视频中人物面部部分被贴图遮挡，但丙通过周围物品的特殊性一眼便认出视频中的女子是自己，熟悉丙的人也能看出视频中的人就是丙。丙因而精神焦虑，情绪低落，严重失眠，去医院就医花费5000元，连续请假2个月，比正常工资少了10000元。为此，丙将甲和乙诉至法院，要求

① See Nancy Leong, Aaron Belzer, “The New Public Accommodations: Race Discrimination in The Platform Economy”, *Georgetown Law Journal* 105, 2017, p. 1292.

二者赔礼道歉，删除视频，赔偿损失15000元，赔偿精神损害抚慰金50000元。甲抗辩称，认可视频是自己拍摄的，但丙并无证据证明是自己上传到网络，且自己也不知是谁将该视频上传。故同意赔礼道歉，但不同意赔偿任何损失。乙则抗辩称，其尽到了必要的安全审查义务，涉案视频既非其拍摄，也非其上传到网络，更没有上传到自己控制的网络，故不同意承担任何责任。

◎ 法官评析

1.未经同意窃取他人私密信息的人负有防止该私密信息被扩散的义务

根据本书前文的阐述，侵犯个人信息权益的主观过错包括故意和过失，即故意和过失皆可成为个人信息权益侵害行为的因素。而个人信息权益侵害行为的典型形态就是擅自收集和泄露他人个人信息。就擅自收集个人信息而言，一般不可能存在过失，而只可能是故意。因为，收集他人个人信息必须征得信息主体的明确授权，在未授权的情况下收集他人个人信息是一种积极的行为，表明行为人是在积极追求或放任损害结果的发生。但是，泄露他人个人信息则可能是故意，也可能是过失。不论是故意，还是过失，都应对造成的损害承担赔偿责任。本案中，被告甲偷拍丙换衣服的活动信息，系典型的侵犯个人信息权益的行为，自不必说。同时，甲在收集了丙的私密活动信息后应附有高度的保密义务。在侵权法上，过失的认定，可以通过行为人是否违反注意义务来确定。而注意义务的来源，有的是法律规定，有的则是合同约定，如果是违反合同约定的注意义务，则是违约责任的问题，一般与侵权责任无涉。另外还有一种注意义务的来源，就是行为人的先行行为。[①]即，行为人的先行行为会产生相应的注意义务，违反这一注意义务，则可以认定行为人存在过失。这种先行行为在实践中经常存在，比如，带领不会游泳的人去游泳，则带领人对被带领人产生照顾保护的注意义务，如此等等，不一而足。本案中，行为人甲本不具有对丙的个人信息的特别注意义务。然而，甲擅自收集了丙的私密信息，基于这一先行行为，甲负有将其收集到的丙的私密信息进行妥善保管、防止泄露和扩散的注意义务。虽然甲主张其并未上

---

① 参见屈茂辉：《论民法上的注意义务》，载《北方法学》2007年第1期。

传涉案视频，但是因为甲没有很好地采取妥善的保密措施，才导致涉案视频被他人获取而上传到网络，因此甲就涉案视频被上传到网络从而给丙造成损害存在过失。综合以上分析，本案中，甲实际上存在擅自收集和过失泄露两个侵害行为，这两个行为均足以导致丙的损害的发生。因此，甲应向丙承担赔礼道歉和赔偿损失的责任。至于删除涉案视频，则应由发表该视频的网络服务提供者进行，丙可以另行向该网络服务提供者主张权利。

2.平台尽到合理审核义务的一般不应就个人信息泄露担责

共享住宿平台作为交易的组织者，对于通过平台接受平台内经营者服务的消费者，仅承担安全保障义务，如果其已尽到安全保障义务，则不应承担责任。本案中，甲作为完全民事行为能力人，本就负有不得侵犯他人私密信息（隐私）等一般性义务。而乙公司作为平台经营者，在批准甲公司的注册申请时，已经按照注册规则对甲的行为能力情况、房屋情况进行了审核，也专门要求甲提交了保证该房屋无窃取和泄露他人私密信息的录音录像设备的承诺书。一般而言，做到这些就可以认定乙已尽到安全保障义务。因此，乙公司对于丙的个人信息权益受损不存在任何过错，丙的个人信息权益受损也与乙无因果关系，乙公司不应对丙承担责任。

◎ 规范指引

《消费者权益保护法》

第50条 经营者侵害消费者的人格尊严、侵犯消费者人身自由或者侵害消费者个人信息依法得到保护的权利的，应当停止侵害、恢复名誉、消除影响、赔礼道歉，并赔偿损失。

专题69 房东发现其个人信息被放到住宿平台评论区应当如何维护权利

◎ 案例简介

被告郭某某通过某程网预订了原告李某某经营的绍兴市老台门某故里青年旅舍有限公司2020年7月30日至8月3日的女生床位房（公共卫浴）。2020年8月1日，被告郭某某通过某程网对酒店进行点评，其认为公共浴室花洒破裂，划伤本人流了血，经营者违反安全保障义务，要求去医院检查并赔偿合理费用，但老板扯皮不肯认。同时，上传了载有原告姓名、性别、职称、文化程度、身份证号、工作单位等信息的证件照片。此后，原告向被告上海某程商务有限公司反映情况，该公司已将涉及身份信息的图片删除。后来，李某某诉至法院，请求郭某某向其书面道款并及时删除，同时赔偿个人隐私泄露损失人民币5000元，某程网平台承担连带责任。

法院判决认为，被告郭某某利用网络公开了原告的相关个人信息，在一定范围内予以传播，故原告要求被告郭某某书面道歉的诉讼请求，法院予以支持，法院判定被告郭某某应向原告作出书面赔礼道歉，道歉内容须经法院审核。关于原告要求被告及时删除的诉讼请求，原告在庭审时明确为删除原告的个人身份信息，因被告上海某程商务有限公司已对涉及原告个人信息的图片予以删除，故原告的该诉请已无实际必要，法院不予支持。关于原告主张要求被告郭某某赔偿个人隐私泄露损失5000元，因原告未提交证据证明其实际损失情况，故法院对该项诉讼请求不予支持。被告上海某程商务有限公司作为网络服务提供者，其只提供通道或平台，本身不对信息进行主动编辑、组织或修改，全部内容均由网络用户提供，面对网络海量信息，网络服务提供者客观上没有能力对每条信息进行审查。结合本案，被告上海某程商务有限公司在接到原告反馈问题后，其已对涉及原告个人信息的图片予以删除，已尽到网络服务提供者的义务，故法院对原告要求被告上海某程商务有限公司赔偿损失的诉请，不予支持。[①]

◎ 法官评析

在共享经营模式之下，尤其是在共享住宿中，尽管资源提供方往往有更多机会获取资源使用方的个人信息，因而资源使用方个人信息权益被侵害的概率更高一些。但是，资源提供方与资源使用方同样面临个人信息权益被侵害的风险。如果没有完善的个人信息保护法律规范，缺乏足够的个人信息保护意识，则任何人都可能成为受害者。本案中，郭某某在认为公共浴室花洒

---

① 参见浙江省绍兴市越城区人民法院（2020）浙0602民初7040号民事判决书。

破裂划伤其本人，要求去医院检查并赔偿合理费用无果的情况下，将房东李某某的个人信息放到某程网点评区，虽然情有可原，但其维权愿望之下采取的维权方式并不妥当。其未经授权将房东职称、文化程度、身份证号、工作单位等个人信息在互联网公开的行为，本身也已经侵犯了李某某的个人信息权益，应当承担相应的法律责任。正因为此，法院支持了李某某要求郭某某赔礼道歉的请求。同时，共享住宿平台的义务主要在于安全保障义务，并且要遵守《民法典》第1195条第2款的“避风港”规则，本案中共享住宿平台已经对房东、房客相关身份情况进行审核，且在接到原告李某某反馈问题后，已经对涉及李某某个人信息的图片予以删除，已尽到网络服务提供者的义务。所以，本案中的共享住宿平台不应承担责任。关于损失赔偿的问题，需要李某某首先证明其因个人信息泄露而产生了物质损失或严重精神痛苦。因其未能就此提供证据予以证明，故法院判决驳回其赔偿损失部分的诉讼请求。

◎ 规范指引

《民法典》

第1035条第1款 处理个人信息的，应当遵循合法、正当、必要原则，不得过度处理，并符合下列条件：

（一）征得该自然人或者其监护人同意，但是法律、行政法规另有规定的除外；

……

第1195条第2款 网络服务提供者接到通知后，应当及时将该通知转送相关网络用户，并根据构成侵权的初步证据和服务类型采取必要措施；未及时采取必要措施的，对损害的扩大部分与该网络用户承担连带责任。

第六节 共享医疗领域的个人信息保护

基本原理

共享医疗是共享经济模式在医疗领域予以应用的表现，其是借助互联网平台进行医疗资源整合，提高医疗生产要素使用效率的重要方式。互联网平台可能是线下实体医院自行搭建，但随着我国医疗体制改革的不断深入，资本成为共享医疗发力的重要支撑，而诸如“春雨医生”“微医集团”“平安好医生”“就医160”“名医主刀”等平台的成功运营，使该类企业在运营中的责任问题摆在监管面前。新兴事物发展势必涉及法律监管的持续跟进，尤其是在关系到全民素质和身体健康的医疗领域，应当明确法律责任从而为各方参与者划定清晰的行为底线。①

一、共享医疗平台的安全保障义务

平台作为共享医疗行为的物质载体，整个诊疗行为不仅在平台上发生还极有可能在平台上结束，而在平台上出现提供诊疗服务的医生则是由平台负责签约安排出诊的。我国《执业医师法》第14条规定：“医师经注册后，可以在医疗、预防、保健机构中按照注册的执业地点、执业类别、执业范围执业，从事相应的医疗、预防、保健业务。未经医师注册取得执业证书，不得从事医师执业活动。”由此可见，医生需要具备执业资格，是效力性法律规定，直接决定着医疗服务合同是否有效，同时决定着医疗服务行为侵权要件中的主观过错程度。而平台作为医生在平台执业的管理人，显然比患者在查验医生真实身份上具备更多的优势和可能，因此平台应当承担资质、资格审核义务并审慎履行该义务，该义务的实质仍然是安全保障义务。

在具体的个人信息侵权案件中，平台对于医生的侵权行为应当在多大范围内承担侵权责任，是需要考虑的现实问题。在平台医生侵犯个人信息权益的情况下，医生实施的侵权行为属于与其业务不相关的内容。因为，医生所实施的泄露、公开等个人信息侵权行为不依赖于其专业技能。那么，此时如果法院查实所谓的“医生”不具备行医资格，却因平台的资质、资格审核不严而导致患者对“网络对面的人”产生基于医生和患者之间的信任，那么平

---

① 参见北京市第一中级人民法院课题组：《共享经营模式下的侵权责任问题研究报告》（丁宇翔、王国庆、张琦、赵小军、丁少芃等执笔），第139页。

台的审核缺位的行为就与患者的个人信息权益遭受侵害之间具有因果关系，平台应当承担相应的责任。反之，如果医生具备行医资格但仍侵犯患者个人信息权益，那么此时平台对该侵权事实并不具备过错，不应再让平台承担侵权责任。

另外，在共享医疗中，共享平台即是医生与患者进行交流的网络空间，共享平台的经营者对平台具有管控和管理的义务和能力，应当承担相应的安全保障义务。其主要内容既包括对得知侵权行为采取的必要的删除、屏蔽、断开链接等义务，也包括在侵权行为发生前就整个平台活动空间进行巡查、必要的告知义务等。

二、医生多平台提供诊疗服务时的个人信息权益保护

我国的医疗服务领域，最主要的问题是医疗服务供给不足与医患关系矛盾突出。传统的医疗服务模式中，医疗机构处于中心位置，所有的资源以医疗机构为核心进行运转，形成了医生与机构的关系、机构与患者的关系，并且随着该种运作模式的不断发展，医生与机构的关系更加固化，机构与患者的关系也呈现单一模式。实际上，传统以医疗机构为核心的服务模式最终仍然要落到具有更高医术的医生身上。人才是第一资源，医生实际上应处于医疗服务金字塔的顶端，只是长期以来，医生受雇于医疗机构并呈现固化趋势，导致本应处于金字塔底端的医疗机构长期霸占服务模式的顶端。但是随着时代的发展，患者的需求也呈现多样化，多平台执业应运而生，这一模式可以解决医疗服务供给不足的问题，但也带来一些社会和法律问题，其中的个人信息权益和企业数据权益的冲突问题亦不可忽视。所谓多平台执业（多点执业），是指注册的执业医师既可以选择在注册地点进行医疗服务，也可以选择在有资质的执业平台开展医疗服务，这种服务属于社会化服务而非传统的公立或私立的机构服务，平台的作用虽然很重要，但是并不处于核心位置。《国民经济和社会发展第十三个五年规划纲要》中明确提出，完善医师多点执业制度。《国务院办公厅关于促进“互联网+医疗健康”发展的意见》中也明确，完善医师多点执业政策，鼓励执业医师开展“互联网+医疗健康”服务，并指出该项工作由国家卫生健康委员会负责。《国务院办公厅关于支

持社会力量提供多层次多样化医疗服务的意见》中明确了政策配套措施，在医师注册等方面探索多点执业的方便之路。由此可见，从国家政策层面，对于医生多点多平台执业是鼓励并支持的。[①]

然而，就个人信息权益而言，医生多平台执业可能存在的最大侵权风险就是，医生在未经患者本人同意的情况下可能将患者的健康信息在平台之间迁移。并且，共享医疗平台对此可能未必有足够的控制能力。在诊疗实践中，患者对于疗效较佳的医生容易产生依赖，尤其是一些慢性病患者，更容易对某一名医生产生长期的诊疗依赖。在此情况下，共享医疗平台内注册的医生对某些患者的较长时期内的病情发展和治愈情况可以作为其诊断其他患者的极具价值的参考。于是，医生极有可能将其在甲平台上诊疗的患者的既往病史及治愈情况等个人信息复制、迁移到乙平台上，以便更好地在乙平台上开展诊疗服务。如果这种复制和迁移未经患者本人同意，则构成对个人信息权益的侵害。即使经过患者本人的同意，但因涉及平台之间数据权益的公平竞争问题，还需要考虑到与共享医疗平台的数据权益的平衡（下文专论）。因此，对该问题的处理决不可简单化。

此外，医生、平台对患者个人信息的过度收集，对患者个人信息的泄露、转让、非法提供等个人信息侵权的一般样态，在共享医疗模式之下也会存在，其应对思路在遵循一般的处理规则之下也需要考虑共享医疗模式的具体情况和特点。

三、医生多平台执业时的个人信息权益与平台数据权益的平衡

医疗资源分布不均衡是制约我国医疗服务发展水平的顽疾之一，而共享医疗模式的出现和发展，可以在很大程度上缓解甚至解决这一问题。具体而言，共享医疗主要有如下的积极作用：它可以重塑医疗服务流程，改变传统的线下排队挂号、排队问诊、排队住院、排队缴费、排队取药等窘况，极大地提升医疗服务效率。它可以优化医疗资源配置，使得优质医生和其他医

---

① 参见北京市第一中级人民法院课题组：《共享经营模式下的侵权责任问题研究报告》（丁宇翔、王国庆、张琦、赵小军、丁少芃等执笔），第142—145页。

疗资源可以跨越空间障碍（网上诊疗）为患者提供优质服务，极大地缓解医疗资源不均衡的问题。比如，美国波士顿的Cohealo通过技术平台、辅助物流和数据分析，支持临床团队按需“获取”相应的医疗设备。平台将客户所有的医疗设备库存数据集中存放在云计算平台上，用户只需点击就能找到和预订所需设备，平台接收到预订信息后会将设备在指定时间内运送到指定地点，①从而使闲置的医疗设备充分利用。它可以极大地提升患者的就诊体验，提高医疗服务水平。它还可以在一定程度上破解“大医院人满为患，小医院无人问津”的倒挂现象，助力实现“小病在基层，大病在医院”的分级诊疗格局，推动医疗体制改革。②正是由于上述积极作用，国家对共享医疗产业扶持力度越来越大，并提出要畅通部门、区域、行业之间的数据共享通道，促进全民健康信息共享应用。③因此，对于共享医疗平台的数据权益必须给予充分重视，在大力保护患者个人信息权益的同时，也应兼顾共享医疗平台的合理的数据权益。具体可以考虑以下几点：

第一，为提高公共健康服务水平，相应的行政管理规范中可以考虑规定，共享医疗平台经合法途径收集的个人健康数据允许更长的保存期间。

第二，一次性迁移较多数量的个人健康信息时，应征得共享医疗平台的同意，或者迁入平台应通过协议向迁出平台给予一定的经济补偿。

第三，推动医院、医疗器械厂家、药商等不同机构以及挂号、问诊、检查、手术、康复等不同环节中存储个人信息的格式标准的统一，为平台间的数据共享提供技术基础。将来，数据格式壁垒完全打通之后，个人信息的流动将更加便捷。然而，届时个人信息的流通仍然应获得信息主体本人的授权同意方可为之。

---

① 参见国家信息中心：《中国医疗分享发展报告2017》，第16页。

② 参见国家信息中心：《中国医疗分享发展报告2017》，第18页。

③ 参见国务院办公厅：《关于促进“互联网+医疗健康”发展的意见》第二部分第（八）节内容。

专题70 互联网医院可否把患者的健康信息提供给其关联的保险公司

◎ 案例简介

甲互联网医院自2015年开业接诊以来，累计注册用户超过千万。2020年新冠肺炎疫情使得网络问诊的业务量较之于往年有更大幅度的增加。乙保险公司看到互联网医疗的光明前景，遂与甲医院接洽战略合作事宜。后来，甲与乙签署战略合作协议，约定甲可以向其注册用户推荐乙保险公司的健康保险产品，乙公司可以向其用户推荐甲医院进行VIP医疗服务，甲与乙实现数据共享，互相参股。某日，甲医院的资深注册用户丙收到乙公司的推送信息称，鉴于甲与乙达成战略合作，凡是在甲医院注册会员满3年的用户，可以享受乙公司3种保险产品的投保优惠，优惠活动仅一周。丙收到信息后认为是甲医院向乙公司提供了自己的个人信息，遂将甲、乙诉至法院，请求甲、乙赔礼道歉，乙公司删除其全部个人信息。甲抗辩称，其提供给乙的都是匿名化处理之后的数据，不会对丙的个人信息权益产生影响。乙公司亦辩称，其获得的甲公司提供的数据的确经过匿名化处理，其后台虽然向丙发送了广告信息，但并不知道丙的姓名和其他确切信息，故不构成侵权。

◎ 法官评析

1.提供匿名化且不能复原的个人信息一般不构成侵权

个人信息的核心要义在于其可以单独或与其他信息结合后识别出特定的自然人，对个人信息权益进行保护的目的也只在于避免特定的自然人暴露在公共领域，而成为透明人。那么，只要所涉信息是匿名化且不能复原的，则可以达到不暴露个人的目的。职是之故，提供匿名化且不能复原的个人信息，一般而言，未必构成侵权。本案中，甲医院和乙保险公司均抗辩称，其提供或接收的信息均是经匿名化处理的信息，但并没有明确该匿名化处理后的信息是否可复原。《个人信息保护法》所规定的个人信息，也不包括匿名化处理后的信息（第4条）。不过，在当前的技术手段之下，匿名化处理后的信息存在复原和追溯的可能。因此，一旦匿名化信息被还原，并具备个人信息的特质，则应认定为属于《个人信息保护法》所保护的个人信息。因此，即使客观上案涉个人信息确实是匿名处理过的，也不足以阻却侵权的认定。而必须进一步考察，该匿名化的信息是否是不能复原的，在此基础上才能最终认定甲和乙的行为是否构成侵犯甲的个人信息权益。这一点，还需要通过当事人的证明来完成。

2.匿名且不能复原的事实应由被告证明

信息是否匿名且不能复原，是案件的待证事实，并非被告只要抗辩就能自动成立。根据《最高人民法院关于适用〈中华人民共和国民事诉讼法〉的解释》（法释〔2020〕20号）第90条第1款，当事人对自己提出的诉讼请求所依据的事实或者反驳对方诉讼请求所依据的事实，应当提供证据加以证明，但法律另有规定的除外。本案中，被告甲和乙所提出的案涉个人信息是匿名信息，是被告反驳原告丙的主张。根据上述规定，甲和乙需要就该反驳主张所依据的事实进行证明。同时，根据《民法典》第1038条第1款的规定，信息仅仅是匿名不足以阻却侵权责任，还必须具备不可复原这一条件。因此，甲和乙在本案中需要证明两点：一是案涉个人信息经过了匿名化处理，二是经过匿名化处理的案涉个人信息不可复原。然而，根据前文的阐述，在当前大数据资源日益丰富的情况下，随着机器深度学习能力的加强，对匿名化处理的数据进行复原是可能的，这就会产生对信息主体再识别的可能。所以，证明案涉信息经过匿名化处理较为容易，而要证明案涉匿名化信息不能复原则较为困难。本案中，如果被告甲和乙能够证明丙的个人信息不但经过匿名化处理，而且是不可复原的匿名化处理，则不构成侵权。否则，需要承担赔礼道歉的民事责任，乙公司还应承担删除丙全部个人信息的责任。

需要指出的是，《个人信息保护法》第4条关于个人信息的定义将匿名化处理后的信息排除在外，似与《民法典》第1038条第1款的要求有所不同。按照《民法典》第1038条的规定精神，排除匿名化个人信息时不仅有匿名化的要求，还有不能复原的要求。也就是说，未经信息主体本人同意而提供个人信息时，《民法典》要求必须是匿名化且不能复原才可以免责，而《个人信息保护法》只要求匿名化即可免责。这或许是两部法律不同的性质使然。

在涉及匿名化的信息权益私法保护时，援用《民法典》第1038条第1款规定应更有利于自然人个人信息权益的保护。

◎ 规范指引

《民法典》

第1038条第1款 信息处理者不得泄露或者篡改其收集、存储的个人信息；未经自然人同意，不得向他人非法提供其个人信息，但是经过加工无法识别特定个人且不能复原的除外。

《个人信息保护法》

第4条第1款 个人信息是以电子或者其他方式记录的与已识别或者可识别的自然人有关的各种信息，不包括匿名化处理后的信息。

第十一章

全球视野下个人信息保护前沿领域的实践

第一节　被遗忘权的理论与保护实践

基本原理

一、冈萨雷斯案——被遗忘权的欧洲实践

2010年西班牙公民冈萨雷斯向西班牙数据保护局投诉《先锋报》和谷歌公司、谷歌西班牙公司，要求《先锋报》删除或修改其页面，不再显示其1998年因进入追缴社保欠费的扣押程序而被强制拍卖房产的相关信息，要求谷歌公司和谷歌西班牙公司删除或屏蔽上述信息。西班牙数据保护局一方面驳回了针对《先锋报》的投诉，因为《先锋报》此前的信息公布行为是合法的；另一方面则支持了针对谷歌公司和谷歌西班牙公司的请求。谷歌公司和谷歌西班牙公司不服，诉至西班牙高等法院。该法院认为，本案涉及对欧盟《数据保护指令》（以下简称《指令》）的理解问题，因而提请欧洲法院就相关问题进行解释。2014年5月，欧洲法院对该案作出了裁决，确定《指令》适用于互联网搜索服务提供商，并且明确数据主体享有被遗忘权，网络搜索服务提供者有义务删除过时的、不相关的信息，但网络出版商可以援引言论自由免除此种义务。[①]该案被认为是被遗忘权在欧盟范围内正式确立的标志。

二、冈萨雷斯案中被遗忘权的行使边界

在冈萨雷斯案中，欧洲法院认为，搜索引擎在涉及数据的行为中属于1995年《指令》中规定的信息处理者，[②]应按照《指令》承担相应的义务。这

---

① See Google SpainSL，Google Inc.v. Agencia Espanola de，Judgment of the Court，Case C–131/12，pp.14–15.

② Directive 94/46/EC of the European Parliament and of the Council of 24 October 1995 on the protection of individuals with regard to the processing of personal data and on the free movement of such data, Art. 2（d）.

一义务就是，当信息主体的相关信息因时间流逝变得不准确、不充分、不相关或超越信息处理目的（inadequate，irrelevant or no longer relevant，or excessive）时，只要通过搜索引擎就可以检索到这些信息，即使这些信息当初是被合法公开的，信息主体也可以向搜索引擎服务商提出删除链接的请求。因为欧洲法院认为，相比于搜索引擎的经济利益而言，个人的信息保护权利更为优先。当然，欧洲法院也留了退路，即当信息主体在社会公众生活中具有特定的角色时，其个人信息事关公众利益的，则会有一定程度的限制。总的原则是，信息事关公众利益越多，则法律越倾向于保护网民的知情权。[①]从上述冈萨雷斯案的判决中，我们并不能找出被遗忘权到底是什么权利的论述，也无法通过该判决对被遗忘权的权利主体、义务主体和权利内容与权利客体等要素完全明晰。但是，该案判决还是大体上勾勒了被遗忘权的边界。第一，需要被遗忘或被删除的信息并非信息主体的所有个人信息，而是那些因时间流逝变得不准确、不充分、不相关或超越信息处理目的信息。第二,一般情况下，信息主体的个人权利比网民上网浏览信息的利益更重要，但是当信息主体是公众人物或其他对于公共利益有影响的人时，公众知情权将处于优位，对搜索引擎的删除要求相应就要降低。也就是，行使被遗忘权时，应该考虑信息的属性，考虑信息对于信息主体个人生活的敏感程度，也应该考虑公众获取该信息的正当利益。第三，被遗忘权的行使并不是可以针对任何人，至少不能针对新闻网站。新闻网站基于新闻自由的原则而合法发布的信息是可以保留的，并且新闻网站网页上发布信息是否合法并不影响搜索引擎服务商按照《指令》承担删除义务。[②]

三、《条例》中规定的被遗忘权的行使边界

在冈萨雷斯案判决之后近两年的2016年4月27日，欧洲议会和欧盟理事

① See Google SpainSL，Google Inc.v. Agencia Espanola de，Judgment of the Court，Case C–131/12，para. 94.

② See Google SpainSL，Google Inc.v. Agencia Espanola de，Judgment of the Court，Case C–131/12，para. 83–86.

会最终审议通过《一般数据保护条例》(General Data Protection Regulation, GDPR)(以下简称《条例》)。《条例》第17条对被遗忘权的权利内容进行了较为详细的规定。根据该规定，被遗忘权的边界至少在于以下几个方面：第一，被遗忘权的义务主体仅限于信息处理者；第二，被遗忘权的行使需要以未经信息主体同意而处理个人敏感信息作为适用前提；第三，如果行使言论自由或信息自由的权利确有必要，则被遗忘权不得与之对抗；第四，根据欧盟法律或成员国的法律，如果信息处理者是履行合法义务，或出于公共利益的需要而执行任务，或行使其权利，从而对信息进行处理，则信息主体不享有要求删除的权利（这里的删除的权利即被遗忘权，下同）；第五，由于公共利益的需要或进行科学或历史研究，或为了统计数据而归档存储，并能提供《条例》第89条（1）中所规定的保障措施，或根据《条例》第17条第1款的清除会对信息处理的目的产生重要影响的，则信息主体不享有要求删除的权利；第六，为了进行诉讼或法庭辩护而处理和利用数据信息的，信息主体也不能主张其要求删除的权利。从整体上看，最终通过的有关被遗忘权的条款，较之于第一次审议的版本对信息控制方的限制更少，法定义务也更为宽松。[①]

四、法国“涉被遗忘权案的判决”所勾勒的权利行使边界

在法国，“被遗忘的权利”也有其适用边界，并且是在具体的个案中进行利益衡量之后决定是否给予保护。1967年，原告与杀手Landru的恋情通过纪录片被公开，原告以隐私权被侵害为由请求被告销毁。巴黎高等法院认为，原告在公开出版的回忆录中公布过二人的恋情，故而驳回原告诉求。1981年，巴黎高等法院则支持了当事人不予公开其15年前的犯罪事实的请求。判决指出，此类案件需要对时间进行重点考察，本案中当事人15年前的

① 参见丁宇翔：《被遗忘权的中国情境及司法展开——从国内首例“被遗忘权”案切入》，载《法治研究》2018年第4期。

悲惨遭遇如今已经不再具有任何价值。[①]1983年在Papon案中，法院将历史事实排除在“被遗忘的权利”的行使范围之外。同时，“被遗忘的权利”与新闻宣传、信息流通之间也存在边界。法国法院曾经有这么一个案例。1990年，一位女士请求限制公开其1940—1945年间的职业活动的情况，最高法院最终没有援引“被遗忘的权利”支持原告的诉讼请求。判决指出，如果一则信息被当地的媒体通过合法方式公开，那么这一信息就不再属于私人的秘密领域，因而不再具备适用“被遗忘的权利”的余地。[②]这一判决表明，新闻宣传和信息保护之间的利益平衡需要通过个案衡量的方式得以实现。

五、美国橡皮擦法案确定的被遗忘权的边界

美国社会对被遗忘权的积极性并没有欧洲那么高，甚至有人从未听闻被遗忘权。[③]值得一提的也就是美国加州于2013年通过的第568号法案（俗称橡皮擦法案）。该法案要求包括Facebook、Twitter在内的社交网站巨头应按照未成年人的要求擦除其上网痕迹。但是，橡皮擦法案同样不是要求无限制地删除未成年人的所有网络痕迹。因为根据参与该法案立法的议员的解释，信息删除的义务人并没有被要求彻底地删除与未成年人相关的信息，而只是要求这些未成年人的个人信息从人们的眼帘中消失。[④]此外，至少在符合以下条件的情况下义务人不负责擦除这些痕迹：一是根据联邦或州的法案，义务人有义务保管未成年人的相关信息的；二是信息并非由主张擦除的未成年人提供而是由第三方提供的；三是信息经过匿名处理已不足以据此识别特定未成年人的；四是没有按照法案规定的要求行使擦除权利的；五是获得对价而

---

① Court d’APPel de Paris，13.10.1981，D. 1983，jur. 421. 转引自李欣倩：《互联网时代的信息自决》，中国社会科学院研究生院2017年博士学位论文，第75页。

② See B. Smith & Ohly & L. Schloetter.（2005）. *Privacy，Property and Personality*，Cambridge University Press，p.179.

③ Alessandro Mantelero，“The EU Proposal for a General Data Protection Regulation and the roots of the ‘right to be forgotten’”，*Computer Law & Security Review*，2013（29），p.230.

④ 参见薛前强：《论大数据时代未成年人被遗忘权的法律构建》，载《中国青年社会科学》2015年第5期。

将其信息让渡出去的。

六、域外经验的反思

第一，被遗忘权在域外并没有达成完全的共识。一方面，欧洲内部的共识也并没有想象的那么大。欧盟《条例》虽然在第17条对所谓删除权（被遗忘权）作出了规定，并在2018年5月25日正式实施。但如前所述，最终通过的有关被遗忘权的条款与之前的审议稿相比还是有很多松动，这表明立法的过程有很多争议，最终只能将最低限度的共识固化到《条例》中。另一方面，美国和欧洲之间的共识则更少。与欧洲的做法形成对比，在美国，被遗忘权从一开始就没有被给予过多的渲染和强调，因为美国人将其宪法第一修正案中的言论自由视为美国人最为神圣的权利之一，而被遗忘权的初衷恰好与美国人极为珍视的言论自由相左。美国最高法院也认为，只要某一信息是合法取得的，国家就不能通过法律限制媒体传播该信息，即使该信息的传播会造成所涉及对象尴尬的后果。尽管加州制定了专门的所谓“橡皮擦法案”，但也只是针对未成年人这一特殊群体而进行的特殊考量，与其说这是所谓“特殊的被遗忘权”，[①]毋宁说这只是对未成年人的特殊保护。

第二，被遗忘权的行使并不能使数据信息真正消失。不论是冈萨雷斯案中的谷歌公司，还是欧盟《条例》规定的作为被遗忘权义务主体的信息处理者，都只能将其搜索引擎上的相关链接予以删除，而并不能删除合法公布的原信息。而合法公布的原信息借以存在的网站或其他媒体则并无义务删除这些信息。于是，任何网络用户都可以任意复制存在于网站或媒体上的这些信息。而在自媒体高度发达的今天，即使搜索引擎已经删除了原信息的链接，但网络用户仍然可以借助Twitter、微信或QQ，甚至手机短信等方式对原信息进行传播，并且其传播速度远远超过了搜索引擎所能达到的程度。既然如此，仅仅要求搜索引擎提供者删除相关的链接，到底能在多大程度上真正让信息主体的信息被遗忘，这是一个大大的疑问。

---

① 殷乐、于晓敏：《被遗忘权：网络空间的隐私保护与治理》，载《新闻与写作》2017年第1期。

第三，被遗忘权的概念并不能很好地实现社会的记忆管理。关于被遗忘权的判决和立法实践，无疑为我们提供了一个机会，从而对社会文化的记忆范围进行有益的讨论，[①]这当然是有积极意义的。但是，从各国的实践看，被遗忘权却并没有使我们所关注的社会文化的记忆范围得以廓清。一方面，美国、欧洲等不同国家之间在被遗忘权问题上的不同态度，会加剧人们对到底哪些信息是不充分、不相关信息的认识上的分歧，从而加剧人们对被遗忘权客体范围的模糊认识。另一方面，法国被遗忘权的实践表明，被遗忘权在司法中的保护并不是绝对的，往往需要具体情况具体分析，因为每一起案件的具体事实都可能对法官的价值判断发生影响。所以，即使是判决冈萨雷斯案的欧盟法院，也认为涉及被遗忘权的案件需要根据个案进行处理。[②]这就表明，被遗忘权的客体的界定规则本身是不明确的。而大数据时代，我们需要新的手段来对社会记忆进行管理，被遗忘权或许能对此起到积极作用，但很显然是不足的。

七、是否移植被遗忘权应考虑的中国因素

域外的被遗忘权实践表明被遗忘权是有其界限的。但是，国内的不少文献在介绍涉及被遗忘权的问题时往往为了达到“被遗忘权的中国化”的效果而对上述域外的被遗忘权的界限要么语焉不详，要么避重就轻，导致在具体的司法实践中，信息主体倾向于认为凡是涉及自己的网络空间的自己认为不好的信息，都有权要求搜索引擎或其他信息处理者删除——比如任某某案。鉴于此，在探讨被遗忘权时必须客观全面，同时也要结合中国实际，跨越被遗忘权论证可能面临的陷阱。

（一）简单地移植被遗忘权会遏制我国刚刚有所发展的舆论监督

从国外的被遗忘权实践可以看出，被遗忘权就是信息主体所享有的就其

---

① See Noam Tirosh，“Reconsidering the ‘Right to be Forgotten’ –memory rights and the right to memory in the new media era”，*Media，Culture & Society*，2017，Vol.39（5），p. 656.

② See Google SpainSL，Google Inc.v. Agencia Espanola de，Judgment of the Court，Case C–131/12，para. 90.

个人信息中不准确、不充分、不相关或超越信息处理目的信息，可以要求运营商等信息处理者把链接删除的权利。如果只是考虑信息主体一方的利益，这种删除看起来当然是很正当的。但社会是多面的，有很多互相冲突的价值都需要予以兼顾。与被遗忘权直接冲突的就是新闻传播和舆论监督，或者西方学者经常说的新闻自由。简单来说，任意要求删除他人掌握的有关自己的信息，尤其是有关权利主张者和义务人共同参与的信息，显然是对他人表达权利的限制。而要求他人删除仅关涉信息主体自己的事实陈述或意见表达内容，表面上看并没有直接影响他人的表达权，然而如果成千上万的人都可以任意删除自己此前的所有信息，则意味着整体上的信息素材都处于不确定中，甚至整体上的信息素材都将枯竭，最终不但会钳制公民个人的表达权利，更会钳制新闻媒体的舆论监督，而后者是关涉整个社会的公共利益的。正因如此，不但欧美学者注意到了被遗忘权对表达权的限制，[①]我国学者也有涉及。[②]另外，媒体的舆论监督不仅包括对具有新闻时效性的信息的报道，还包括对过去历史信息的记录、保留、整理和深度分析报道。任何个体之间在网络空间的交流都可以大致分为事实陈述和意见表达两类。不论是事实陈述还是意见表达，都是某一个具体社会历史片段的组成部分。成千上万个网络空间的事实陈述和意见表达，可以整体上构成某一特定社会历史事件的素材，这是媒体进行舆论挖掘的重要宝藏。如果允许信息主体任意删除有关自己此前的任何信息，最终则会害及社会历史真相的保留，从而损害媒体的深度的舆论监督，并且于人类社会文化自身的延续发展也极为不利。

（二）被遗忘权的表述方式不符合我国民事权利名称的固有逻辑

现有的文献一般都把被遗忘权定性为人格权，而人格权是指以主体固

---

① See Youm & Park, "The 'Right to Be Forgotten' in European Union Law: Data Protection Balanced With Free Speech", *Journalism & Mass Communication Quarterly*, 2016, Vol. 93 (2), pp.273–295.

② 参见梁辰曦、董天策：《试论大数据背景下被遗忘权的属性及其边界》，载《学术研究》2015年第9期。

有的人格利益为客体的，旨在实现人格平等、人格尊严、人格自由的权利。[①]在我国的人格权术语体系中，每一项具体的人格权都是以相应的具体的人格利益为客体的。而从每一项具体人格权的权利名称中也能看出其权利客体。比如，名誉权的客体是名誉利益、肖像权的客体是肖像利益、隐私权的客体是隐私利益。与这些具体人格权相比，被遗忘权有一个很大的不同就是从权利名称本身看不出权利的客体是什么。而如果遵循名誉权、隐私权等权利名称的固有逻辑，则被遗忘权本身的表述，很容易让人望文生义地误解为被遗忘权的客体是“被遗忘”，或者稍好一些，也可能误解为“被遗忘权是信息主体有要求他人遗忘自己信息内容的权利”。因此，在中国尚未制定出台《个人信息保护法》但个人信息保护的呼声越来越高的情况下，不少关于被遗忘权的讨论用简单的拿来主义，代替中国语境下被遗忘权的法律社会学思考和论证，看似走到了法学研究的前沿，实则并没有着眼于中国社会的实际情况，并不能很好地起到为被遗忘权布道的效果。另外，如果不考虑现实中的限制，单纯从逻辑层面探讨被遗忘权，则被遗忘权也存在明显的逻辑悖论：如果被遗忘权的诉求被支持，则这个胜诉判决应该是要上网公开的。那么，对于公开的判决，因为还会涉及原告的信息，则原告是否还可以行使被遗忘权呢？而如此循环往复，被遗忘的初衷会异化为不被遗忘的炒作，最终导致的结果是：原告越容易想被遗忘，而通过诉讼则越被记住。同时，被遗忘权是平等的，被告对于该胜诉判决所载信息是否也可以行使被遗忘权，从而要求删除该信息？而如果这样，则原告的被遗忘权又如何去落实？由此可见，如果只考虑被遗忘权本身，其价值目标存在逻辑上的困境。为此，必须对被遗忘权进行各种限制。而如果纯粹意义上的被遗忘权被外加上各种限制，则通过被遗忘权所欲保护的利益就完全可以用现有的法律保护机制所替代，既然如此，移植被遗忘权制度又有何意义？

（三）现阶段确立被遗忘权超越了我国社会发展的接受水平

即使在欧洲的学理中，被遗忘权本身也是一个较新的法律概念。同时，

---

① 王利明：《人格权法》，中国人民大学出版社2005年版，第14页。

欧洲的法律传统与我国也有较大的不同。欧洲进入资本主义社会已经有几百年的发展。其社会发展进程和对个人被遗忘权的保护从欧洲的社会标准衡量或许是正当的，但这一标准未必适用中国。我国从新中国成立到现在也不过几十年时间，在发展程度上远远不能与欧洲相比。在欧洲高度发达的个人权利保护基础上衡量认为符合比例原则的被遗忘权制度体系，如果不加区分地硬搬到我国，则明显超越了我国社会的发展阶段。并且即使在欧洲国家比如德国，对于作为信息输送者的网络服务提供者，也会被免予过重的责任。①退一万步，即使我国的社会发展水平已经真的达到了欧洲的程度，也难免水土不服。欧美之间在对待被遗忘权问题上的差异，②已经表明了这一点。因此，在现阶段，过分强调被遗忘权在我国反而可能是违背比例原则的。对此，我们在审理任某某案时是非常清楚的。或许有人会认为法官在司法案件中考虑社会发展水平有过于主动之嫌，但其实不然，因为即使在非常强调法官中立和消极地位的美国，联邦法官也“必须是国务活动家，他们要善于判断自己所处时代的精神，扫除经过努力可以克服的困难，力挽有危险把他们本人与联邦的主权和法律的尊严一起卷走的狂澜”。③所以，我国社会发展水平对于被遗忘权的可接受程度，也是解决这一纠纷的法官需要考虑的问题。我们在任某某案的生效判决中也是想表达这样一种态度：法官并不明确地拒绝被遗忘权，但现在是否有必要马上学习欧洲完全承认被遗忘权，还需要谨慎对待。

（四）过分强调被遗忘权将消解我国信息产业的后发优势

对被遗忘权是否进行大张旗鼓的保护，还需要考虑国家的信息发展战略和信息产业政策。不能为了盲目地跟从国外的所谓潮流，而不顾自身信息产

---

①（德）多伊奇、阿伦斯：《德国侵权法》（第5版），叶名怡、温大军译，中国人民大学出版社2016年版，第150页。

② See Youm & Park, “The ‘Right to Be Forgotten’ in European Union Law: Data Protection Balanced With Free Speech”, *Journalism & Mass Communication Quarterly*, 2016, Vol. 93 (2), p.275.

③（法）托克维尔：《论美国的民主》（上），董果良译，商务印书馆1991年版，第169页。

业发展的实际。这一问题如果处理不慎，将危及国家在信息产业方面的重大利益。就是本文讨论过的欧盟法院对冈萨雷斯案的判决，表面看来是强化个人信息保护的具有重大意义的判决，但其背后也是美国和欧盟在信息的国家利益方面的博弈结果。因为，在“9·11”事件以后，美国通过《爱国者法案》等一系列法律强力推行其国家安全战略，并以此为名借助这些法律堂而皇之地获取全球各个角落的信息，形成了全球性的信息控制霸权。不论是推行被遗忘权，还是废除安全港协定，[①]其实质都是欧盟通过对美国互联网信息产业的打压而实施的对美国互联网信息霸权的反击。从我国目前所处的发展阶段看，虽然我国在信息技术方面具有后发优势，但这种后发优势还有待于相对宽松的政策法律环境。如果盲目地照搬被遗忘权，任由信息主体对数据信息进行过分的控制，则可能导致包括搜索引擎在内的众多互联网信息企业在被遗忘权的裹挟下，放慢甚至停止技术创新的步伐。这就相当于对我国正在迅速发展的信息产业实施自我打压，最终必定妨碍我国信息产业的整体发展。

正是基于上述考虑，我国的立法上并没有确认被遗忘权的概念，没有将其作为独立的人格权类型予以确认。但是，没有这一权利类型，并不意味着对被遗忘权所涉及的利益不予保护。在我国《个人信息保护法》中，就通过删除制度来解决这一问题。《个人信息保护法》第47条明确规定，有下列情形之一的，个人信息处理者应当主动删除个人信息；个人信息处理者未删除的，个人有权请求删除：（1）处理目的已实现、无法实现或者为实现处理目的不再必要；（2）个人信息处理者停止提供产品或者服务，或者保存期限已届满；（3）个人撤回同意；（4）个人信息处理者违反法律、行政法规或者违反约定处理个人信息；（5）法律、行政法规规定的其他情形。法律、行政法规规定的保存期限未届满，或者删除个人信息从技术上难以实现的，个人信息处理者应当停止除存储和采取必要的安全保护措施之外的处理。

---

① 杨乐、曹建峰：《从欧盟被遗忘权看网络治理规则的选择》，载《北京邮电大学学报》（社会科学版）2016年第4期。

专题71 被遗忘权在我国是一项权利吗——国内首例“被遗忘权”案评析

◎ 案例简介

任某某系人力资源管理、企事业管理等管理学领域的从业人员，其于2014年7月1日起在无锡陶氏生物科技有限公司从事相关的教育工作，2014年11月26日与公司解除劳动关系。从2015年2月初开始，任某某陆续在百度公司的网站上发现“陶氏教育任某某”“无锡陶氏教育任某某”“陶氏超能学习法”等字样的内容及链接。任某某就此向法院提交了一份《解除劳动合同协议》和部分交通住宿票据及公证业务费发票。《解除劳动合同协议》显示，北京某公司（甲方）与任某某（乙方）协商一致自愿解除劳动合同关系，解除理由是自聘用任某某并开始试用后，发现百度网络上显示“无锡陶氏教育任某某”，陶氏教育被很多人称为骗子公司，甚至有人说是邪教，原定聘用任某某约定的60万元年薪，任某某同意甲方不支付。任某某主张百度公司搜索页面中显示的关键词给其造成了经济损失和精神痛苦，侵犯了其姓名权、名誉权和一般人格权中的被遗忘权，请求百度公司赔礼道歉、消除影响，在搜索结果中不得出现上述关键词，并请求百度公司赔偿其损失。

法院生效判决认为，我国现行法律中并无对被遗忘权的法律规定，亦无被遗忘权的权利类型。任某某依据一般人格权主张其被遗忘权应属一种人格利益，该人格利益若想获得保护，任某某必须证明其在本案中的正当性和应予保护的必要性，但任某某并不能证明上述正当性和必要性，故二审法院驳回任某某的上诉请求，维持原判。[①]

◎ 法官评析

本案中，虽然生效判决书中涉及被遗忘权部分的说理非常简短，但它透漏了一个非常重要的信息，即二审判决并没有绝对地、一概地仅仅因为被遗忘权并非法定权利类型而不予保护。生效判决之所以最终驳回任某某诉求，最重要的原因是任某某没有证成或说服合议庭其在本案这一具体案件中对于

---

① 参见北京市第一中级人民法院（2015）一中民终字第09558号民事判决书。

“陶氏教育任某某”“无锡陶氏教育任某某”“陶氏超能学习法”等字样的内容及链接的删除有何正当性和必要性。这一司法考量主要立足于我国现有民事法律体系中对自然人人格权保护的类型范围，以及我国社会发展对被遗忘权进行司法保护的可接受程度。

1.我国自然人人格权民法保护的类型

现有国内文献中对于任某某所主张的被遗忘权是不是应该被承认有很大争议，但对于被遗忘权本身可以归为人格权家族中的一员，则没有太大分歧。①本案中任某某也是以一般人格权受侵害为由主张其被遗忘权应受保护的。在我国民事法律体系中，涉及自然人的人格权保护类型的法律规范主要是原《民法通则》第98条至第103条，原《侵权责任法》第2条，《民法典》第109条和第110条。根据以上法律规范，我国民法体系所保护的自然人人格权类型主要是如下九种：生命权、身体权、健康权、姓名权、肖像权、名誉权、荣誉权、隐私权、婚姻自主权。除此之外，由于我国原《侵权责任法》第2条还将民事权益纳入保护范围，这就使得上述九种法定的人格权类型不能涵盖的部分民事权益还存在由侵权法提供保护的可能性。立法机关所作的侵权责任法释义书也明确指出，除了上述权利之外，还有其他民事权益也属于侵权责任法的保护对象。②

但是，侵权法的功能不仅在于保护权利，还要兼顾人的行为自由。如果只关注保护权利，从而任意将保护范围扩展到任何民事利益，则人的行为自由必将受到严重妨害。因此，王泽鉴先生指出，侵权法旨在权衡行为自由与权益保护。③基于此，我国原《侵权责任法》第2条所保护的其他民事权益不是无限制的，而至少应该满足以下两个条件：第一，该民事权益必须是合法的，这是对民事权益提供保护的正当性要求；第二，该民事权

① 相关讨论，可以参见杨立新、韩煦：《被遗忘权的中国本土化及法律适用》，载《法律适用》2015年第2期；罗浏虎：《被遗忘权：搜索引擎上过时个人信息的私法规制》，载《重庆邮电大学学报》（社会科学版）2016年第3期。

② 参见王胜明主编：《中华人民共和国侵权责任法释义》（第2版），法律出版社2013年版，第28页。

③ 王泽鉴：《侵权行为》，北京大学出版社2009年版，第7页。

益具有受保护的重要价值，这是对民事权益提供保护的必要性要求。任某某案中，任某某主张的被遗忘权很显然不属于以上九种法定的人格权，因而只能将其归入其他民事权益中寻求保护的可能性。而如果将被遗忘权纳入其他民事权益寻求保护，则必须满足前述的正当性要求和必要性要求，但这两个条件并非不证自明的，而是需要原告任某某就此进行充分的论证说明。

2. 对非法定人格权请求司法保护时的额外论证负担

一方面，任某某需要就本案中“陶氏教育任某某”“无锡陶氏教育任某某”“陶氏超能学习法”等信息被遗忘（删除）的正当性进行论证。尽管任某某在诉讼中曾主张，陶氏教育在行业内口碑不好，经常有学生退钱，如果有学生搜索任某某的名字，看到这个结果会对其进行误解，[①]但这样的论述并不能让人信服。因为，第一，这些信息对任某某没有任何倾向性。从这些信息的具体内容看，“陶氏教育任某某”“无锡陶氏教育任某某”“陶氏超能学习法”等表述是完全中性的，没有任何褒贬的感情色彩。从这些表述中所获取的信息都是曾经存在的客观事实，并且按照一般观念看，这些客观事实存在于网络空间并没有对任某某造成任何妨害或产生明显的消极影响。第二，所谓的口碑并不能证明。陶氏教育的口碑好坏，在很大程度上是一个主观感受问题。而客观上的口碑如何，本身还是需要证明的问题。第三，这些客观信息的继续存在有利于促进行业自律。一个市场的口碑是随着其经营业绩的变化而不断变化的，与市场主体相关的从业人员的从业经历也构成整体市场信息的一部分，这些信息的保存有利于促进市场主体及其从业人员的行业自律。第四，任某某并不属于需要给予特殊保护的群体。基于对特定人群特别保护的需要，很多国家规定某些群体的信息需要被严格控制而不能公开。比如，法国就将与犯罪和刑事有罪判决相关的个人信息的处理控制在很小的范围而不得公开，[②]欧盟新通过的《通用数据保护条例》在多处体现出对未成年

---

① 参见北京市第一中级人民法院（2015）一中民终字第09558号民事判决书。

② See Data Processing，Data Files and Individual Liberties，Article 6.

人的个人信息的特殊保护。[①]我国《刑事诉讼法》第275条第1款也规定，犯罪的时候不满18周岁，被判处5年有期徒刑以下刑罚的，应当对相关犯罪记录予以封存。这都是基于特殊的政策考量而作出的制度安排，但是任某某并不属于这种特殊人群。

另一方面，任某某还需要就本案中“陶氏教育任某某”“无锡陶氏教育任某某”“陶氏超能学习法”等信息被遗忘（删除）的必要性进行论证。一个国家的历史是由一个个具体的人和事件组合而成的，而呈现这些具体的人和事靠的就是信息的记载和传承，这样才能有历史。如果不加选择地、盲目地支持任何人可以删除任何有关自己的个人信息，则历史将被人为地选择或剪裁，甚至清除，从而导致历史危机，[②]并进而导致信任危机——因为人们将不相信任何既有信息的客观全面性；同时还会导致信息优势一方对劣势一方的霸凌。因此，大到一个国家，小到一个个人，确保彼此平等沟通的重要条件之一就是信息的对称和对等。本案中，任某某的工作经历信息是其行业经历的组成部分，与其当时的个人行业资信具有直接的相关性及时效性。就任某某而言，他希望通过对自己在网络空间内的信息的选择和过滤吸引潜在客户或学生。但就潜在客户或学生而言，包括任某某工作经历在内的个人资历信息正是他们借以判断是否合作或就学的重要依据。双方都应保护，而平等保护的最好方式就是确保信息的对称和对等。而信息对称的最优选择就是不应允许任某某任意删除其此前合法公布的个人非隐私信息。基于此，涉及任某某的“陶氏教育任某某”“无锡陶氏教育任某某”“陶氏超能学习法”等中立信息的存在反而是必要的，任某某要求删除这些信息缺乏必要性。

3.其他说明

公开文献显示，本案二审的处理过程中，曾经有一种思路是直接按照一般侵权责任的构成要件进行论证说理。按照这一思路，如果要件事实不具备即可直接判决驳回任某某诉求。而本案中，任某某很难证明百度公司对于上

---

① See General Data Protection Regulation，Article 6，Article 8，Article 40.

② 参见杨乐、曹建峰：《从欧盟被遗忘权看网络治理规则的选择》，载《北京邮电大学学报》（社会科学版）2016年第4期。

述关键词出现在搜索结果中有过错，也很难证明上述并没有明显褒贬倾向的关键词与任某某所谓的经济损失和精神痛苦之间存在因果关系，因而百度的侵权责任很难成立。但是，合议庭经过反复评议后认为，如果直接按照构成要件理论去驳回任某某诉求，则对于其提出的被遗忘权就完全回避了。尽管国内当时尚没有对被遗忘权进行充分的研究，但生效判决如果采取一种“谨慎但不明确拒绝”的态度，则有利于引导学界更好地展开对被遗忘权的研究，从而为司法判断提供更好的理论支持。基于此，判决说理部分最终没有采取完全回避的态度，而是着重从个案保护的正当性和必要性角度出发，对任某某所主张的被遗忘权进行了适度的回应。[①]

◎ 规范指引

《民法典》

第990条　人格权是民事主体享有的生命权、身体权、健康权、姓名权、名称权、肖像权、名誉权、荣誉权、隐私权等权利。

除前款规定的人格权外，自然人享有基于人身自由、人格尊严产生的其他人格权益。

《个人信息保护法》

第47条　有下列情形之一的，个人信息处理者应当主动删除个人信息；个人信息处理者未删除的，个人有权请求删除：

（一）处理目的已实现、无法实现或者为实现处理目的不再必要；

（二）个人信息处理者停止提供产品或者服务，或者保存期限已届满；

（三）个人撤回同意；

（四）个人信息处理者违反法律、行政法规或者违反约定处理个人信息；

（五）法律、行政法规规定的其他情形。

法律、行政法规规定的保存期限未届满，或者删除个人信息从技术上难以实现的，个人信息处理者应当停止除存储和采取必要的安全保护措施之外的处理。

---

① 参见丁宇翔：《被遗忘权的中国情境及司法展开——从国内首例“被遗忘权”案切入》，载《法治研究》2018年第4期。

专题72 平台拒绝删除过时且不准确不完整的个人信息可否要求赔偿

◎ 案例简介

甲为证券从业人员，曾于2005—2008年间就职于A证券公司，后远赴美国留学，取得金融数学博士学位后回国到B证券公司担任高管。乙公司运营的金融资讯网系圈内重要的金融资讯平台，平台上刊载着金融政策、事件、从业人员等大量圈内信息。2018年的某日，甲看到乙平台上关于自己的介绍，仍然是2007年的信息，工作单位仍然是A证券公司，学历仍然是自己的本科学历，相关信息内容要么已经过时，要么完全不准确。甲认为这些信息失误给自己造成了不必要的麻烦，并且影响自己跳槽到效益更好的证券公司，遂向乙公司客服人员致电，要求删除或更新自己的个人信息。乙公司客服人员答复称，信息虽然已经过时，但这些信息都是原来客观存在的信息，并且互联网上已经有关于甲的最新信息，不会对甲造成任何影响，故不同意删除或更正。由于乙公司拒绝删除更正上述信息，甲茶饭不思，寝食难安，为此，前往医院睡眠门诊就医花费2500元。后，甲诉至法院，要求乙公司删除关于甲的个人信息，赔偿其医疗费损失2500元，及精神损害抚慰金20000元。

◎ 法官评析

上文已经阐述，我国的法定权利中并没有被遗忘权的权利类型。但是，没有被遗忘权的权利类型和概念，并不意味着被遗忘权所要保护的利益就不能在我国现行法律体系下得到保护。

1.删除、屏蔽——利益被侵害时的直接救济

从欧盟《条例》第17条看，该条的标题即为“Right to erasure（right to be forgotten）”，可见，删除（擦除）对于被遗忘权的重要性。也正因为此，有人提出将删除权作为被遗忘权中国化的途径。[①]在我国的法律语境下，虽

---

① 参见许可：《删除权：被遗忘权的中国道路》，载http: //www.sohu.com/a/195376709_99932760，2020年11月12日最后访问。

然没有欧盟所谓“删除权”或“被遗忘权”的概念，但删除作为权利和利益受侵害时的救济措施早已有之，甚至可以追溯到《民法通则》中。在1986年制定的《民法通则》第134条（《民法典》第179条第1款）规定的承担民事责任的10种方式中，第一种就是停止侵害。而停止侵害可以适用于各种正在进行的侵权行为，[①]当网络中存在的信息侵犯信息主体的隐私权、名誉权、姓名权或一般人格权时，权利人首先可以主张的救济措施就是停止侵害，而对于网络信息的侵权行为而言，停止侵害最普遍的方式就是删除涉案信息。这里的停止侵害相当于我国台湾地区“民法”规定的“除去侵害”，[②]但在我国台湾地区“民法”上，除去侵害请求权不属于侵权行为法上的请求权，[③]而在我国大陆民法中则属于侵权责任方式，这一点二者有所不同。因此，在《民法通则》之后，尽管我国法律中没有明确规定删除的责任方式，但实践中早已存在侵权信息被删除的实际效果。

2009年通过的原《侵权责任法》第36条第2款（《民法典》第1195条第1款、第2款），就网络空间内的侵权信息，首次明确规定了删除、屏蔽以及断开链接的救济措施。根据该规定，如果网民在网络空间发布侵权信息的，受害人有权通知该网站采取删除、屏蔽以及断开链接等措施。网站接到通知后没有及时采取以上的必要措施，将对损害的扩大部分与该网民一起负连带责任。这一规定很好地划分了信息处理者（网络服务提供者）和网络用户在互联网空间的责任边界。当被遗忘权所涉及的信息利益被侵犯时，如果涉嫌侵权的信息是信息处理者自行发布，则根据原《侵权责任法》第36条第1款（《民法典》第1194条），由其直接承担责任，当然首先包括删除、屏蔽和断开链接的救济措施，这是其直接侵权责任。[④]如果涉嫌侵权的信息是网络用户在网络平台上自行发布的，则受害人需要履行通知义务后，信息处理者才

---

① 张新宝：《中国侵权行为法》（第2版），中国社会科学出版社1998年版，第184页。

② 参见我国台湾地区“民法”第18条之规定。

③ 王泽鉴：《人格权：法释义学、比较法、案例研究》，北京大学出版社2013年版，第387页。

④ 最高人民法院侵权责任法研究小组编著：《〈中华人民共和国侵权责任法〉条文理解与适用》，人民法院出版社2010年版，第263页。

会采取删除、屏蔽或断开链接的措施。并且，借鉴美国《数字千年版权法》第512条的做法，最高人民法院司法解释对通知的具体方式进行了明确，[①]即权利人必须以特定方式（书面形式或公示的特定方式）提出通知，并且通知中应该标明姓名、联系方式、可以定为侵权信息的信息以及删除理由。在接到该通知后，网络服务者即应采取删除等措施。这也就是所谓的“避风港”规范。由此可见，被遗忘权所涉及的信息利益被侵害，只要可以归入上文阐述的侵害类型中，信息处理者如网络服务者就会根据信息主体的通知要求而予以删除或屏蔽，欧盟《条例》第17条的删除权的效果就也能达到。

不仅如此，为了强化网站的删除屏蔽义务，原《侵权责任法》第36条第3款（《民法典》第1197条）还树起了“红旗”标准，即网站明知用户利用其网络发布侵权信息而不采取措施，将负连带责任。这将倒逼网络服务者对于非常明显的侵权信息，进行主动的过滤或删除，进一步激发网络服务者对于被遗忘权所涉及的信息利益进行保护的积极性。

当然，在《个人信息保护法》施行后，删除规则有了更为直接的法律依据。《个人信息保护法》第47条规定将成为法院判决删除的请求权基础。

2.损害赔偿——利益被侵害时的补强救济

如果单纯地审视冈萨雷斯案的判决结果或欧盟《条例》第17条之规定，被遗忘权所涉信息利益被侵害时，在被遗忘权的制度安排下，其法律效果仅仅是删除而已。如果真的给信息主体造成损害的，还需要借助于欧盟各国侵权法中的规定提供损害赔偿救济。[②]这样的制度安排所导致的结果就是，侵犯一项被遗忘权并造成信息主体损害的，既需要按照有关被遗忘权的规定进行删除，还需要再依据各国民法侵权法的规定给予损害赔偿，这就造成了法律思维上的烦琐和累赘。而如果不移植被遗忘权的概念，直接在前述侵犯人格权的传统框架内解决，则直接可以请求删除、屏蔽并请求损害

---

① 参见《最高人民法院关于审理利用信息网络侵害人身权益民事纠纷案件适用法律若干问题的规定》第5条之规定。

② 参见（德）克里斯蒂安·冯·巴尔：《欧洲比较侵权行为法》（下册），焦美华译，张新宝审定，法律出版社2001年版，第131页以下。

赔偿。其中，删除、屏蔽等是直接救济措施，而损害赔偿则是补强的救济措施。

被遗忘权所涉信息利益被侵犯时所发生的损害既可能是物质损害，也可能是精神损害。不论是物质损害还是精神损害，在被遗忘权意义上，损害的起算时点都应该是信息处理者接到信息主体的删除通知之时。也就是说，只有当信息处理者接到通知后拒绝或怠于删除信息而导致原有损失（如果原来就存在损失的话）扩大，该扩大的损失才属于侵犯被遗忘权所涉利益而产生的损失。[①]例外情况下，如果信息处理者明知或应知其网络平台上存在侵犯他人合法利益（被遗忘权所涉利益）的信息而未采取必要措施，则信息处理者应就信息主体的全部损失（而不仅是扩大的损失）承担责任。

就侵犯被遗忘权所涉利益而产生的物质损害而言，其确定方法应该遵循原《侵权责任法》第20条所规定的一般规则，即首先确定信息主体因信息处理者的侵权所受损失。如果侵权所受损失无法确定的，按照信息处理者所获利益进行赔偿额的确定。在传统大陆法系国家，侵犯人格利益产生物质损失时，原告一般可以通过假定自己在相同或类似情况下许可他人使用自己的姓名、隐私等信息时可以获得的报酬来确定其物质损失，即所谓许可类比的方法。[②]但在很多情况下，即便通过许可类比的方法也难以确定信息主体的损失。此时，就只能通过考察信息处理者因侵犯信息主体的利益而获利的数额来确定损失。但是，从法理上讲，信息处理者因侵权所获利益与信息主体自身的物质损失并不相当。因此，以获利为基础计算的物质损失赔偿，实际上是权益侵害型不当得利的返还，[③]此种情形下，得发生侵权请求权与不当得利请求权的竞合。

就侵犯被遗忘权所涉利益而产生的精神损害而言，则应根据《最高人民法院关于确定民事侵权精神损害赔偿责任若干问题的解释》（法释〔2020〕

---

① 参见杨立新、韩煦：《被遗忘权的中国本土化及法律适用》，载《法律适用》2015年第2期。

② Vgl. Deutsch / Ahrens, *Deliktsrecht: Unerlaubte Handlungen, Schadensersatz, Schmerzensgeld*, 4. Auflage, Carl Heymanns Verlag, 2002, S. 211.

③ 参见程啸：《侵权责任法》（第2版），法律出版社2015年版，第698页。

17号）第5条确定精神损害赔偿数额。在传统大陆法系中，对于非财产损害的恢复原状也是可行的，如撤回有损名誉的不实陈述等（这实际上也相当于删除）。[①]但是，实际生活中往往有一些侵害仅仅通过撤回不实陈述这样的恢复原状方法是无法弥补受害人的精神损失的。此时，通过金钱的赔偿可以使被侵权人因存在条件的积极变化而掩盖侵权行为所引发的痛苦。因此，必须重视精神损害赔偿在救济被遗忘权所涉利益被侵害时的作用。但是，为了避免精神损害赔偿给信息处理者加上过重的负担，只有在给信息主体造成严重的精神损害时，法官才应考虑支持精神损害赔偿的请求。在考虑金钱赔偿的数额时，除了考虑上述司法解释规定的因素外，也需要充分考虑网络信息的存在对于信息主体自身的利益敏感性，同时也应充分考虑网络空间信息扩散的广泛性和持续性，从而综合确定最终的赔偿额度。

根据以上论述检视本案可以发现，甲虽然没有被遗忘权，但甲对于乙公司网站上关于自己的过时且不准确的个人信息，应拥有要求删除或更正的权利。如果乙公司举证证明删除的难度过大或成本过高的，法院应判决更正。至于甲所主张的损害赔偿，需要考察乙公司拒绝删除或更正行为是否足以导致甲精神紧张，从而需要看病就医。正常来看，类似甲在本案中这种曾经具有客观性的过时的个人信息，即使被告拒绝删除或更正，一般也不会导致原告严重的精神焦虑以至于看病就医。因此，本案中的拒绝删除行为与损害结果之间不具备相当因果关系，以不支持损害赔偿为宜。

◎ 规范指引

《民法典》

第1037条 自然人可以依法向信息处理者查阅或者复制其个人信息；发现信息有错误的，有权提出异议并请求及时采取更正等必要措施。

自然人发现信息处理者违反法律、行政法规的规定或者双方的约定处理其个人信息的，有权请求信息处理者及时删除。

---

① Vgl. Deutsch / Ahrens, *Deliktsrecht: Unerlaubte Handlungen, Schadensersatz, Schmerzensgeld*, 4. Auflage, Carl Heymanns Verlag, 2002, S. 213.

《个人信息保护法》

第47条　有下列情形之一的，个人信息处理者应当主动删除个人信息；个人信息处理者未删除的，个人有权请求删除：

（一）处理目的已实现、无法实现或者为实现处理目的不再必要；

（二）个人信息处理者停止提供产品或者服务，或者保存期限已届满；

（三）个人撤回同意；

（四）个人信息处理者违反法律、行政法规或者违反约定处理个人信息；

（五）法律、行政法规规定的其他情形。

法律、行政法规规定的保存期限未届满，或者删除个人信息从技术上难以实现的，个人信息处理者应当停止除存储和采取必要的安全保护措施之外的处理。

第二节　数据可携权的理论与保护实践

基本原理

一、数据可携权的基本原理及历史溯源

所谓“数据可携权”是欧盟法律中规定的一项信息主体的权利，其具体内容是，信息（数据）主体有权向信息控制（处理）者请求以“结构化的、通用的且机器可读的格式”取得其个人信息，并且在技术可行的情况下有权将个人信息直接从一个控制者传输到另一个控制者。[①]从产生上看，数据可携权与互联网时代人们对数据权利保护的内在需求相关。在传统的线下物理空间进行交易，人们可以自由地选择交易对象、交易持续时间、交易方式。在线上虚拟空间，这一权利同样需要得到尊重。譬如一份长期的健身服务合同，顾客在合同终止时有权向健身房索要其每次锻炼时记录下的体重、体脂率、运动心率等信息，以便在去另一家健身房时依据这些信息有针对性地安

① 参见欧盟《一般数据保护条例》第20条。

排新的健身课程。同样地，在互联网上的虚拟空间也存在这种需求。比如，消费者为了很好地规划和安排自己的购物消费支出，需要将其在甲电商平台上近一年的购物信息转移到乙电商平台进行对比，以便更好地优化自己下一步的购物安排。以上两个例子中，消费者的需求性质是相同的，但移转其数据信息的技术要求则不相同。前一例中，顾客要求移转的是体重、体脂率、运动心率等纸面信息，不论移转给哪一家健身房，大家都可以读得懂，技术要求较低。而后一例中，顾客要求转移的是电子信息，由于各家电商平台的电子信息读取格式并不相同，从此平台移转到彼平台上的数据未必能读得出，因此，电子信息转移的技术要求较高。数据可携权的重心恰恰在于，在技术可行的条件下要求平台提供可供移转数据的通用格式。[①]其原理如同欧盟《消费者权益保护法》赋予消费者的通讯号码可携权，[②]也即我们现在所说的移动手机携号转网，比如将自己的原有手机号从中国移动转移至中国电信等。

早在2007年，欧洲的"社交网络用户权利法案"就提出个人数据自由和控制的相关要求，这被认为是数据可携权的权利雏形。[③]同年，欧洲还成立了"可携性数据项目"（The Data Protability Project），以讨论和解决商业交往中的数据如何才能无障碍流动。2012年，欧盟委员会在原来《第95/46/EC号保护个人在数据处理和自动移动中权利的指令》的基础上起草《一般数据保护条例》，其中对数据可携权作出了规定。起初在草案中，数据可携权与数据访问权二者独立存在。后因反对意见较大，就在2014年的修改草案中将数据可携权并入数据访问权，作为后者的内容。但是，在2016年4月最终通过的《一般数据保护条例》官方文本中，还是再次将数据访问权和数据可携权区分开来，在第15条规定了数据访问权，而在第20条规定了数据可携权。基于此，有人认为，数据访问权是数据可携权的前提条件，而数据可携权则

① 参见谢琳、曾俊森：《数据可携权之审视》，载《电子知识产权》2019年第1期。

② 参见刁胜先、李絁芩：《欧盟数据可携权的困境与本土化思考》，载《重庆邮电大学学报》（社会科学版）2020年第2期。

③ 参见罗兰：《欧盟数据可携权研究》，湘潭大学2019年硕士学位论文，第9页。

是数据访问权发展而来的数据主体对其个人权利控制的补充。[①]

二、数据可携权的权能构成

根据欧盟《一般数据保护条例》第20条的规定，数据可携权主要有两项权能，分别是数据获取权能和数据转移（或传输）权能，以下分别阐述。

（一）数据获取权能

数据获取权能是指信息主体就其提供给数据处理（控制）者的个人信息有权再从数据处理者处以结构化的、通用的及机器可读的格式而获取的权利。数据获取权能的这一内涵使其与《一般数据保护条例》第15条规定的数据访问权有所不同。数据访问权只赋予信息主体访问其提供给信息处理者的个人信息，其制度功能仅仅在于确保信息主体自身可以通过访问数据了解其个人信息的具体内容。如果信息主体有需要，也可以请求信息处理者提供其个人信息的副本，[②]但并不要求信息处理者以结构化的、通用的及机器可读的格式提供。因此，信息主体的数据访问权不能保证信息主体对其个人信息的有效利用。与此不同，数据获取权能则是要求信息处理者以结构化的、通用的及机器可读的格式向信息主体提供相关的个人信息，这种“结构化的、通用的及机器可读的”格式要求，保证了信息主体能够对这些个人信息进行有效的利用，因为既然是“结构化的、通用的及机器可读的”个人信息数据，则无疑可以在很多场景下的不同平台或不同电子设备终端进行读取，这就在很大程度上扩展了这些个人信息的利用空间。

（二）数据转移权能

数据转移权能是数据可携权的核心权能，它是指信息主体享有要求信息处理者在技术可行条件下将信息从一个处理者传输或转移给另一个处理者的

---

① 参见张哲：《欧盟个人数据保护法上的数据可携权研究》，西南政法大学2017年硕士学位论文，第25页。

② 参见欧盟《一般数据保护条例》第20条第3款。

权利。此前，学界多用“传输”的表述，我国《个人信息保护法》第45条第3款用“转移”的表述，本书与《个人信息保护法》保持一致，但为更好地理解，有时也会用“传输或转移”的表述。数据可携权如果仅仅只有数据获取的权能，则其本质上不过是数据访问权的延伸，对信息主体而言并没有质的变化。而数据可携权有了数据转移的权能，则大大拓展了信息主体对其个人信息的再利用可能和空间。并且，对于整个数据产业而言，有助于打破在先的优势数据企业对数据自由流动所实施的封锁，动摇在先优势数据企业对海量用户的“锁定效应”，[①]缓解数据垄断和不正当竞争的消极作用。但是，就欧盟《一般数据保护条例》第20条所规定的数据可携权而言，其传输或转移权能的实现并非绝对的，它的前提条件是“技术可行”，也即只有在技术可行的条件下才可以从一个信息处理者传输到另一个处理者。基于此，数据可携权的完整实现，还有赖于数据格式壁垒的消除，如果在技术上不能很好地消除数据格式壁垒，形成终端电子设备均可读的通用格式，则数据可携权作为一项个人信息权益内容也难以落实。[②]

三、数据可携权的主体构成

（一）数据可携权的权利主体

从比较法上看，影响最大的欧盟《一般数据保护条例》第20条将数据可携权的主体确定为信息（数据）主体，而根据其第1条确定的主体范围，《一般数据保护条例》显然是只适用于自然人的。据此，数据可携权的主体应限定为自然人，而不包括法人。此外，根据《一般数据保护条例》第3条“地域适用范围”的规定，只要信息处理者来自欧盟境内，其服务的信息主体即使不在欧盟境内，亦可成为数据可携权的权利主体。[③]

---

① See Peter Swire, Yianni Lagos, *Why the Right to Data Portability Likely Reduces Consumer Welfare: Antitrust and Privacy Critique*, 72 Md. L. Rev. 335, 338–340 (2013).

② 参见丁宇翔：《协力保护个人信息安全》，载《人民日报》2019年10月14日，第5版。

③ 参见刁胜先、李絁芩：《欧盟数据可携权的困境与本土化思考》，载《重庆邮电大学学报》（社会科学版）2020年第2期。

（二）数据可携权的义务主体

数据可携权的义务主体即为处理信息主体提供的个人信息，并有义务应信息主体的请求而向其提供获取服务和传输服务的信息处理者。而从数据产业的实践看，信息处理者的种类范围是较为宽泛的，只要是那些能决定数据处理目的和方式的人都可以是信息处理者，包括自然人、法人和非法人组织。我国《个人信息保护法》规定的信息处理者亦包括组织和个人。同时，这里的法人既包括数据企业等企业法人，也应包括负有相应管理职责，实施数据监管的管理机关法人。

四、数据可携权的客体范围

首先，数据可携权所针对的数据是个人信息而不是非个人信息。欧盟《非个人数据自由流动条例》第3条规定，非个人信息是指个人信息之外的信息。数据可携权规定在《一般数据保护条例》中，其前提即为个人信息。因而，数据可携权的客体首先应是个人信息。

其次，数据可携权所针对的数据必须是信息主体向信息处理者提供的信息。欧盟第29条数据保护工作组对数据可携权的解释指出，信息主体提供的信息包括：其一是信息主体有意并主动提供的个人信息，比如，通过在线表格提供的账户信息（如收件地址、用户名、年龄等信息）；其二是从信息主体自身活动中观察到的信息（如智能电表或其他联网装置处理的原始数据、活动日志、网站使用或搜索活动历时记录等信息）。第29条数据保护工作组同时指出，上述第二类个人信息不包括信息处理者利用观测获取的数据或直接通过输入提供的信息而创建的信息，如通过分析智能电表收集的数据而产生的信息主体（用户）信息。[①]

最后，数据可携权所针对的数据不能落入相应的排除范围。根据《一般数据保护条例》第20条的规定，因公共利益而处理的数据，信息主体不能主

---

① 参见欧盟第29条数据保护工作组（WP29）:《数据可携权指南》，陈子谦、谭德芳、吴迪等译，第10—11页。

张数据可携权。对于政府授权处理的数据，因其不是信息主体提供的数据，因此也不能主张数据可携权。此外，数据可携权还有一种排除情形是，如果该权利行使会造成他人合法权利的不利益，则亦不能主张数据可携权。[①]比如，某人行使数据可携权意欲将其在甲信息处理者系统中的聊天信息传输到乙信息处理者的系统中，则因涉及与其聊天的他人的个人信息权益问题，在未经该他人知情同意的情况下，该人不得行使其数据可携权。

五、数据可携权与被遗忘权的冲突及协调

数据可携权旨在确保信息主体对其个人信息的控制和流通，这就与上文分析的被遗忘权会产生某种程度的冲突。一方面，信息处理者要确保信息主体的数据可携权的实现，则需要保证信息主体的个人信息是存在于自己的存储介质上的。另一方面，信息处理者要确保信息主体被遗忘权的实现，则需要删除存储于自己控制的存储介质上的个人信息或者阻断其控制的个人信息的流转。这样看来，至少就信息处理者而言，同时保证信息主体数据可携权和被遗忘权的实现，在某些情况下可能是矛盾的。不过，认真分析二者各自的权利边界，上述冲突并非不可协调。

其一，被遗忘权之下所要删除的是那些因时间流逝变得不准确、不充分、不相关或超越信息处理目的的信息，而数据可携权范畴内的信息，则不强调这些要求。这就意味着，在行使数据可携权时所要流动的个人信息，未必都是不准确、不充分、不相关或超越信息处理目的的信息。因此，二者直接冲突的场景并不多。

其二，如果需要迁移或传输的数据恰好是不准确、不充分、不相关或超越信息处理目的的信息，则信息主体可以在行使数据可携权的同时要求原数据控制者删除其个人数据，从而既尊重了数据可携权，也实现了被遗忘权。

其三，如果因数据格式壁垒而暂时无法行使数据可携权，而信息主体同时又主张被遗忘权的，根据欧盟《一般数据保护条例》第20条规定，信息处

① 参见谢琳、曾俊森:《数据可携权之审视》，载《电子知识产权》2019年第1期。

理者不能以“需要假以时日消除数据格式壁垒而尊重数据可携权”为由，拒绝被遗忘权的行使。

六、数据可携权的中国实践

数据可携权的真正实现有赖于数据格式壁垒的消除，也有赖于完备有序的数据产业竞争市场的存在。虽然已经有数据可携权本土化的主张，[①]但从我国法律层面看，并未建立完整意义上的数据可携权。《民法典》第1037条第1款前句规定，自然人可以依法向信息处理者查阅或者复制其个人信息。这一规定或许可以为实践中探索数据可携权预留空间。但是，数据可携权的要义不在于查阅或复制等数据获取权能，而在于其数据转移权能。但是，《民法典》的该条规定并未体现有任何转移或传输权能的要素，《个人信息保护法（草案）》第45条第1款以及《个人信息保护法（草案二次审议稿）》第45条第1款，也因沿袭《民法典》第1037条的做法而没有涉及转移权能。不过，最终通过的《个人信息保护法》第45条增加了第3款，其内容为“个人请求将个人信息转移至其指定的个人信息处理者，符合国家网信部门规定条件的，个人信息处理者应当提供转移的途径”。这就已经涉及了转移的权能，具有了较为完整的数据可携权的权能结构。同时，在我国的国家标准中，也有了较为完整意义上的数据可携权尝试。根据《个人信息安全规范》第8.6条的规定，根据个人信息主体的请求，个人信息处理者宜为个人信息主体提供获取以下类型个人信息副本的方法，或在技术可行的前提下直接将以下类型个人信息的副本传输给个人信息主体指定的第三方：a）本人的基本资料、身份信息；b）本人的健康生理信息、教育工作信息。这一规定表明，在国家标准的层面上，信息主体不仅可以主张数据转移权，还可以主张数据传输权，尽管其范围目前还仅仅限定于本人的基本资料、身份信息，本人的健康生理信息、教育工作信息等方面。

---

① 参见付新华：《数据可携权的欧美法律实践及本土化制度设计》，载《河北法学》2019年第8期；刁胜先、李施芩：《欧盟数据可携权的困境与本土化思考》，载《重庆邮电大学学报》（社会科学版）2020年第2期。

专题73 可否要求电子音乐平台将自己的听歌记录数据传输给另一音乐平台

◎ 案例简介

甲为摇滚歌迷，其同时注册了乙公司和丙公司两个音乐平台的VIP会员。后来，乙音乐平台提高会员的年费，甲认为其价格过高，遂不再续费。但是，因乙平台记录了甲为期2年的听歌记录，为了省却自己以后在丙平台找歌的麻烦，甲非常希望能将自己在乙平台的听歌记录数据传输到丙平台，遂向乙公司提出这一要求。乙公司认为，一方面，甲在乙平台上的听歌记录数据是乙公司的数据资产，不能随意给别人（丙公司）；另一方面，即使提供给丙公司，丙公司的音乐平台也无法识别这些听歌记录，因为乙、丙两个音乐平台的数据存储格式完全不同。甲认为乙公司在故意推托和刁难，遂诉至法院，请求法院判决乙公司将其听歌记录传输给丙公司。

◎ 法官评析

甲在乙平台的听歌记录应视为甲向乙提供的个人信息，符合欧盟数据可携权的适用范围，在技术可行的条件下，甲可以主张数据可携权。不过，这是欧盟《一般数据保护条例》确认的个人信息权利，在我国现行法之下，《个人信息保护法》第45条业已确认了这一权利类型。甲的权利请求能否实现，在目前的法律框架下已经有了法律依据。因此，甲关于听歌记录的传输请求，在目前的法律框架下，已经可以被法院支持。但是，《个人信息保护法》第45条第3款对于数据可携权还是有条件要求的，这就是个人请求转移其个人信息（数据转移）的请求要符合国家网信部门规定的条件。否则，转移或传输数据的请求还是不能得到支持。当然，甲也可以请求乙平台提供其听歌记录信息的副本，这一点是没有附加上述条件的。实践中做到这一点，也可以在很大程度上满足甲找歌方便的目的。基于此，本案中如果甲的数据转移请求符合国家网信部门规定的条件，或者网信部门并未就此设定条件，法官可以判决支持甲的诉讼请求，如果甲将诉讼请求变更为请求乙公司提供其听歌记录，也可以得到支持。

◎ 规范指引

《民法典》

第1037条第1款　自然人可以依法向信息处理者查阅或者复制其个人信息；发现信息有错误的，有权提出异议并请求及时采取更正等必要措施。

《个人信息保护法》

第45条　个人有权向个人信息处理者查阅、复制其个人信息；有本法第十八条第一款、第三十五条规定情形的除外。

个人请求查阅、复制其个人信息的，个人信息处理者应当及时提供。

个人请求将个人信息转移至其指定的个人信息处理者，符合国家网信部门规定条件的，个人信息处理者应当提供转移的途径。

图书在版编目(CIP)数据

个人信息保护纠纷理论释解与裁判实务 / 丁宇翔著
. —2版. —北京：中国法制出版社，2022.4
ISBN 978-7-5216-2554-7

Ⅰ. ①个… Ⅱ. ①丁… Ⅲ. ①个人信息–法律保护–研究–中国 Ⅳ. ①D923.74

中国版本图书馆CIP数据核字（2022）第037997号

责任编辑：程　思（chengsi@zgfzs.com）　　封面设计：周黎明

个人信息保护纠纷理论释解与裁判实务
GEREN XINXI BAOHU JIUFEN LILUN SHIJIE YU CAIPAN SHIWU

著者 / 丁宇翔
经销 / 新华书店
印刷 / 三河市国英印务有限公司
开本 / 710毫米 × 1000毫米　16开　　印张 / 23.5　字数 / 360千
版次 / 2022年4月第2版　　2022年4月第1次印刷

中国法制出版社出版
书号 ISBN 978-7-5216-2554-7　　定价：78.00元

北京市西城区西便门西里甲16号西便门办公区
邮政编码：100053　　传真：010-63141600
网址：http://www.zgfzs.com　　**编辑部电话：010-63141806**
市场营销部电话：010-63141612　　**印务部电话：010-63141606**
（如有印装质量问题，请与本社印务部联系。）